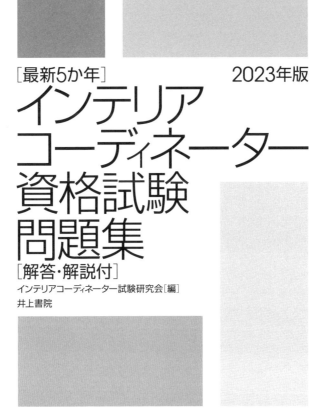

［最新5か年］

2023年版

インテリアコーディネーター資格試験問題集

［解答・解説付］

インテリアコーディネーター試験研究会［編］

井上書院

まえがき

　今日まで，インテリアコーディネーター資格試験は，「インテリア計画に係る相談業務に関する知識及び技能審査事業の認定告示」（昭和59年1月10日付け通商産業省告示第13号）によって，公益社団法人インテリア産業協会が認定に係る機関として指定されてきている。

　この資格は，インテリアに関する基礎的知識と販売の知識（特に商品知識）をもった人材を必要とする住宅事情の変化や生活様式の多様化の現象から登場したものである。そして，この資格をもつ意義は，人々の健全な消費生活の確立や充実した生活設計の必要性から，今後ますます質・量ともにその向上が期待され重要視されてきている。

　それにともない，インテリアコーディネーター資格試験の一次試験については，当初「インテリア商品と販売の基礎知識」と「インテリア計画と技術の基礎知識」の2科目とされていたものが統合され，第32回（2014年度）より「学科試験」1科目として実施されている。なお，第41回（2023年度）より，一次試験の実施方法がマークシート方式から「CBT（Computer Based Testing）方式」へ移行されるが，出題範囲は従来どおりである。

　このような状況をふまえて，ここに，過去5年間の一次試験問題，解答，解説集を編集した。本書は，将来，インテリアコーディネーター資格を取得せんとしている初学者を対象に，単に解説だけでなく問題解説を通しての学習に力点をおいている。それらの要点は，
(1) 解説では，できるだけ幅広く問題文を理解できるように，図説をまじえて用語や基礎知識をあげ，学習の便宜をはかっている。
(2) 既出問題を何回も繰り返し学習し，基本的な知識や基本数値などを十分に理解できるように解説している。

　ここに，受験者にとっては本書が良き伴侶となり，十分に活用されて本年の念願がかなうことを祈ってやまない。

　おわりに，本書を草するにあたり参考とさせていただいた諸文献の著者各位に心からの感謝の意を表す次第である。

2023年3月　　　　　　　　　　インテリアコーディネーター試験研究会

目　次

●読者の皆様へ
試験実施団体による正解の公表は行われておりません。本書に収録した解答は，いずれもインテリアコーディネーター試験研究会による解答例であることをお断りいたします。

●受験案内

1. インテリアコーディネーター資格について

(1) 資格を認定する目的

　この資格試験は「インテリア計画に係る消費者相談業務に関する知識および技能審査規程」によって実施されているが，資格を認定する目的は下記のとおりである。

ⅰ) 消費者がインテリア商品を選びたい時，あるいはインテリア計画を作成したい時，相談すべき対象がはっきりする。

ⅱ) 総合的，専門的判断で適切な情報を入手できるので，健全な消費生活の需給に寄与する。

ⅲ) 知識，技能の標準化，社会的責務の明確化を図ることにより，インテリアコーディネーターの社会的地位の向上に資する。

ⅳ) その他，流通過程のコンサルティング機能の強化等によって産業の近代化，市場拡大に貢献する。

　具体的にみると，住宅のインテリアを構成する家具，カーテン，壁装材，照明，床材，設備・建材等のエレメント（商品，部材，部品）を，個々のライフスタイルのニーズを聴き取り，住み手の身になって相談にのる。そして，そのイメージを実現するために，商品の選択，組合せ，配置等について，経済性やデザインなどを配慮して適切な助言や提案を行うのがインテリアコーディネーターの職能である。また，この情報を商品企画などに反映させ産業の近代化に役立てることもインテリアコーディネーターの大切な役割である。

(2) インテリアコーディネーターの役割と活用および職能の定義

①インテリアコーディネーターの役割

　今日の多様な生活様式の展開を通して，生活者に対し適切な情報提供や積極的な生活提案を行っていくことが重要な責務となっている。

②インテリアコーディネーターの職能の定義

　インテリアエレメントの流通過程において，消費者に対し商品選択，インテリアの総合的構成などについて適切な助言，提案を行うことである。

2. インテリアコーディネーター資格試験の受験概要

2023年度(第41回)より，一次試験の実施方法が，これまでの「マークシート方式」から「CBT(Computer Based Testing)方式」となる。試験出題範囲，審査基準は変わらないが，CBT方式への移行にともない一次試験の実施会場，試験時間，問題数が下表のとおり変更となる。なお，二次試験は従来どおりの方法で実施される。

(1) 受験概要

項　目	一次試験		二次試験
	2022年(第40回)まで	2023年(第41回)以降	
試　験　日*	10月第2日曜日	9月中旬～10月中旬(予定)の間で受験者が希望し，申込みした日時(複数回受験は不可)	12月第1日曜日
受験資格	年齢，性別，学齢，職業，経験は問わない（ただし，出題・解答は日本語のみ）。		過去3年以内に一次試験に合格していること。その他は問わない。
試験会場*	全国9地域に設置した会場	全国のテストセンター	全国9地域に設置した会場
試験科目	学　　科		プレゼンテーション・論文
受験方式	マークシート方式(筆記式)	CBT方式(テストセンターのパソコン画面に表示される問題を選択解答)	記述式
問　題　数	50問	36問	—
試験時間	160分	120分	180分
受験区分*	①基本タイプ：同一年度内に一次試験と二次試験の両方を受験。（税込14,850円） ※一次試験が不合格となった場合，二次試験を受験できない。		
	②一次試験〈先取り〉タイプ：一次試験のみを受験。（税込11,550円） ※一次試験に合格した場合でも，同一年度内に二次試験の受験申込はできない。		
	③二次試験〈一次免除〉タイプ：過去3年以内に一次試験を合格済で，二次試験のみを受験。（税込11,550円） ※一次試験免除制度対象者のみ。		
一次試験免除制度	一次試験に合格した後，次年度から3年間，受験申込時に免除申請をすることで一次試験が免除され，二次試験のみ受験できる。		—

*試験日，受験地，受験区分(受験料)を含む受験概要は，インテリア産業協会が公表する「2023年度(第41回)インテリアコーディネーター資格試験 試験概要」で必ず確認すること。

（2）試験審査の範囲と審査基準

一次試験

学　　科	
1．インテリアコーディネーターの誕生とその背景に関すること インテリアコーディネーター誕生の背景となった住まいへの意識変化や住宅・インテリア産業の発展の経過，その後のインテリア産業の進展とインテリアコーディネーターの職域の拡大等に関する基礎知識を有していること。 **2．インテリアコーディネーターの仕事に関すること** インテリアコーディネーターとしての役割，職能，必要な実務内容・手順および職域等に関する基礎知識を有していること。 **3．インテリアの歴史に関すること** 古代から現代に至る日本および西洋のインテリアの歴史に関する基礎知識を有していること。 **4．インテリアコーディネーションの計画に関すること** インテリアコーディネーションのための基本的な検討事項(生活像，規模計画，寸法計画，人間工学，造形原理，色彩計画，安全計画，性能計画，維持管理)，生活場面の構成手法，リフォームの計画等に関する基礎知識を有していること。 **5．インテリアエレメント・関連エレメントに関すること**	インテリアエレメント（住宅家具，造作部品，システム・ユニット製品，ウインドートリートメント，カーペット，インテリアオーナメント等），各種品質表示，エクステリアエレメント等に関する基礎知識を有していること。 **6．インテリアの構造・構法と仕上げに関すること** 建築の構造・構法，インテリア（床・壁・天井）の構法，造作と造作材，機能材料と構法，建具，仕上材と仕上げ等に関する基礎知識を有していること。 **7．環境と設備に関すること** 室内環境（熱，湿気，換気・通風，音，光），住宅設備（給排水，換気・空調，自然エネルギー，電気，照明，水回り設備機器）に関する基礎知識を有していること。 **8．インテリアコーディネーションの表現に関すること** 建築等設計図書，二次元・三次元表現技法，CAD表現・レンダリング，プレゼンテーションに関する基礎知識を有していること。 **9．インテリア関連の法規，規格，制度に関すること** インテリアに関連する建築・住宅，省エネ・環境・リサイクル，高齢者・障害者配慮，品質・安全性等分野の法規制・規格・制度・表示に関する基礎知識を有していること。

二次試験

プレゼンテーション・論文	
インテリア計画の提案に関すること	
プレゼンテーション インテリアの基礎知識をもとに，住まいなどのインテリアに関する与えられた課題について，与条件を理解した上でインテリア計画を行い，図面作成や着彩により必要な情報をわかりやすく表現し，伝達できる能力を有していること。	**論文** 住まいなどのインテリアに関する与えられた課題について，インテリアコーディネーターとして，これを理解し，判断した上で的確な解答を文章で明瞭に表現できる能力を有していること。

3. 登録およびインテリアコーディネーター証（資格登録証）の交付

公益社団法人インテリア産業協会は試験合格者の申請を受け，インテリアコーディネーターとして資格登録するとともにインテリアコーディネーター証を交付する。

公益社団法人インテリア産業協会

〒160-0022　東京都新宿区新宿３−２−１ 京王新宿321ビル８階

☎03(5379)8600　　ホームページhttp://www.interior.or.jp/

北海道支部	011(799)1133	東 北 支 部	022(216)0577	関東甲信越支部	03(5379)8600
中 部 支 部	052(564)3291	関 西 支 部	06(7410)7677	中 国 支 部	082(241)2600
四 国 支 部	088(672)4535	九 州 支 部	092(260)9455	沖 縄 支 部	098(923)0903

4. インテリアコーディネーター資格試験の傾向と対策

第40回から第31回までの一次試験受験申込者数や最終合格者，そして過去５年間に出題された問題一覧をあげる。

(1) 試験状況

回	年 月 日	受験申込者数	前年比	最終合格者
第40回	2022年度（'22.10.9）	10,035名	89.8%	2,193名
第39回	2021年度（'21.10.10）	11,171	123.6	2,334
第38回	2020年度（'20.10.11）	9,041	94.1	2,045
第37回	2019年度（'19.10.13）	9,606	97.2	1,896
第36回	2018年度（'18.10.7）	9,879	105.0	2,135
第35回	2017年度（'17.10.8）	9,407	97.1	1,931
第34回	2016年度（'16.10.9）	9,688	93.8	2,055
第33回	2015年度（'15.10.11）	10,323	100.6	2,063
第32回	2014年度（'14.10.12）	10,258	93.2	2,297
第31回	2013年度（'13.10.13）	11,007	100.8	2,362

（2）過去5年間の出題傾向

第40回（2022年度）				第39回（2021年度）			
問題		問題		問題		問題	
1	誕生と背景（インテリアへの意識）	26	構法（床）	1	誕生と背景（インテリア産業の発展）	26	構法（鉄筋コンクリート構造）
2	仕事（職域）	27	構造（鉄骨構造と鋼材）	2	仕事（実務）	27	構法（機能材料と構法）
3	仕事（実務）	28	構法（壁）	3	仕事（職域）	28	構法（天井）
4	歴史（日本の建築・インテリア）	29	構法（造作と造作材）	4	歴史（日本の住まい）	29	構法（階段の構造）
5	歴史（いす）	30	構法（床の間）	5	歴史（デザイナーズチェア）	30	構法（木部の納まり）
6	計画（人間工学）	31	構法（木質系材料）	6	計画（寸法計画）	31	構法（日本の建築構造の発展）
7	計画（ユニバーサルデザイン）	32	構法（木材の性質）	7	計画（椅子）	32	構法（木造の壁）
8	計画（寸法）	33	構法（サッシ）	8	計画（造形）	33	構法（内部建具）
9	計画（造形）	34	構法（ビニル床シート）	9	計画（色彩）	34	構法（複合フローリング）
10	計画（色彩）	35	構造（基礎）	10	計画（建物内での事故）	35	計画（階段まわりの寸法）
11	計画（住宅の性能）	36	構造（地震対策）	11	計画（住宅の性能）	36	計画（住宅内での安全性）
12	計画（身体機能の低下）	37	環境工学（熱環境）	12	歴史（日本人の生活様式）	37	環境工学（総合）
13	計画（住まいの計画）	38	環境工学（音環境）	13	計画（高齢者の住まい）	38	環境工学（音環境）
14	計画（リフォーム計画）	39	環境工学（換気設備）	14	総合（リフォーム計画）	39	環境工学（換気と通風）
15	エレメント（家具の構造部材）	40	住宅設備（照明）	15	誕生と背景（工業化）	40	環境工学（日照と採光）
16	エレメント（家具）	41	住宅設備（換気・空調設備）	16	エレメント（寝室の家具）	41	住宅設備（寝室の照明設備）
17	エレメント（家具・扉の金物等）	42	住宅設備（給湯設備）	17	エレメント（住宅用家具）	42	住宅設備（自然エネルギー）
18	エレメント（家具の手入れ）	43	環境工学（光環境）	18	エレメント（収納家具）	43	住宅設備（給水設備）
19	エレメント（家具の樹脂材料）	44	住宅設備（電気設備）	19	エレメント（家具の仕上げ）	44	住宅設備（電気設備）
20	構法（造作部材）	45	住宅設備（住宅設備機器）	20	構法（和室の造作部材）	45	住宅設備（住宅設備機器）
21	エレメント（カーテン）	46	表現（プレゼンテーションツール）	21	エレメント（ウインドートリートメント）	46	表現（三次元立体表現）
22	エレメント（カーテンの採寸）	47	表現（建築設計図書）	22	エレメント（カーテン）	47	表現（CAD）
23	エレメント（カーペット）	48	法規・制度（リフォーム工事）	23	エレメント（カーペット）	48	法規・制度（建築基準法等）
24	エレメント（オーナメント・アート）	49	法規・制度（表示マーク）	24	エレメント（インテリアアート）	49	法規・制度（品確法）
25	エレメント（日本庭園）	50	法規・制度（建築基準法等）	25	エレメント（寝装寝具）	50	法規・制度（建築基準法）

	第40回		第39回
誕生と背景	1問	誕生と背景	2問
仕　　　事	2問	仕　　　事	2問
歴　　　史	2問	歴　　　史	3問
計　　　画	9問	計　　　画	9問
エレメント	10問	エレメント	9問
構　　　造	3問	構　　　造	2問
構　　　法	9問	構　　　法	8問
環境工学	4問	環境工学	4問
住宅設備	5問	住宅設備	5問
表　　　現	2問	表　　　現	2問
法規・制度	3問	法規・制度	3問
総　　　合		総　　　合	1問
合　　　計	50問	合　　　計	50問

第38回(2020年度)				第37回(2019年度)			
問題		問題		問題		問題	
1	誕生と背景(日本の住まい方)	26	構造(鉄筋コンクリート構造)	1	誕生と背景(工業化住宅)	26	構法(壁仕上げ)
2	仕事(実務)	27	構法(機能材料と構法)	2	仕事(実務)	27	構法(建具)
3	仕事(職域)	28	総合(日本家屋)	3	仕事(職域)	28	構法(建具金物)
4	歴史(日本の住居)	29	構法(建具の機能と名称)	4	歴史(日本建築の開口部・建具)	29	構造(木材・木質材料)
5	歴史(西洋の建築・インテリア様式)	30	構法(石こうボード)	5	歴史(戦後の家具デザイン)	30	構法(木造在来軸組構法)
6	歴史(建築家の自邸)	31	構法(インテリアの仕上げ)	6	計画(家具選定と人体寸法)	31	構法(木造建築の造作)
7	歴史(西洋の建築・インテリア装備)	32	構法(住宅の床仕上げ・施工)	7	計画(集合住宅)	32	構法(和室の造作部材)
8	計画(人間の行動特性)	33	構造(建築の基礎工事)	8	計画(造形)	33	構法(木造建築の構法・構成部材)
9	計画(人間工学)	34	計画(高齢者の住居)	9	計画(色の原理)	34	総合(建築の安全・健康)
10	計画(集合住宅)	35	構造(木材と木質材料)	10	計画(高齢者の身体機能)	35	環境工学(環境と省エネ)
11	計画(造形原理)	36	構造(木造住宅の小屋組)	11	計画(住宅計画)	36	環境工学(換気と通風)
12	計画(色彩)	37	環境工学(換気)	12	総合(住まいへの要望)	37	環境工学(光・照明環境)
13	計画(浴室のバリアフリー)	38	環境工学(熱と湿気)	13	エレメント(オーダー家具)	38	環境工学(換気設備)
14	計画(住宅のリフォーム)	39	環境工学(光環境)	14	エレメント(樹脂材料)	39	環境工学(給湯設備)
15	エレメント(造作部材,部品)	40	環境工学(音環境)	15	エレメント(家具のクッション材)	40	環境工学(排水設備)
16	エレメント(家具)	41	住宅設備(排水設備)	16	エレメント(家具の手入れ)	41	環境工学(空調設備,自然エネルギー)
17	エレメント(家具の衝撃吸収材等)	42	住宅設備(空調,自然エネルギー)	17	エレメント(階段部材の名称)	42	住宅設備(電気設備)
18	エレメント(家具金物等)	43	住宅設備(照明設備)	18	エレメント(ウインドートリートメント)	43	住宅設備(照明器具)
19	エレメント(家具の表面仕上げ)	44	住宅設備(電気設備)	19	エレメント(カーテンの見積り)	44	表現(設計図書)
20	エレメント(ウインドートリートメント)	45	住宅設備(設備機器)	20	エレメント(カーペットの製法)	45	表現(工事監理関連用語)
21	総合(インテリアコーディネート)	46	表現(透視図法)	21	エレメント(エクステリア)	46	表現(デジタルプレゼンテーション)
22	エレメント(カーペット)	47	表現(アニメーション)	22	エレメント(クッション)	47	法規・制度(安全・健康関連法規)
23	エレメント(インテリアアート)	48	法規・制度(昇降装置の法令)	23	エレメント(テーブルリネン)	48	法規・制度(表示マーク・法令)
24	エレメント(和食器)	49	法規・制度(建築基準法)	24	構造(鉄筋コンクリート構造ほか)	49	法規・制度(建築基準法)
25	エレメント(枕)	50	法規・制度(建築基準法)	25	構法(材料・仕上げ)	50	総合(住宅リフォーム関連法規等)

	第38回(2020年度)		第37回(2019年度)
誕生と背景	1問	誕生と背景	1問
仕　事	2問	仕　事	2問
歴　史	4問	歴　史	2問
計　画	8問	計　画	6問
エレメント	10問	エレメント	11問
構　造	4問	構　造	3問
構　法	5問	構　法	7問
環境工学	4問	環境工学	7問
住宅設備	5問	住宅設備	2問
表　現	2問	表　現	3問
法規・制度	3問	法規・制度	3問
総　合	2問	総　合	3問
合　計	50問	合　計	50問

第36回（2018年度）			
問題		問題	
1	誕生と背景(インテリア産業の発展)	26	構造(鉄骨造・鋼材)
2	仕事(実務)	27	構造(鉄筋コンクリート)
3	仕事(職域)	28	構造(構法と仕上げ)
4	歴史(日本の近代史)	29	構法(塗装工事)
5	歴史(アール・ヌーボー)	30	構法(RCマンションのリフォーム)
6	計画(寸法)	31	構造(木材)
7	計画(色彩)	32	構法(天井)
8	総合(ヒアリング)	33	総合(建物の地震対策)
9	計画(造形)	34	構造(木構造)
10	計画(造形)	35	構法(見切り材)
11	計画(集合住宅)	36	構法(造作材)
12	計画(人間の感覚特性)	37	環境工学(熱と湿気)
13	計画(人間工学)	38	環境工学(換気)
14	計画(高齢者の身体機能)	39	環境工学(音環境)
15	エレメント(家具金物)	40	環境工学(光環境)
16	エレメント(家具の構造・仕上げ)	41	環境工学(光環境)
17	エレメント(曲木椅子)	42	住宅設備(給水設備)
18	構法(和室の造作)	43	住宅設備(電気設備)
19	エレメント(ウインドートリートメント)	44	住宅設備(自然エネルギー)
20	エレメント(カーテンレール)	45	住宅設備(キッチン設備)
21	エレメント(カーペット)	46	表現(建築設計図書)
22	エレメント(観葉植物)	47	表現(インテリア図面)
23	エレメント(エクステリア)	48	表現(3D CAD)
24	エレメント(寝具)	49	法規・制度(建築基準法)
25	エレメント(日本の工芸品)	50	法規・制度(表示マーク)

誕生と背景	1問
仕　　事	2問
歴　　史	2問
計　　画	8問
エレメント	10問
構　　造	5問
構　　法	6問
環境工学	5問
住宅設備	4問
表　　現	3問
法規・制度	2問
総　　合	2問
合　　計	50問

第40回

インテリアコーディネーター
資格試験

2022年度

第1問　インテリアへの意識に関する次の記述の ☐ 部分に，下に記した語群の中から最も適当なものを選んで，解答欄の番号にマークしなさい。

住宅の大量供給が始まった ｱ 年代に，「公室と私室の分離」の理念の下に ｲ を取り入れた新しい間取りが実現した。

その公室に ｳ が，私室に ｴ が加えられ，住宅の型が定着し現在に至っている。

使用目的によって分化された各室ごとにインテリアが整えられることになったきっかけである。

【ｱの語群】　1．1930　　　　2．1950　　　　3．1970
【ｲの語群】　1．ダイニングキッチン　　2．いす座　　　3．和洋折衷
【ｳの語群】　1．書斎　　　　2．リビング　　　　　3．ユーティリティ
【ｴの語群】　1．寝室　　　　2．クローゼット　　　3．バスルーム

解説　誕生と背景（インテリアへの意識）に関する設問

ｱ・ｲ　日本は1950年代に住宅の大量供給が始まり，健康，安全，快適かつ合理的な住まいが目標であった「公室と私室の分離」の理念の下，ダイニングキッチン（DK）を取り入れたDK型間取りの住宅51C型（公営住宅標準プラン）が実現した。

ｳ・ｴ　その後，それらの住宅の公室にはリビング（L），私室には寝室や個室が加えられ，「n（個室数）＋LDK」と呼ばれる新たな住宅の型が定まっていった。

［答］ｱ－2，ｲ－1，ｳ－2，ｴ－1

第2問　インテリアコーディネーターの社会的役割に関する次の記述の ☐ 部分に，下に記した語群の中から最も適当なものを選んで，解答欄の番号にマークしなさい。

今日，社会状況の変化に伴って，インテリアコーディネーターの専門性を活かせる場面が広がってきており，インテリア文化の醸成とインテリア環境の ｱ に資する人材が求められている。地球環境は人々の生活と密接な関係があり，ｲ 社会を目指して，環境意識に働きかける役割も期待されている。2009年から始まった長期優良住宅認定制度の認定基準には，ｳ や劣化対策などとともに，共同住宅におけるインテリアの ｴ が設定されており，これは居住者の要望や間取りの多様性に対応できるよう措置

を講じることである。

【アの語群】	1．質的向上	2．生産性向上	3．デジタル化
【イの語群】	1．サステイナブル	2．グローバル	3．バリアフリー
【ウの語群】	1．費用対効果	2．審美性	3．耐震性
【エの語群】	1．リサイクル性	2．可変性	3．回遊性

解説 インテリアコーディネーターの仕事（職域）に関する設問

ア・イ　インテリアコーディネーターには，その専門性を活かしてインテリア文化の成長とインテリア環境の質的向上に貢献するという社会的役割が求められている。地球環境を保全しながら持続可能なサステイナブル社会を目指すうえでも，生活者の環境意識に働きかける役割が期待されている。

ウ・エ　「長期優良住宅の普及の促進に関する法律」に基づく長期優良住宅認定制度の認定を受けるには，耐震性，間取りの変更などが容易にできる可変性，劣化対策，維持管理の容易性などが求められる。

［答］ア－1，イ－1，ウ－3，エ－2

第3問　インテリアコーディネーターの実務に関する次の記述の ▢ 部分に，それぞれの語群の中から最も適当なものを選んで，解答欄の番号にマークしなさい。

1　依頼主が外国のカーテンカタログやサンプル帳から製品を候補として選択した時に，インテリアコーディネーターとして至急に行うべき作業は ア である。

　【語　群】　1．納期の確認
　　　　　　　2．インテリアバランスの確認
　　　　　　　3．イメージスケッチの作画

2　リビングのレイアウトは導入予定の家具と部屋の入り口や開口部の位置関係を踏まえ イ のシミュレーションをしながら検証することが大切である。

　【語　群】　1．家具寸法　　　2．建築プラン　　　3．生活動線

3　壁面収納家具や照明器具（ペンダントやブラケットなど）は， ウ で高さ方向のバランスも検討することが大切である。

　【語　群】　1．矩計図　　　2．天井伏図　　　3．インテリア立・断面図

4　依頼主から頼まれたオリジナルの家具を提案する表現方法には，三面図以外に依頼主に実際の視覚的イメージに近い表現で，家具の製作現場でも使われる エ がある。

　【語　群】　1．カバリエ図法　　　　2．キャビネット図法
　　　　　　　3．アイソメトリック図法

15

ア　カタログやサンプル帳などから選択した製品は，数年でデザイン変更や廃番になるものも多いので，特に外国製品は在庫や納期の確認を至急行う必要がある。

イ　リビングのレイアウトでは，入口や開口部の位置，家具の納まり，室内での日常生活の動きや移動などに配慮した生活動線を考えながら検討することが重要である。

ウ　空間を垂直に切断して高さ方面の構成を表すインテリア立・断面図は，平面図では表せないインテリアエレメントのバランスを顧客にわかりやすく伝えることができる。

　　　矩計図（かなばかり）→建物の高さ関係の納まりを表した詳細図。

　　　天井伏図→天井を上から見て平面的に描いた図面。

エ　家具などの表現方法にも用いられるキャビネット図法は，正投影で表した正面図から45°に伸ばした線で奥行を表す斜投影図法の一つ。奥行は正面図の1/2の比率で描く。

　　　カバリエ図法→斜投影図法の一つ。奥行は正面図と同じ実長の比率で描く。

　　　アイソメトリック図法→等角投影図法ともいう。縦，横，高さが常に120°で交わるように表現する。

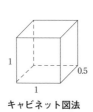 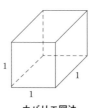 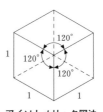

キャビネット図法　　　　　　カバリエ図法　　　　　　アイソトメリック図法
　　　　　　　　　　　　　　　　　　　　　　　　　　（等角投影図法）

[答] ア－1，イ－3，ウ－3，エ－2

第4問　日本における建築・インテリアの歴史に関する次の**ア～エ**の記述に対して，それぞれの下に記した語群の中から最も適当なものを選んで，解答欄の番号にマークしなさい。

ア　19世紀後半に来日して，鹿鳴館や岩崎邸など多くの建物を設計したイギリスの建築家

　　【語　群】　1．エドワード・モース

　　　　　　　　2．バーナード・リーチ

　　　　　　　　3．ジョサイア・コンドル

イ　アントニン・レーモンドのもとでデザインを学び，単純でのびやかな新日本風とでもいうべき住空間を造った建築家

　　【語　群】　1．池辺陽　　　　2．山口文象　　　　3．吉村順三

　ウ　帝国ホテルの設計において，大谷石を使った独特な造形を試みた建築家
　　【語　群】　　１．ヴァルター・グロピウス
　　　　　　　　　２．フランク・ロイド・ライト
　　　　　　　　　３．フィリップ・スタルク
　エ　アーツ・アンド・クラフツ運動に共鳴し，用の美という考えに基づいた民芸運動
　　の主唱者
　　【語　群】　　１．柳宗理　　　　２．柳宗悦　　　　３．柳田国男

解　説　　インテリアの歴史（日本の建築・インテリアの歴史）に関する設問

ア　近代日本の建築に影響を与えたイギリスの建築家ジョサイア・コンドル（1852～1920）
　は，明治期に来日。鹿鳴館などの設計のほか，工部大学校に招かれ建築教育を行った。

　　　エドワード・モース（1838～1925）→アメリカの動物学者。明治期に来日。大森貝塚を
　　　発掘し日本の人類学・考古学の礎を築く。当時の日本の住まいや暮らしを詳細に記
　　　録した著作を残したことでも知られている。『日本その日その日』など。

　　　バーナード・リーチ（1887～1979）→明治期に来日。柳宗悦らの民芸運動に協力した。

イ　日本の初期のモダニズム建築を代表する建築家吉村順三(よしむらじゅんぞう)（1908～1997）は，ア
　ントニン・レーモンドに師事し，戦後日本の木造技術とモダンな生活様式を融合した住
　空間をつくりだした。代表作は，自身の別荘「軽井沢の山荘」など。

　　　池辺陽(いけべきよし)（1920～1979）→建築家。立体最小限住宅など多くの実験小住宅を手がけ，
　　　住宅設計の体系的合理化に取り組んだ。

　　　山口文象(やまぐちぶんぞう)（1902～1978）→建築家。近代日本建築運動のリーダーの一人で，モダ
　　　ニズム建築デザインとともに和風建築の名手。

ウ　大正時代に日本で帝国ホテルなどを設計したフランク・ロイド・ライト（1867～1959）
　は，カウフマン邸（落水荘）など数多くの建築を手がけたアメリカの建築家である。

　　　ヴァルター・グロピウス（1883～1969）→ドイツの建築家。バウハウスを創設して初代
　　　校長を務め，近代建築やデザイン運動の発展に貢献した。

　　　フィリップ・スタルク（1949～）→フランス生まれのデザイナー，建築家。建築，家
　　　具，インテリア，出版物，インダストリアルデザインなど，多様な分野のデザイン
　　　を手がける。

エ　民芸運動の提唱者であった柳宗悦(やなぎむねよし)（1889～1961）は，アーツ・アンド・クラフツ
　運動に共感。手仕事でつくられた使い勝手の良い道具は自ずと美しいという「用の美」
　を説いた。

　　　柳宗理(やなぎそうり)（1915～2011）→デザイナー。戦後日本のインダストリアルデザインの確
　　　立と発展に尽くした。代表作はバタフライスツール。

　　　柳田国男(やなぎだくにお)（1875～1962）→日本民俗学の創始者で，近代日本を代表する思想家，

官僚。

［答］ア－3，イ－3，ウ－2，エ－2

| 第5問 | いすの歴史に関する次のア〜エの記述に対して，それぞれの下に記した語群の中から最も適当なものを選んで，解答欄の番号にマークしなさい。 |

ア クリスモスと呼ばれるいすが作られたといわれる時代（図1参照）

　　【語 群】　1．ゴシック
　　　　　　　2．ビザンチン
　　　　　　　3．古代ギリシャ

図1

イ カクトワールと呼ばれる。スカートを着用した女性用のいすの様
　　式名（図2参照）

　　【語 群】　1．ロマネスク
　　　　　　　2．ルネサンス
　　　　　　　3．イスラム

図2

ウ カブリオールと呼ばれる形状の脚を持ついすの様式名（図3参照）

　　【語 群】　1．バロック
　　　　　　　2．アンピール
　　　　　　　3．ロココ

図3

エ 18世紀末から19世紀末中期にかけてアメリカで作られたいすの様
　　式名（図4参照）

　　【語 群】　1．ジョージアン
　　　　　　　2．シェーカー
　　　　　　　3．ジャコビアン

図4

■ **解 説** ■ インテリアの歴史（いすの歴史）に関する設問

ア 図1のクリスモスは，ヨーロッパの美術，デザイン様式の基本形が生まれた**古代ギリ**
　シャ時代につくられた貴婦人用の小いすである。

　　ゴシック→13〜14世紀頃，西ヨーロッパに広がり各地に影響を与えた建築様式。ノ
　　　ートルダム大聖堂など教会建築が中心。

　　ビザンチン→4世紀頃から始まった東ローマ（ビザンチン）帝国の建築・装飾様式。ベ
　　　ネツィアのサン・マルコ大聖堂などが有名。

イ　図2のカクトワールは，16世紀初期フランスで流行した婦人用のいす。14〜15世紀初めにイタリアで興った古典文化の再生と復興を目指した**ルネサンス**様式のものである。

　　ロマネスク→11〜12世紀頃，西ヨーロッパに広まった様式。ローマ風の建築様式を模したアーチ型と柱が特徴。

　　イスラム→7世紀以降にイスラム教徒がつくった建築様式。アラベスクと呼ばれる幾何学模様や植物文様，馬蹄型などのアーチ形状が特徴。

ウ　図3のカブリオール（猫脚）という動物の脚の形を模した曲線の脚をもついすは，18世紀にヨーロッパで栄えた，曲線的で優雅な造形が特徴の**ロココ**様式のものである。

　　バロック→16世紀末〜18世紀初めにイタリア，スペイン，オランダで流行し，フランスで結実した，豪華な装飾が特徴の芸術様式。

　　アンピール→ナポレオンの帝政確立から19世紀中頃までの古典的荘重さを求めた様式。

エ　図4のシンプルで合理的なスタイルのいすは，18〜19世紀にかけて初期のアメリカでつくられた**シェーカー**様式。いすのはしご状の背はラダーバックと呼ばれる。

　　ジョージアン→18世紀中期のネオクラシズム（新古典主義）の時代にイギリスで興った家具様式。ジョージ・ヘップルホワイトやトーマス・シェラトンなどの家具デザイナーが活躍した。

　　ジャコビアン→17世紀初頭ルネサンス期のイギリスの様式。直線的で重厚な傾向が強く，家具は挽物（ひきもの）やねじり棒型の脚に特徴がある。

[**答**] ア－3，イ－2，ウ－3，エ－2

第6問　家具や設備機器の人間工学に関する次の**ア〜エ**の記述に対して，それぞれの下に記した語群の中から最も適当なものを選んで，解答欄の番号にマークしなさい。

ア　「ひと」や「もの」との関わり方の違いから分類した場合，準人体系家具に属する家具

【語群】　1．ハイスツール
　　　　　2．バーカウンター
　　　　　3．リクライニングチェア

イ　背もたれのないいすに腰かけたとき，全体重の中で座面が受ける力の割合

【語群】　1．55%　　2．70%　　3．85%

ウ　自然な寝返りの範囲を考慮した場合の布団やマットレスの幅の目安

【語群】　1．肩幅の1.3〜1.5倍
　　　　　2．肩幅の1.6〜1.8倍
　　　　　3．肩幅の2.0〜2.5倍

エ　キッチンの機器類の適切な配置を計画するための「作業の三角形（work triangle）」を構成する要素

　　【語　群】　1．シンク・レンジ（加熱調理器）・食器棚
　　　　　　　　2．シンク・レンジ（加熱調理器）・冷蔵庫
　　　　　　　　3．シンク・食器棚・冷蔵庫

■解 説■ インテリア計画（家具などの人間工学）に関する設問

ア　家具を人間工学的に分類したとき，一般的なテーブルよりも高さがあるバーカウンターは，「ひと」にも「もの」にも関わる準人体系家具（セミアーゴノミー系家具）に属する。一方，「ひと」との関わりが大きい人体系家具（アーゴノミー系家具）には，**ハイスツールやリクライニングチェア**などのいす類やベッドなどが相当する。

イ　背もたれのないいすに腰掛けた場合，全体重の約85％の力が座面にかかる。いすやベッドの設計では，人体各部の重量配分も大切である。

ウ　安眠するための布団やマットレスの適切な幅は，肩幅の2.0〜2.5倍が目安となる。

エ　キッチンの配置計画では，シンク・レンジ（加熱調理器）・冷蔵庫の3点の構成が重要で，これらを結ぶ作業動線を「ワークトライアングル（作業の三角形）」という。

[答] ア－2，イ－3，ウ－3，エ－2

第7問　人間工学に関する次の記述の□□部分に，下に記した語群の中から最も適当なものを選んで，解答欄の番号にマークしなさい。

　建築設計や空間設計，製品のデザイン時において，あらかじめ，障害の有無，年齢，性別，人種等にかかわらず多様な人々が利用しやすいよう生活環境をデザインしていくとの考え方がある。この考え方は　ア　と呼ばれ，アメリカの建築家であり，自身も車いすを使用していた　イ　により提唱された。

　また，（イ）が中心となり，（ア）の考え方を具体化した　ウ　を提唱し，（ア）の普及に努力した。この原則のなかには，「　エ　」がうたわれている。

　　【アの語群】　1．ユニバーサルデザイン
　　　　　　　　　2．ノーマライゼーション
　　　　　　　　　3．エモーショナルデザイン
　　【イの語群】　1．ワルター・グロピウス
　　　　　　　　　2．ロナルド・メイス
　　　　　　　　　3．ルイス・カーン
　　【ウの語群】　1．3原則　　　　2．5原則　　　　3．7原則

【エの語群】	1．持続可能な社会を構築すること
	2．だれでも公平に利用できること
	3．すべての人々に水と衛生を確保すること

解説 インテリア計画（ユニバーサルデザイン）に関する設問

ア 製品，建物，空間，環境など，最初からできるだけ多くの人が利用しやすいようにデザインするという考え方をユニバーサルデザインという。

ノーマライゼーション→高齢者や障害者がほかの人々と等しく生きる社会，福祉環境の整備や実現を目指す考え方。

エモーショナルデザイン→ユーザーの感情を考慮したデザインを製品に取り入れるデザイン手法。

イ アメリカの建築家・製品デザイナーのロナルド・メイス（1941〜1998）は，1985（昭和60）年にユニバーサルデザインの考え方を発表した。

ワルター（ヴァルター）・グロピウス（1883〜1969）→ドイツの建築家。バウハウスの創設者にして初代校長。

ルイス・カーン（1901〜1974）→20世紀を代表するアメリカの建築家・都市計画家。活動の中心は公共建築で，現代建築に影響を与えた。

ウ・エ ユニバーサルデザインの7原則とは，①公平性（だれでも公平に利用できること），②自由度（使い方を選べること），③単純性（簡単に使えること），④明確さ（欲しい情報がすぐにわかること），⑤安全性（ミスや危険につながらないこと），⑥省耐力性（無理なく使えること），⑦空間性（大きさや広さが確保されていること）である。

[**答**] ア−1，イ−2，ウ−3，エ−2

第8問 人体やインテリアエレメントの寸法に関する次の1〜5の記述のうち，最も不適当なものを2つ選んで解答欄の番号にマークしなさい。（1行に2つの番号をマークしないこと）

1 ドアノブの一般的な高さ ＜ 一般的な洗面化粧台の洗面器の高さ ＜ バルコニーの手すりの法規上の最低高さ

2 下腿高 ＜ 指先点高 ＜ 座高

3 ダイニングテーブルの高さ ＜ キッチン調理台の高さ ＜ 玄関ドアスコープの高さ

4 本棚の奥行 ＜ 1列型キッチンの調理台の奥行 ＜ ダイニングテーブル（4人用）の奥行

5 江戸間の畳の大きさ ＜ 京間の畳の大きさ ＜ 中京間の畳の大きさ

■ 解 説 ■ インテリア計画（インテリアエレメントの寸法）に関する設問

1　一般的な洗面化粧台の洗面器の高さ(720 mm程度)　＜　ドアノブの一般的な高さ (900 mm程度)　＜　バルコニーの手すりの法規上の最低高さ(1,100 mm)

2　下腿高 0.25H　＜　指先点高 0.4H　＜　座高 0.55H

身長　　　上肢拳上高　　　眼高　　　肩峰高　　　指先点高　　　座高　　　下腿高　　　机面高

人体寸法の略算値

3　ダイニングテーブルの高さ(700～720 mm程度)　＜　キッチン調理台の高さ(JIS規格より800 mm, 850 mm, 900 mm, 950 mm)　＜　玄関ドアスコープの高さ(1400 mm程度)

4　本棚の奥行(300 mm程度)　＜　1列型キッチンの調理台の奥行(650 mm程度)　＜　ダイニングテーブル（4人用）の奥行（800 mm程度）

5　江戸間の畳の大きさ(1,760 mm×880 mm)　＜　中京間の畳の大きさ（1,820 mm×910 mm）　＜　京間の畳の大きさ（1,910 mm×955 mm）

［答］1，5

第9問　建物のプロポーションなどに関する次の記述の □ 部分に，それぞれの語群の中から最も適当なものを選んで，解答欄の番号にマークしなさい。

1　古代ギリシャでは，神殿の各部の寸法を ｱ を基準にして決めた。
　【語 群】　1．柱の頂部の直径　　2．柱の高さ　　3．柱の基部の直径

2　伝統的な日本建築では，室内の各部の寸法を柱の太さなどを基準にして決めた。これを ｲ と呼ぶ
　【語 群】　1．木割り　　　　2．木取り　　　　3．木拾い

3　建築家のル・コルビュジエは，人体寸法のプロポーションを応用した独自の尺度を考案して建築デザインに用いたが，これを ｳ と呼ぶ
　【語 群】　1．モデュール　　2．オーダー　　3．モデュロール

4　美しいプロポーションとされる黄金比の長方形における短辺と長辺の比率は，約 ｴ である。
　【語 群】　1．1：1.414　　2．1：1.618　　3．1：1.732

■ 解 説 ■ インテリア計画（造形）に関する設問

ｱ　古代ギリシャの神殿では，柱の基部の直径（1モデュルス）を基本単位として建物の

高さや各部の寸法を割り出していた。

イ　日本では，柱の寸法を基準に室内の造作部材の寸法を決める木割りという設計手法が書院造で始まり，その後の伝統的な木造建築でも用いられている。

ウ　フランスの建築家ル・コルビュジエ(1887〜1965)が考案したモデュロールは，人体寸法を黄金比で分割した寸法体系である。

> モデュール→建築生産面での基準寸法または基準寸法の組合せによる寸法体系。
>
> オーダー→古代ギリシャ・ローマ建築における柱と梁の組合せ形式。

エ　黄金比は，縦横比が約1：1.618の長方形の比率。古くからもっとも美しくバランスのとれた比率とされ，パルテノン神殿などにも使われている。

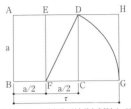

一辺aの正方形の1/2長方形の対角線を半径としてGを求めるとき，[AB/BG＝a/τ＝1/1.618]の黄金比長方形となる。

黄金比

[答]　ア−3，イ−1，ウ−3，エ−2

第10問　色彩に関する次の記述の 　　 部分に，それぞれの語群の中から最も適当なものを選んで，解答欄の番号にマークしなさい。

1　可視光線の波長の範囲は380〜780 nm（ナノメートル）で，その中で最も波長の短い色は ア である。

【語　群】　1．青　　　　2．紫　　　　3．赤

2　面積が小さなカラーサンプルの色は，面積を大きくして見ると イ 見える。

【語　群】　1．明度は高く，彩度は低く
　　　　　　2．明度は低く，彩度は高く
　　　　　　3．明度，彩度が共に高く

3　青色のドアを見た後に白い壁を見ると，補色の赤色系の残像が見える。この現象を ウ 対比という。

【語　群】　1．継時　　　2．同時　　　3．面積

4　2色以上の色を塗り分けたコマや回転板を回したとき，また，織物や編物などの異なる細かい色が並んだ時に見られる混色を エ 混色と呼んでいる。

【語　群】　1．減法　　　2．中間　　　3．加法

解説　インテリア計画（色彩）に関する設問

ア　可視光線は太陽光のうち人の目に見える電磁波（光）で，波長の短い色から並べると，紫→青→緑→黄→橙→赤と虹のような配列になる。

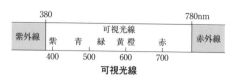

| 紫外線 | 紫 | 青 | 緑 | 黄 | 橙 | 赤 | 赤外線 |

380　　　　　　　可視光線　　　　　　780nm
400　　　500　　　600　　　700
可視光線

イ 同じ色でも，小さな面積を大きな面積にしてみると明度，彩度が共に高く見える現象を面積対比といい，色の面積の大小によって明度や彩度が違って見える。

ウ ある色を見た直後，別の色を見るときに起こる現象を継時対比といい，有彩色では補色残像が作用する。

　　同時対比→同時に2つ以上の色を見るときに生じる現象。

　　面積対比→面積の大小によって色の明度や彩度が違って見える現象。

エ 2つ以上の色が目の中で混ざり，別の色に見える中間混色は，2色以上の色を使ったコマなどを回したときの混色で，混合した色の中間の明るさになる。

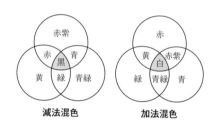

　　減法混色→色料や色フィルターなどの混色のことで，混合する成分が増えるほど暗くなる。三原色は，赤紫(マゼンタ)，黄(イエロー)，青緑(シアン)。

　　加法混色→光源色の混色のことで，混合する成分が増えるほど明るくなる。三原色は，赤，緑，青。

減法混色　　　加法混色

〔答〕ア−2，イ−3，ウ−1，エ−2

第11問 　住宅の性能に関する次の記述の □ 部分に，それぞれの語群の中から最も適当なものを選んで，解答欄の番号にマークしなさい。

1　住宅性能表示制度は，□ア□ に基づいてできた制度の1つである。
　　【語　群】　1．住生活基本法　　2．製造物責任法　　3．品確法（略称）

2　壁などを透過する音を減らすための遮音性能は，□イ□ で表記される。
　　【語　群】　1．透過損失　　　2．回折減衰　　　3．距離減衰

3　「LL-45」や「LH-50」で表示される性能は，衝撃音に対する □ウ□ の遮音性能をあらわす。
　　【語　群】　1．壁　　　　　　2．床　　　　　　3．天井

4　太陽光発電の導入時にかかる費用は，□エ□ である。
　　【語　群】　1．イニシャルコスト
　　　　　　　　2．ランニングコスト
　　　　　　　　3．ライフサイクルコスト

解 説 インテリア計画（住宅の性能）に関する設問

ア 住宅性能表示制度は，「住宅の品質確保の促進等に関する法律」（略称：品確法）に基づき，住宅の性能を評価・表示するための基準や手続を定めた任意の制度である。第三者機関が評価し，その結果は消費者に等級などで表示される。

    住生活基本法→国の住宅政策が量の確保から質の向上へ転換したことに伴い，「住宅建設計画法」に代わって制定された法律。

    製造物責任法→略して「PL法」。製造物の欠陥により，生命，身体，財産に損害を受けた場合における製造業者等の損害賠償義務について定めた法律。

イ 遮音性能は壁などを透過する音をどの程度遮るかを表した指標で，透過損失（単位：デシベル[dB]）で表される。この数値が大きいほど遮音性能が高いといえる。

    回折減衰→音源と受音点の間に塀などがある場合，受音点の音が塀の背後に回り込んで小さくなる現象。

    距離減衰→音源からの距離が遠ければ遠いほど音は小さくなる現象。

ウ 衝撃音に対する床の遮音性能のレベルを示す遮音等級（L値）には，音の特性の違いによって軽量床衝撃音(LL)と重量床衝撃音(LH)があり，数値が小さいほど遮音性能が優れている。なお，壁の遮音性能は「D値」で等級を表す。

エ 太陽光発電などのエネルギーシステムを導入する際は，初期費用のイニシャルコストと維持費用のランニングコストのシミュレーションをしておくのがよい。

    ライフサイクルコスト→建物の企画，設計，施工，維持管理，補修，解体，破棄に至るまでに必要な全費用。イニシャルコストとランニングコストで構成される。

[答] ア－3，イ－1，ウ－2，エ－1

第12問 加齢による身体機能の低下に関する次の記述の ☐ 部分に，それぞれの語群の中から最も適当なものを選んで，解答欄の番号にマークしなさい。

1 玄関の土間と床との段差が180 mmを超える場合には，☐ ア ☐ を設置することが望ましい。
  【語 群】 1．踊場 2．敷居 3．式台

2 階段に設ける手すりは，☐ イ ☐ から手すりの上面までの高さが750 mm前後になるのが望ましい。
  【語 群】 1．段鼻 2．上り框 3．野縁

3 視覚機能の低下により，視界は ☐ ウ ☐ がかって見えてくる。
  【語 群】 1．青み 2．赤み 3．黄み

4 聴覚機能の低下とともに，小さい音や ☐ エ ☐ 音域の音が聞きづらくなってくる。
  【語 群】 1．高 2．中 3．低

インテリア計画（加齢による身体機能の低下）に関する設問

ア 玄関の土間と床との段差は，昇降しやすいように180 mm以下の高さとするのが適切であるが，段差が大きい場合は，土間から一段上がる板敷きの式台を設けるとよい。

　　踊場→階段の途中に設けられる幅の広い平坦な面。

　　敷居（しきい）→襖（ふすま）または障子などの建具をはめ込む下枠。

イ 階段の手すりの高さに法的規定はないが，高齢者は前傾姿勢で握力も弱くなるので，段の先端部分の**段鼻**（だんばな）から手すりの上面までの高さを，一般的な高さ800〜900 mmより低めの700〜800 mmにする。

　　上り框（あがりがまち）→玄関の土間と床との段差部分に設けられる横木の化粧材。

　　野縁（のぶち）→天井板などの仕上材を張り付けるために使われる棒状の下地部材。

ウ 加齢により目の水晶体の透過率が低下すると，視界が黄みがかって見える。

エ 高齢者は，聴覚機能の低下で小さい音や高音域の音が聞き取りにくくなるため，テレビなどの音も大きくなる傾向がある。

〔答〕ア－3，イ－1，ウ－3，エ－1

第13問 インテリア計画に関する次の**ア〜エ**の記述に対して，それぞれの下に記した語群または図群の中から最も不適当なものを選んで，解答欄の番号にマークしなさい。

ア サニタリーと呼ばれる空間

　　【語群】　1．トイレ　　　2．キッチン　　　3．浴室

イ 高齢者の使用を考慮した水回りの寸法

　　【図群】　1．　　　　　　　　　2．　　　　　　　　　3．

ウ 座面高400 mmの食事用のいすが使える食事空間

　　【図群】　1．　　　　　　　　　2．　　　　　　　　　3．

  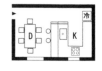

エ　収納棚のおおよその奥行寸法
　　【語　群】　1．小物棚・化粧棚　15 cm程度
　　　　　　　　2．食器棚　30 cm程度
　　　　　　　　3．洋服ダンス・クローゼット　40 cm程度

解 説　インテリア計画（住まいの計画）に関する設問

ア　サニタリーは，キッチンを除く**トイレ**，**浴室**，洗面室などの水回り空間をいう。

イ　図群1の車いす使用者等に考慮した洗面器の高さは750 mmを目安にする。

ウ　差尺（いすの座面高から机面までの垂直距離）の標準寸法は270 ～ 300 mm程度。した
　　がって，座面高400 mmのいすが使えるのは高さ700 mm程度の食事用テーブルが適
　　切。図群1のキッチンの調理台と食事用カウンターは同じ高さで850 mm程度なので，
　　この場合のいすの座面高は550 mm程度がよい。

エ　収納棚のうち，一般的な洋服ダンス・クローゼットの奥行寸法は60 cm程度である。

収納棚の一般的な奥行寸法

［答］ア－2，イ－1，ウ－1，エ－3

第14問　リフォーム計画に関する次の記述の □ 部分に，それぞれの語群の中から
最も適当なものを選んで，解答欄の番号にマークしなさい。

1　住宅は年数を経るにつれ老朽化していくので，修繕や改修が必要になる。修繕を
　　することにより，住宅の □ア□ に近づけることができる。
　　【語　群】　1．耐用年数　　2．最低性能　　3．初期性能

2　分譲マンションでは，「建物の区分所有等に関する法律」によって一般にリフォ
　　ーム可能な範囲は □イ□ とされているので，注意が必要である。
　　【語　群】　1．専有部分　　2．共用部分　　3．専用使用部分

3　戸建て住宅をリフォームする目的の一つに，できる限り住宅の省エネルギーを実
　　現した上で，再生可能エネルギーを導入することにより，年間の一次エネルギー消
　　費量の収支ゼロを目指した □ウ□ 化がある。
　　【語　群】　1．UD　　　　　2．ZEH　　　　3．CLT

4　リフォームは，建物等を作っては壊すという社会から，よい建物をつくり，適切な手入れをして長く大切に使う　エ　に転換しつつある中で重要な位置づけにある。

【語　群】　1．ストック型社会　　　2．フロー型社会　　　3．分散型社会

解　説　インテリア計画（リフォーム計画）に関する設問

ア　住宅の初期性能をできるだけ維持するには，経年変化に対応した修繕・改修が必要。

イ　分譲マンションでは，建物の所有関係や管理方法を定めた「建物の区分所有等に関する法律」（略称：区分所有法）によって，区分所有者が所有権をもつリフォーム可能な**専有部分**と，その他の**共用部分**および**専用使用部分**に分けている。

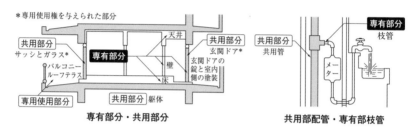

専有部分・共用部分　　　　　　　　　　**共用部配管・専有部枝管**

ウ　脱炭素社会の実現に向けて重要性が高まっているZEH（ゼッチ）とは，Net Zero Energy House（ネット・ゼロ・エネルギー・ハウス）の略称。高い断熱性能をベースに，高効率機器などによる省エネ，太陽光発電などによる創エネ（自らエネルギーを創り出していくという考え方）の組合せで，住宅の一次エネルギーの年間消費量がおおむねゼロ以下になる住まいをいう。

　　UD→universal design（ユニバーサルデザイン）の略称。障害の有無，年齢，性別等にかかわらず，すべての人が利用できることを目指したデザインをいう。

　　CLT→cross laminated timberの略称。直交集成材。高い強度を有する木質材料。

エ　住宅産業では，スクラップアンドビルドのように大量生産，大量消費を特徴とする従来の**フロー型社会**から，価値あるものをつくり長く有効活用することにより持続可能で豊かな社会が実現できるという考え方の**ストック型社会**に転換しつつあり，リフォームもその一端を担っている。

　　分散型社会→国内で人や資源が地方を含めてバランス良く分散している社会。

［**答**］ア－3，イ－1，ウ－2，エ－1

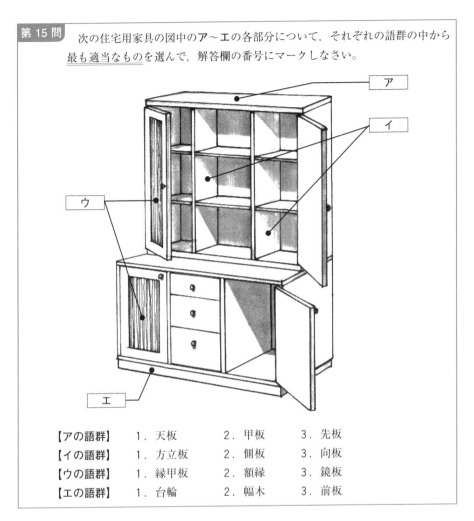

第15問

次の住宅用家具の図中の**ア～エ**の各部分について，それぞれの語群の中から最も適当なものを選んで，解答欄の番号にマークしなさい。

【アの語群】	1．天板	2．甲板	3．先板
【イの語群】	1．方立板	2．側板	3．向板
【ウの語群】	1．縁甲板	2．額縁	3．鏡板
【エの語群】	1．台輪	2．幅木	3．前板

解説 インテリアエレメント（家具の構造部材）に関する設問

［収納家具・引出しに関する語群］

ア　天板→箱体上側の板。

　　先板→引出しの前板と向かい合う奥側の板。「**向板**（むこう）」「後板」ともいう。

イ　方立（ほうだて）板→箱体を縦に仕切る板。「**仕切り板**」ともいう。

　　側板（がわいた）→収納家具やデスクなどの側面に付く板。

ウ　鏡板→框（かまち）の枠にはめ込んだ化粧合板の薄板。収納家具の扉や建具に用いる。

エ　台輪→箱物家具の底辺部分で台座となる部材。汚れや湿気，衝撃を防ぐ役割がある。

　　前板→引出しの前につく板。

［その他の語群］

ア　甲板→テーブルや机の作業面の板。「天板」ともいう。

ウ　縁甲(えんこう)板→単層フローリングのうち，幅広の長尺タイプをいう。縁側などのほか，
　壁や天井などにも使われる。

　額縁→窓や出入口の建具に取り付ける化粧枠。

エ　幅木(はばき)→室内の床と壁の下端に帯状に取り付ける見切り材。

[答] ア－1，イ－1，ウ－3，エ－1

第16問　家具に関する次の**ア～エ**の記述に対して，それぞれの下に記した語群の中か
ら最も適当なものを選んで，解答欄の番号にマークしなさい。

ア　ベッドの弾性ボトムの種類

【語　群】　　1．スネークスプリング　　　　2．ウッドスプリング

　　　　　　3．セットスプリング

イ　ダイニングテーブルの構造部材

【語　群】　　1．幕板　　　2．向板　　　3．笠木

ウ　無垢材甲板の接合方法

【語　群】　　1．単板練付け　　　2．雇い実矧ぎ（やといざねはぎ）

　　　　　　3．框組み

エ　事務用回転いすの部品

【語　群】　　1．ボンネルコイル　　　　2．ウェビングテープ

　　　　　　3．ガススプリング

解　説　　インテリアエレメント（家具）に関する設問

ア　ベッドのボトム（マットレスを乗せる台）には，弾性ボトムと非弾性ボトム（板材や
畳など）がある。弾性ボトムの一つである**ウッドスプリング**は，木材をボトムの幅方向
に弓なりに渡して弾力をもたせたもの。

　スネークスプリング→ソファの座面内部に使われる衝撃吸収材。硬いS字状の波型の
　　鋼線バネ（Sバネ）を連結させ，前後や左右に伸び縮みする。

　セットスプリング→いすの衝撃吸収材として使われる。らせん状のコイルスプリング
　　を複数並べて鋼線で連結させたもの。

イ　テーブルを構成する**幕板(まくいた)**は，甲板(天板)の下で脚と脚をつなぐ横長の板のこと。

　向板(むこういた)→引出しの前板と向かい合う，奥側の板。「先板」「後板」ともいう。

　笠木(かさぎ)→腰壁や手すりの上部に取り付ける横木。

ウ　テーブルなど無垢材甲板の接合に適した**雇い実矧(やといざねは)**ぎは，両方の板の側面に溝を

彫り，細い棒（雇い実）を差し込んではぎ合わせる接合方法である。

単板練付け→表面の化粧材として，単板（突板）を接着剤で基材の合板に張ること。

框(かまち)組み→縦と横に角形や棒状の板（框）を枠組みにしたもの。

エ 事務用回転いすの部品である**ガススプリング**は，封入した窒素ガスの圧力で座面高や座の角度，背の角度などを調整するバネである。

ボンネルコイル→連結式のスプリングマットレス。らせん状に個々に巻いたコイル（ボンネル）を全面に配列して連結させ，身体を面で支える。

ウェビングテープ→いすの座面の下張りなどに用いられる衝撃吸収材。特殊撚糸(せん)を組み，ゴムを浸透させてつくった帯状のテープ。

［答］ア－2，イ－1，ウ－2，エ－3

第17問 家具や扉に使われる金物などに関する次の**ア～エ**の記述に対して，それぞれの下に記した語群の中から最も適当なものを選んで，解答欄の番号にマークしなさい。

ア 扉の引き戸で用いられる受け座にデッドボルトを回転させながら引っ掛けて施錠する錠前（図1参照）

【語　群】　1．面付錠
　　　　　　2．鎌錠
　　　　　　3．はかま錠

図1

イ 内開き・外開きなど，左右どちらにも180度ずつ開く丁番（図2参照）

【語　群】　1．旗丁番
　　　　　　2．アングル丁番
　　　　　　3．屏風丁番

図2

ウ 開いた扉をスライドして内側に収納することで開放状態を保ち，スペース効率を高める仕組み（図3参照）

【語　群】　1．フリッパードア
　　　　　　2．フラップステー
　　　　　　3．リニアベアリング

図3

エ　ライティングデスク等の扉に重量がかかる場合や，中にホコ
リが入るのを防ぐ場合などに使用される丁番（図4参照）
　　【語　群】　1．ピアノ丁番
　　　　　　　　2．スライド丁番
　　　　　　　　3．ピボット丁番

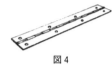

図4

■ 解 説 ■　インテリアエレメント（家具，扉の金物など）に関する設問

ア　図1の錠前は鎌錠。鎌型のデッドボルトを回転させて受け座に掛ける引き戸用の錠。
　　面付錠→引出し部分など，平らな面に取り付ける錠前で，錠箱が内側に露出する。
　　はかま錠→ガラスをはめ込む引き違い戸用の錠前で，下部の金属製枠に取り付ける。

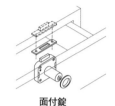

面付錠　　　　　　　　　　**はかま錠**

イ　図2の丁番は屏風（びょうぶ）丁番。左右どちらにも180°ずつ開く特殊丁番である。
　　旗丁番→羽根と軸の形が旗状になったもの。集合住宅の玄関扉など，重い金属扉に用
　　　いられる。
　　アングル丁番→羽根の形がL型をしたもの。扉を180°以上開くことができ，扉を閉じ
　　　たときに外側から丁番の取付け部分が見えない。

ウ　図3の扉はフリッパードア。開いた扉をスライドさせて，家具内
　に収納することができる。スライドする方向により垂直フリッパー
　ドアと水平フリッパードアがある。
　　フラップステー→扉などが全開状態のときに，ストッパーで扉を
　　　保持する金具。
　　リニアベアリング→機械の中の軸をなめらかに回転させる直動機
　　　構の部品。引出しの開閉をスムーズに行うスライドレールなど
　　　に用いられる。

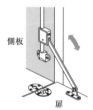

側板

扉

フラップステー

エ　図4の丁番はピアノ丁番。「長丁番」ともいい，重量のかかる扉や，反りやほこりが
　入ることを防止する場合に使用される。
　　スライド丁番→システムキッチンやキャビネットなどのかぶせ扉に使う丁番。表から
　　　金具が見えず，扉の微調整と脱着が容易。
　　ピボット丁番→飾り棚の扉など表面に金物を見せたくないときに使用し，扉の上下の
　　　端に取り付ける丁番。

旗丁番

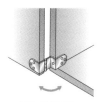
アングル丁番

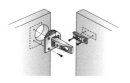
スライド丁番

ピボット丁番

［答］ア－2，イ－3，ウ－1，エ－1

第18問 家具の材種別の手入れ方法に関する次の記述の ☐ 部分に，それぞれの語群の中から最も適当なものを選んで，解答欄の番号にマークしなさい。

1 合成皮革のソファーについた手垢や油汚れは ア で布拭きして，よく水拭きする。
　【語群】 1．塩素系洗剤液　　　2．中性洗剤液　　　3．艶出しクリーナー

2 天然大理石のテーブルの手入れは，イ ワックスを塗り込み，乾拭きする。
　【語群】 1．アルカリ性　　　2．酸性　　　3．油性

3 天然皮革の椅子にカビが生じた時は，殺菌する為に希釈した ウ を湿した布で拭き，水拭きのあと布で乾拭きする。
　【語群】 1．無水エタノール　　　2．逆性石鹸液　　　3．ポリッシュ剤液

4 籐（ラタン）家具の手入れは柔らかい布で乾拭きする，手垢などの汚れは エ で落とすことができる。
　【語群】 1．家具用ワックス　　　2．水拭き　　　3．ベンジン

解説 インテリアエレメント（家具の手入れ）に関する設問

ア 合成皮革のソファなどの汚れは，中性洗剤液で落としてから水拭きをする。塩素系洗剤液や艶出しクリーナーは，変色の原因になるので避ける。

イ 天然大理石のテーブルは天板の表面に汚れが染み込みやすいので，油性ワックスを塗り込んでから乾拭きをする。また，天然大理石は**アルカリ性**や**酸性**に弱いので取扱いに注意する。

ウ 天然皮革のカビ取りには，カビや細菌の殺菌・消毒に効果のある逆性石鹸液を使う。**無水エタノール**には殺菌・消毒作用があるが，天然皮革に使用すると脱色やシミの原因となる。**ポリッシュ剤液**はおもに金属に用いる研磨・艶出し剤である。

エ 籐（ラタン）家具が手垢などで汚れた場合は軽く水拭きをする。特に艶出し仕上げのものは，強く拭いたり，**家庭用ワックス**を使用することはさける。ベンジンはシミ落としやシール剥がしに使う液体である。

［答］ア－2，イ－3，ウ－2，エ－2

家具に使われる樹脂（プラスチック）材料に関する次のア〜エの記述に対して，それぞれの下に記した語群の中から最も適当なものを選んで，解答欄の番号にマークしなさい。

ア　合板にオーバーレイした化粧板として，収納家具の棚板などに使われる樹脂

【語　群】　　1．ポリカーボネート　　　2．不飽和ポリエステル　　　3．アクリル

イ　紙に含浸させ積層加圧した硬度が高い化粧板として，テーブルの表面材などに使われる樹脂

【語　群】　　1．ABS　　　　　　　2．塩化ビニル　　　　　3．メラミン

ウ　軽く（水に浮く），耐候性に優れブロー成型のガーデンテーブルやチェアなどに使われる樹脂

【語　群】　　1．フェノール　　　　2．ポリエチレン　　　3．ポリアセタール

エ　一般にはナイロンと呼ばれ，耐衝撃性に優れOAチェアのキャスター（車輪）などに使われる樹脂

【語　群】　　1．ポリアミド　　　　2．ポリウレタン　　　3．エンプラ

解　説　　インテリアエレメント（家具の樹脂材料）に関する設問

　樹脂（プラスチック）は，熱すると軟化して冷やすと固まる「熱可塑性樹脂」と，加熱後硬化すると再加熱しても溶解しない「熱硬化性樹脂」に大別される。

ア　熱硬化性樹脂の不飽和ポリエステル樹脂は，ポリエステル化粧合板として収納家具の棚板などに使用。ガラス繊維を加えて強度を高めたFRP（繊維強化プラスチック）は，いすや浴槽などの成型品に使われる。

　　ポリカーボネート樹脂→熱可塑性樹脂。透明で耐熱性，耐衝撃性に優れる。用途は照明器具のカバー材や家具扉の面材など。

　　アクリル樹脂→熱可塑性樹脂。高い透明性と光沢があり，耐候性にも優れる。用途はガラスの代用として，照明器具のカバーなど。

イ　熱硬化性樹脂のメラミン樹脂は，表面が硬く，耐熱性，耐薬品性，耐水性に優れる。メラミン化粧板は，テーブルや机の甲板やキッチンのワークトップに用いられる。

　　ABS樹脂→熱可塑性樹脂。硬く耐衝撃性に優れる。用途はテレビのキャビネットや冷暖房器など。

　　塩化ビニル樹脂→熱可塑性樹脂。耐水性，耐酸性，耐アルカリ性に優れる。壁紙の大半は，ポリ塩化ビニルを主原料とするビニル壁紙。

ウ　熱可塑性樹脂のポリエチレン樹脂は生産量が最大。水に浮き，耐衝撃性，耐薬品性に優れる。ブロー成型の家具やレジ袋などに使われる。

　　フェノール樹脂→熱硬化性樹脂。耐熱性，耐水性，電気絶縁性が高く，酸にも強い。用途は耐水用合板の接着剤として合板いすの座面など。

　　ポリアセタール→熱可塑性樹脂。寸法安定性，硬度，耐クリープ性が高く，金属部品
　　の代替品として使用。用途は洗濯機，電話機など。

エ　熱可塑性樹脂の**ポリアミド樹脂**（ナイロン樹脂）は，強度が非常に高く，耐薬品性，
　潤滑性に優れる。家具ではいすのキャスターや引出しのレールなどに用いられる。

　　ポリウレタン樹脂→熱硬化性樹脂。弾力性に富み，用途はポリウレタンフォーム，塗
　　膜防水材，塗料など。

　　エンプラ→エンジニアリングプラスチックの略称。耐熱性や機械的強度を向上させた
　　樹脂の総称。用途は事務用回転いすのベースや扉のつまみなど。

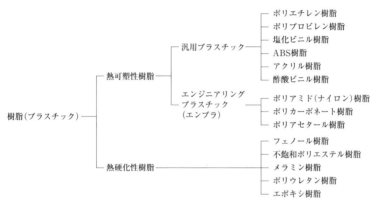

樹脂（プラスチック）材料の分類

［答］　ア－2，イ－3，ウ－2，エ－1

第20問　　造作部材に関する次の**ア～エ**の記述に対して，それぞれの下に記した語群の
　　　　　中から<u>最も適当なもの</u>を選んで，解答欄の番号にマークしなさい。

ア　襖や障子を滑らせるための上下を挟み込む構造のうち上側の部材
　　【語　群】　　1．長押　　　　　　2．敷居　　　　　　3．鴨居
イ　回り縁に固定され，天井板を下から支える細長い部材
　　【語　群】　　1．吊り木　　　　　2．野縁　　　　　　3．竿縁
ウ　通気性や解放感が特徴で，踏み板が2枚の桁材に乗って支えられる構造の階段
　　【語　群】　　1．ささら桁階段　　2．側桁階段　　　　3．力桁階段
エ　バラスターとも呼ばれ，笠木を支える柱状の部材
　　【語　群】　　1．胴縁　　　　　　2．上段框　　　　　3．手すり子

解 説 インテリア構法（造作部材）に関する設問

ア 襖や障子などの建具をはめ込む部材のうち，上枠の部材を**鴨居**（かもい），下枠の部材を**敷居**（しきい）という。

　　長押（なげし）→柱と鴨居の上に取り付ける幅の広い横木。

イ 木造の天井仕上げの一つである竿縁（さおぶち）天井に用いられる竿縁は，天井板を下から支える細い化粧部材で，回り縁に取り付ける。

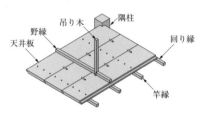

野縁　吊り木　隅柱
天井板　回り縁
竿縁

竿縁天井

ウ 階段の構造において，ささら桁階段は，段板を乗せるために上端をのこぎりの歯のような段状（ささら）の桁で支えるものである。通常，蹴込み板は付かない。

　　側桁（がわげた）**階段**→段板を挟み込むように，側桁を両側面に取り付けた階段。

　　力桁階段→「中桁階段」ともいい，階段の段板を下方の1本の太い材（桁）で支える構造。強度上，桁を複数本とする場合もある。

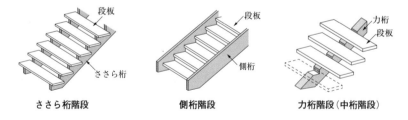

段板　ささら桁
段板　側桁
力桁　段板

ささら桁階段　　**側桁階段**　　**力桁階段（中桁階段）**

エ バラスターとも呼ばれる手すり子は，階段などの側壁がない部分で，手すりの笠木（手すり棒）を支持する棒状の垂直部材。落下防止のための重要な部材でもある。

　　胴縁（どうぶち）→壁に羽目（はめ）板やボードを取り付けるための水平材。

　　上段框（かまち）→階段から上段に上がる床の端に設けられる横木。

　　　　　　　　　　　　　　　　　　　　　　　　　　[答] ア-3，イ-3，ウ-1，エ-3

第21問 カーテン各部の呼称を示した次の図中の**ア〜エ**の各部分について，それぞれの語群の中から最も適当なものを選んで，解答欄の番号にマークしなさい。

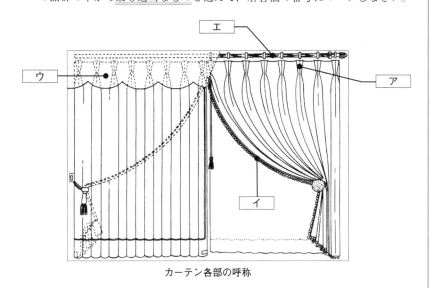

カーテン各部の呼称

【アの語群】	1．ピンチプリーツ	2．ロッドポケット	3．ハイギャザー
【イの語群】	1．ウェイトテープ	2．ブレード	3．トリム
【ウの語群】	1．バランス	2．スワッグ	3．スカラップ
【エの語群】	1．装飾レール	2．ボックスレール	3．バランスレール

解説 インテリアエレメント（カーテン）に関する設問

ア 図アは**ピンチプリーツ**（つまみひだ）。プリーツが山ひだの最も一般的なスタイル。

　　ロッドポケット→カーテンのプリーツの一つ。カーテンの上端を袋状に縫ってレールに通してギャザーをつくる。

　　ハイギャザー→カーテンスタイルの一つ。裾に長めのフリルを付けたもの。

ロッドポケット

イ 図イは**トリム**（トリミング）。カーテンの縁や裾を飾るもので，ブレード，フリンジ，フリル，ボトムなどさまざまなタイプがある

　　ウェイトテープ→薄手のカーテンの裾に縫い付ける紐状のおもり。

　　ブレード→トリム（トリミング）の一つで，ひもやテープ状の飾り。

ウ 図ウは**バランス**。カーテンレールやブラインド上部のヘッドボックスなどを隠す意匠的な上飾りやカバーである。

　　スワッグ→「雲形」の意。カーテンの上部を装飾するトップトリートメントの一つ。

スカラップ→カーテンスタイルの一つ。裾がスカラップ（貝）状やアーチ状のスタイルで，開閉しない腰高窓に用いられる。

エ 図エは装飾レール。機能性より装飾性を重視してつくられたカーテンレールで，色，形，素材などデザインは多様である。

ボックスレール→開閉しやすい機能レールとカーテンボックスが一体になったもの。

バランスレール→バランス（上飾り）を取り付けるためのレール。

センタークロス　クロスオーバー　セパレート　ハイギャザー　スカラップ　カフェ

カーテンのスタイル

［答］ア－1，イ－3，ウ－1，エ－1

第22問 カーテンの縫製加工に必要な採寸箇所と要尺に関する次のア～エの記述に対して，それぞれの下に記した語群の中から<u>最も適当なもの</u>を選んで，解答欄の番号にマークしなさい。

ア 既存のカーテンレールを使う場合の幅寸法
（図1参照）

【語　群】

1．両端のランナー間（最大幅）

2．キャップストップのリング間

3．キャップストップの両端間

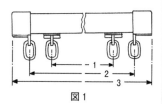

図1

イ 既存のカーテンレールを使う場合の高さ寸法
（図2参照）

【語　群】

1．ポールの上端から床まで

2．ポールの中心から床まで

3．リングのカンの内円（下端）から床まで

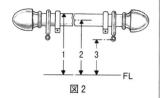

図2

ウ 片ひだの仕上げ幅（間口）に対する必要生地幅
（図3参照）

【語　群】

1．2倍

2．3倍

3．4倍

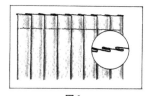

図3

エ　ボックスプリーツの仕上げ幅（間口）に対する
　　必要生地幅（図4参照）
　　【語　群】
　　　1．2.5倍
　　　2．3.5倍
　　　3．4.5倍

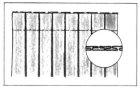

図4

解　説　インテリアエレメント（カーテンの採寸と要尺）に関する設問

ア・イ　既存のカーテンレールの採寸位置は，幅・高さともに，両端に付いているキャッ
　　プストップに付属するリング部分を基準とする。幅寸法はキャップストップのリング間
　　の距離，高さ寸法はリングのカンの内円（下端）から床までの距離を測る。

ウ・エ　カーテンの必要生地幅は，プリーツ（ひだ）の種類と間隔で決まる。図3の片ひ
　　だの場合は仕上げ幅（開口）の2倍，図4のボックスプリーツ（はこひだ）の場合は仕
　　上げ幅（開口）の2.5倍である。

［答］　ア－2，イ－3，ウ－1，エ－1

第23問　カーペットに関する次の記述の　□　部分に，それぞれの語群の中から最も
　　適当なものを選んで，解答欄の番号にマークしなさい。

1　手織りカーペットの一種である　ア　は，基布のたて糸1本1本に，パイルを手
　で絡ませて結びつけ，カットしながら織っていく。量産できず，高価な美術工芸品
　の意味合いが強い。
　　【語　群】　1．プレデッドマット　　　2．三笠織　　　　3．緞通
2　機械織りカーペットの一種である　イ　は，18世紀半ばの英国発祥で，19世紀に
　入りジャガード自動柄出し装置をつけて，2〜5色使いの柄物ができるようになった。
　　【語　群】　1．ウィルトン　　　　　2．ラッセル　　　3．スプール
3　機械織りカーペットの一種である　ウ　は，多色使いが可能で，花柄，モザイク
　柄などの複雑な柄の高級カーペットとしてホテルの宴会場などで使用される。
　　【語　群】　1．ダブルフェイス　　2．フックドラグ　　3．アキスミンスター
4　刺繍カーペットの一種である　エ　は，20世紀にアメリカで開発され，従来の
　織りカーペットに比べ大量生産が可能になり，カーペットの普及に貢献した。
　　【語　群】　1．ボンデッド　　　　2．ニードルパンチ　　3．タフテッド

解　説　インテリアエレメント（カーペット）に関する設問

ア　手織りカーペットの緞通（だん）の製造には手間がかかり，熟練の技術を必要とする。製

品にはペルシャやトルコなどの生産地名がつき，高価な美術工芸品として扱われる。

　　プレデッドマット→ミシン縫いのラグで，太い芯糸の周りに色糸をコード編みして柄
　　をつくる。用途は玄関やキッチンなど。

　　三笠織→平織りカーペット。地を厚くするために縦横を二重織りとし，表裏の糸色を
　　反対にして編むため，両面使いが可能。

イ　パイルのある高級機械織りカーペットの**ウィルトン**は，2～5色の柄出しが可能。18
世紀中頃，イギリスのウィルトン地方で始まった。

　　ラッセル→ラッセル編み機を使用した経編みの編みカーペット。

　　スプール→アキスミンスターカーペットの製法の一つで，色数は原理的に無制限。

ウ　機械織りカーペットの**アキスミンスター**は，複雑な柄表現と豊富な色使いが可能。製
法には，グリッパー式（8～12色）とスプール式（無制限の色使い）がある。

　　ダブルフェイス→ウィルトン・カーペットの製法を用いた機械織りカーペット。表裏
　　二重の地組織にパイル糸を交差させて織りながら上下2枚を同時につくる。

　　フックドラグ→手工芸的手法の刺繍カーペット。事前に描いた柄に沿って刺繍針でパ
　　イルを刺し込んでいく。

エ　大量生産が可能な**タフテッド**は，基布に刺したパイル糸に裏面処理をして固定する刺
繍カーペット。タイル状に加工され，公共空間などに多く用いられる。

　　ボンデッド→接着カーペット。接着剤を塗布した基布上にパイルを張り付ける。

　　ニードルパンチ→機械で圧縮してフェルト状にした圧縮カーペット。自由に切ること
　　ができ，施工が容易。

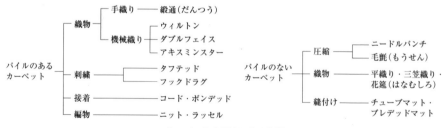

カーペットの製法による分類

各種カーペットの織り方（断面）

　　　　　　　　　　　　　　　　　　　　　　　　［答］ア－3，イ－1，ウ－3，エ－3

第 24 問 インテリアオーナメント・アートの壁面取付けに関する次の記述の [ ] 部分に，それぞれの語群の中から最も適当なものを選んで，解答欄の番号にマークしなさい。

1 コンクリート壁に直接フックを固定する場合は，壁にドリルで穴を開け [ア] を打ち込み，そこにねじでフックを固定する。

【語 群】 1．カールプラグ 2．タッピングビス 3．ソケット

2 化粧合板の壁に比較的軽いものを取り付ける場合は，壁面に対して斜め上からピンを打ち込むので抜けにくい [イ] がある。

【語 群】 1．フィッシャープラグ 2．二重釘
3．X（エックス）フック

3 プラスターボードの壁にフックを取り付ける場合，ボードの裏側で先端が傘状に開き固定できる [ウ] を使用する。

【語 群】 1．ジベル 2．逆目釘 3．ボードアンカー

4 額などを頻繁に移動したり，掛け替えたりする場合にはピクチャーレールがよい。そこから吊り下げた [エ] に付けられた金具が上下左右に移動でき，位置を簡単に決められる。

【語 群】 1．ワイヤー 2．アンカープレート 3．フックボルト

解説 インテリアエレメント（オーナメント・アート）に関する設問

ア コンクリート壁に直接フックを固定する場合は，壁に穴を開け，アンカーとしてコンクリートやタイルなどの硬質壁に取付け可能なカールプラグを打ち込みビス留めする。
タッピングビス→自身で部材にねじ立てし，部材を切りながらねじ込んでいくもの。
ソケット→受け口，穴の意。ボルトやナットをはめる部品を指していうこともある。

イ 化粧合板などの壁に軽量物を取り付ける場合は，極細のピンを斜めに打ち込んで固定するX（エックス）フックを用いる。
フィッシャープラグ→ねじのねじ込みで孔壁へ拡張されて強い固着力を発揮するプラグ。用途はコンクリートやALC，石膏ボーなどへの施工。

ウ 躯体との間に空隙があるプラスタボード（石膏ボード）の壁に軽量物を取り付ける場合は，下穴にはめ込む部品のボードアンカーを使ってビス留めをする。
ジベル→木材の接合具の一種で，重ね合わせた部材の間に挿入してずれを防ぐもの。
逆目釘→木材に打ち込んだとき，抜けにくくなるように逆目を付けた釘。

エ 天井や壁に取り付けるピクチャーレールは，レールで左右に動くフックと，ワイヤーに付いた上下の長さ調整ができる金具（ハンガー）で構成されるため，掲示物の移動や掛け替えが容易にできる。
アンカープレート→アンカーボルトの引抜き抵抗力を増すために取り付ける鋼板。

フックボルト→先端がフック状になったボルト。波板などの屋根材を固定するために使われる。

カールプラグ

Xフック

ボードアンカー

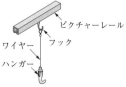
ピクチャーレール

［**答**］ア－1，イ－3，ウ－3，エ－1

第 25 問　日本庭園に関する次の記述の　□　部分に，下に記した語群の中から<u>最も適当なもの</u>を選んで，解答欄の番号にマークしなさい。

　古くから日本の庭は，木・石・ ア といった自然の要素を利用して，天然の植生や生体に見立てて構成されてきた。日本庭園の造園技法のひとつに建物の内と外との イ をもたせる意図でつくられてきたものがある。

　茶の湯の文化の影響を受けた茶庭は ウ とも呼ばれ，石で帯状に舗装した エ や飛び石，手を清めるための蹲踞（つくばい）などが置かれることで，より日本らしさが演出される。

　　【アの語群】　　1．光　　　　　　2．土　　　　　　3．水
　　【イの語群】　　1．対比感　　　　2．連続性　　　　3．明度差
　　【ウの語群】　　1．園路　　　　　2．露地　　　　　3．池泉
　　【エの語群】　　1．築山（つきやま）　2．延段（のべだん）　3．築地（ついじ）

解 説　インテリアエレメント（日本庭園）に関する設問

ア・イ　日本庭園は，自然の風景を取り入れるために木・石・水といった自然の素材の特性を利用して構成されている。その造園技法のなかには，建物の内と外の連続性を意識させるという意図による手法もある。

ウ　茶の湯の影響を受けた露地(ろじ)とも呼ばれる茶庭(ちゃてい，ちゃにわ)は，茶室に付属して設けられる庭で，通路としての役割もある。

　　園路→公園や庭園の中に敷かれた道。

　　池泉(ちせん)→庭園に設けられた池。

エ　茶庭に敷かれた延段(のべだん)は，石を組み合わせて細長く敷き詰めた通路。歩きやすくしたり，石の種類や敷き方によって景観に変化をつけることができる。

　　築山(つきやま)→山に見立てて石や土砂を盛り上げてつくった庭園などの小山。

築地(ついじ)→土をつき固めてつくった塀で，上部に瓦や板で屋根をふいたもの。

［答］ア－3，イ－2，ウ－2，エ－2

第26問 床の構法に関する次の記述の □ 部分に，それぞれの語群の中から**最も適当なもの**を選んで，解答欄の番号にマークしなさい。

1　木構造の床の下地は，近年では ｱ を省略し，直接，大引や梁材に厚い合板を留めつけ，強固にするものが多く見られる。

【語群】　　1．スタッド　　　2．根太　　　　　3．垂木

2　鉄骨造の床の下地は，鉄骨の梁間に ｲ を渡し，コンクリート打ちの下地とするものが多い。

【語群】　　1．ラスボード　　2．木毛セメント板　　3．デッキプレート

3　伝統的木造構法の建物では， ｳ の床を三和土とすることがある。

【語群】　　1．通り庭　　　　2．縁側　　　　　　3．床の間

4　モルタルそのものを床仕上げとする方法に ｴ 仕上げがある。

【語群】　　1．荒床　　　　　2．金鏝　　　　　　3．スレート

■ **解説** ■ インテリア構法（床の構法）に関する設問

ｱ　木構造の床組のうち，大引きの上に根太(ねだ)を設けず，厚い床下地合板を直接大引や梁材に留め付ける工法は，地震などによる水平力に対して強く，火打ち梁を省略することができる。

　　スタッド→軽量鉄骨下地の間仕切り壁などをつくる際に取り付ける柱材。

　　垂木(たるき)→屋根の勾配に沿ってかける小角材で，野地板を受けるための斜め材。

ｲ　鉄骨造の床は，鉄骨の梁間にやや大きな角波形をしたデッキプレートを取り付け，コンクリートを打って床スラブをつくることが多い。

　　ラスボード→孔のあいた石こうボード。用途は塗り壁の下地材など。

　　木毛セメント板→ひも状に削った木片とセメントを混ぜて加圧，成形したボード。

ｳ　伝統的な木造建築では，通り庭（細長い土間状の通路）の床に，土やコンクリートで仕上げた三和土(たたき)と呼ばれる土間が使われてきた。

ｴ　左官工事において，金属製の鏝で押さえたままの仕上げを金鏝(かなごて)仕上げといい，モルタルやコンクリートなどの土間や壁面を平滑に仕上げる方法である。

　　荒床(あらゆか)→畳などの床仕上材をきれいに納めるための下地として，無垢の挽き板や合板などを下張りした板床。

　　スレート→粘板岩を薄い板状に加工した建築材。用途は屋根材や外壁材など。

［答］ア－2，イ－3，ウ－1，エ－2

　　　鉄骨構造と鋼材に関する次の記述の ☐ 部分に，それぞれの語群の中から
最も適当なものを選んで，解答欄の番号にマークしなさい。

1　純ラーメン構造は柱と梁を $\boxed{ア}$ とし，ブレースを必要としないが，曲げモーメ
　ントが生じるため部材が太くなりやすく，経済的ではない。
　　【語　群】　　1．半剛接合　　　　2．ピン接合　　　　3．剛接合
2　鋼材の普通ボルト接合では，ボルトとボルト穴との間の $\boxed{イ}$ によって微少なガ
　タが生じることがある。
　　【語　群】　　1．アーク　　　　2．ヒンジ　　　　3．クリアランス
3　鋼材は，一般的に $\boxed{ウ}$ ℃で強度が常温時の約半分となる。
　　【語　群】　　1．300　　　　　2．500　　　　　3．800
4　鉄骨構造の中層骨組で一般的に用いられている床の構造に，$\boxed{エ}$ スラブがある。
　　【語　群】　　1．シェル　　　　2．合成　　　　3．ジョイスト

解　説　建築の構造（鉄骨構造と鋼材）に関する設問

ア　鉄骨構造に用いられる純ラーメン構造は，柱や梁などの鉄骨同士を剛接合して一体化
　させる構造で，斜め材のブレースや耐震壁がない。
　　半剛接合→剛接合とピン接合の中間的な接合形式。
　　ピン接合→部材同士が力を受けると，一体化せずに回転して動くようになっている接
　　　合形式。トラス構造に用いられる。

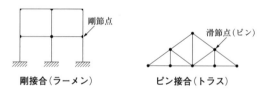

剛接合（ラーメン）　　　　ピン接合（トラス）

イ　ボルト自体のせん断力を用いる普通ボルト接合は，ボルト穴のクリアランス（すき間）
　によってゆるみや変形が生じやすいため，構造上主要な部分には使用できない。
　　アーク（溶接）→アーク放電による熱を利用して金属同士をつなぎ合わせる溶接方法。
　　ヒンジ→建具の開閉金具。あるいは建築物の骨組において，回転が自由な部材の節点
　　　または支点のことで，ピンと同じ。

ウ　鋼材はねばり強さに富んだ高強度材であるが，500℃以上で耐力が半減するなどの特
　性もある。

エ　鉄骨構造の床工法に適した合成スラブは，デッキプレートがコンクリート打込み時に
　は床型枠材として機能し，硬化後はコンクリートと一体となって曲げに抵抗する。鉄筋
　工事が不要なため，経済性や施工性が良い。
　　シェル→貝殻，殻の意。曲面状の薄い板を用いた建築構造をシェル構造という。

ジョイスト→根太(ねだ)または小梁のこと。小梁を敷き並べるように配置したジョイストスラブは，主としてスパンの大きい構造物に用いられる。

[答] ア－3，イ－3，ウ－2，エ－2

| 第28問 | 壁の構法に関する次の記述の ☐ 部分に，それぞれの語群の中から最も適当なものを選んで，解答欄の番号にマークしなさい。 |

1　日本の伝統的な木構造に多く見られる，柱を露出する構造を ア という。

【語　群】　1．真壁　　　　　2．大壁　　　　　3．界壁

2　西洋の木構造に多く見られる，柱と梁の間に煉瓦や土などを積み込む構造を イ という。

【語　群】　1．プラスター　　2．ツーバイフォー　　3．ハーフティンバー

3　下地に石こうボードを用いて塗装仕上げを行う場合，ボードの継ぎ目には ウ を用いて目地を処理する。

【語　群】　1．プライマー　　2．パテ　　　　　3．クリアミラー

4　鉄筋コンクリート構造の建物において，コンクリートを仕上げとすることを エ という。

【語　群】　1．打ち放し　　　2．テラゾー　　　3．びしゃん

解説　インテリア構法（壁の構法）に関する設問

ア　柱や梁を表に見せて納める真壁(しんかべ)は，壁の仕上げ面を後退させて設ける。和室など日本の伝統的な木造建築に多用される。一方，壁の仕上げ面を柱の外側として柱を表に見せないようにしたものは**大壁**(おおかべ)といい，現代の日本の洋風住宅に多く見られる。

　　界壁(かいへき)→共同住宅や長屋において各住戸間を区切る壁。

イ　西洋木造建築の様式の一つであるハーフティンバーは，柱や梁，斜め材などの骨組を外にむき出しにして，その間に石やレンガ，土などを埋めて壁とするものである。

　　プラスター→石灰または石膏を主材料とした，壁や天井を仕上げるための左官材料。

　　ツーバイフォー→北米等から輸入された枠組壁工法。規格木材で組んだ枠組みに構造用合板を張った壁や床によって構成される。

ウ　塗装仕上げで下地が石こうボードの場合，充填材料のパテを使って下地の継目の凹凸や段差補修，ビス頭部の凹部の平滑化を行う。

　　プライマー→塗装工程の最初に塗る下塗りもしくは塗料。

　　クリアミラー→普通透明ガラスを銀引きしてミラーに加工したガラス製の鏡。

エ　鉄筋コンクリート構造の建物で，柱や梁，壁などの表面を他の材料で仕上げず，型枠を外したままのコンクリートをそのまま見せる仕上げを打ち放しという。

テラゾー→大理石の種石に白セメントを混ぜて固め，磨き仕上げをした人造石。

びしゃん→粗削りの石材をびしゃん（専用金づち）で叩いて平滑にする表面仕上げ。

[答] アー1，イー3，ウー2，エー1

第29問　造作と造作材に関する次の記述の ▢ 部分に，下に記した語群の中から最も適当なものを選んで，解答欄の番号にマークしなさい。

　住宅の一般的な幅木のサイズは高さが ア mm程度，厚さは天然木の場合 イ mm程度である。

　雑巾摺りは，幅木を付けない場所の床と壁の見切りとして付けるもので，見え掛かりが ウ mm角程度の木材が一般的である。

　ダブルのカーテンの場合，カーテンボックスの内法の幅は エ mmが目安とされる。

【アの語群】	1．30〜50	2．60〜100	3．120〜180
【イの語群】	1．3〜9	2．15〜24	3．30〜60
【ウの語群】	1．15	2．25	3．35
【エの語群】	1．60〜80	2．120〜140	3．180〜200

解説　インテリア構法（造作と造作材）に関する設問

ア・イ　幅木（はばき）は，床と壁の境の部分に設ける見切り部材。住宅の一般的な幅木の高さは60〜100 mm程度，厚さは天然木では15〜24 mm程度である。

ウ　壁と床や棚板が接する部分に見切りとして設ける細い横木を雑巾（ぞうきん）摺りといい，部材には，表に現れて目に見える部分が15 mm角程度の木材を用いる。

エ　ダブルカーテンの場合はダブルレールが必要となるため，カーテンボックスの内法幅は180〜200 mm程度が目安となる。シングルカーテンの場合は100〜120 mm程度。

[答] アー2，イー2，ウー1，エー3

第30問　床の間に関する次の記述の ▢ 部分に，それぞれの語群の中から最も適当なものを選んで，解答欄の番号にマークしなさい。

1　床の間に接する部分の畳の縁と天井の竿縁の方向は，床の間に対して ア にするのが一般的である。

【語群】　1．共に平行　　2．共に直角　　3．前者は直角，後者は平行

2　床の間脇の縁側沿いにある イ は暗くなりがちな床の間に採光する役割があった。

【語群】　1．吊り床　　2．野縁　　3．付書院

3 　落とし掛けは，一般に長押や鴨居　ウ　位置に取り付けられる。
　　【語　群】　　1．より低い　　　2．と同じ高さ　　　3．より高い
4 　床脇は上部に天袋，下部に地袋，その中間に　エ　を設けるのが一般的である。
　　【語　群】　　1．違い棚　　　2．無目　　　3．下げ束

解説　インテリア構法（床の間）に関する設問

ア　天井の竿縁（さおぶち）と床の間に接する畳の縁は，床の間に対して共に平行になるように取り付ける。床の間に対して直角となる形を床挿しといい，避けられている慣習がある。

イ　書院の一つで，和室の縁側などに向かって張り出した付（つけ）書院は，明かり取りの障子と棚板で構成されている。
　　吊り床→天井から下げた吊り束（づか）に，小壁と落し掛けを付けた床。
　　野縁（のぶち）→天井で仕上材を張り付けるために使われる棒状の下地部材。

ウ　落し掛けは，柱と鴨居の上に取り付ける長押（なげし）や，真壁の障子や襖などの建具の上枠となる鴨居（かもい）より高い位置に取り付ける。

エ　床の間の横に設置される床脇（とこわき）には，天袋と地袋の間に二段の段違いの棚板からなる違い棚を設けるのが一般的である。
　　無目（むめ）→鴨居や敷居と同じ位置にあって建具を入れる溝のない横木。
　　下げ束（さげづか）→床の間の床脇にある天袋の襖の戸当たり部分や，床柱の反対側で落し掛けを突き付けて納める短い垂直材。

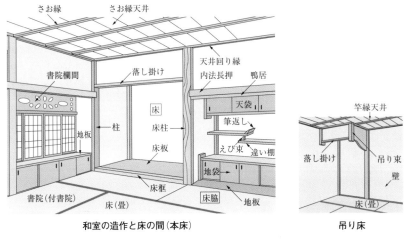

和室の造作と床の間（本床）　　　　　　吊り床

［答］　ア－1，イ－3，ウ－3，エ－1

　木質系材料に関する次の記述の　□　部分に，下に記した語群の中から最も適当なものを選んで，解答欄の番号にマークしなさい。

　木質系材料とは，原料である木材を薄板や小片にして接着材を用いて再構成した二次加工製品のことであり，一般的に，製品品に比べて　ア　。このうち，集成材は挽き板や　イ　を繊維方向に重ね合わせた木質系材料である。集成材には，用途に応じて構造用と化粧用があり，化粧用では見た目を重視して表面に 1 mm 厚程度の　ウ　を張り付けるものがある。集成材の縦継ぎには　エ　などが使われる。

　　　　【アの語群】　1．伸縮や狂いが大きい
　　　　　　　　　　　2．寸法，形態の自由度が低い
　　　　　　　　　　　3．強度性能が均質である
　　　　【イの語群】　1．小角材　　　2．正角材　　　3．平角材
　　　　【ウの語群】　1．せき板　　　2．突き板　　　3．縁甲板
　　　　【エの語群】　1．平刺ぎ　　　2．スカーフジョイント　　　3．腰かけ蟻継ぎ

■解説■　インテリア構法（木質系材料）に関する設問

ア　一般に製材品に比べて強度性能が均質である木質系材料は，天然木材の欠点である材質の不均質さや，含水率の変化による伸縮や変形を補うためにつくられた。

イ・ウ　挽き板や小幅の角材の小角材を繊維方向に重ねて接着した集成材は，大きさや形の自由度が高い木質系材料である。構造用と化粧用（造作用）があり，美観を目的とした化粧用には，木材を薄くそいだ突き板を表面加工したものもある。

　　正角（材）→断面が正方形で，一辺の長さが 7.5 cm 以上の角材。
　　平角（材）→断面が長方形で，厚さ・幅ともに 7.5 cm 以上の角材。
　　せき板→土の崩れやコンクリートの流出をせき止める目的で設置された板。

エ　接合部分を斜めにカットして接合するスカーフジョイントは，集成材の面同士を接着する縦継ぎに用いられる。

　　平刺（ほ）ぎ→接合面を加工せず，平らな面を突き付ける接合。「芋刺ぎ」ともいう。
　　腰かけ蟻（あり）継ぎ→継手小口に相欠き（腰かけ）を設け，逆台形のほぞ（蟻継ぎ）を用いた継手。用途はおもに土台，大引き，胴差し，軒桁（のきげた），母屋などの横架材。

スカーフジョイント

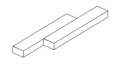
平刺ぎ（芋刺ぎ）

腰かけ蟻継ぎ

［答］ア－3，イ－1，ウ－2，エ－2

第32問 木材の性質に関する次の記述の □ 部分に，下に記した語群の中から最も適当なものを選んで，解答欄の番号にマークしなさい。

　伐採された木材を乾燥すると，水分が蒸発し，最終的に大気中の湿度と平衡状態に達する。この状態を ア といい，そのときの含水率は約 イ ％である。この状態まで乾燥させて加工すれば，反り，曲がり，ねじれなどの変形を少なくできる。

　木材の収縮率は方向によって異なる。三方向のうち， ウ の収縮は非常に小さいが，他の二方向は無視できないほど大きい。このため，床柱などは背割りを行い，割れを生じにくくする。また，柱を立てる軸組構法ではあまり問題が生じないが，木材を水平に積み重ねる エ 構法の壁では，窓枠の取り合いなどにおいて材の収縮に注意する。

【アの語群】　1．気乾状態　　　2．全乾状態　　　3．生材状態
【イの語群】　1．15　　　　　2．30　　　　　3．45
【ウの語群】　1．繊維の長さ方向　2．年輪の半径方向　3．年輪の接線方向
【エの語群】　1．丸太組　　　　2．ツーバイフォー　　3．木質系プレハブ

解説　インテリア構法（木材の性質）に関する設問

ア・イ　木材の性質は含水率に影響を受ける。木材が自然乾燥によって水分を減じ，空気中の湿度と平衡状態になったものを気乾状態といい，含水率約15％の状態である。

　全乾状態→木材の中に水分がまったく含まれていない，含水率0％の状態。
　生材状態→木の伐採により自由水が抜けていく過程で，含水率50％以上の状態。

ウ　木材の収縮率は方向によって異なる。繊維の長さ方向では0.1〜0.6％と非常に小さい

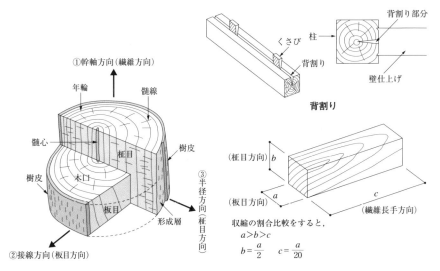

木材の組織と収縮

が，**年輪の半径方向**では2〜6％，**年輪の接線方向**では5〜12％と大きくなる。

エ　木材を水平に積み重ねて壁をつくる<u>丸太組構法</u>では，丸太材の乾燥収縮により壁全体に収縮が起こりやすいため，開口部にはあらかじめクリアランスを確保しておく。

　　木質系プレハブ→規格化された木質パネルを工場で生産し，それを現場で組み立てるプレハブ工法の一つ。

［答］ア－1，イ－1，ウ－1，エ－1

第33問　サッシに関する次の記述の　□　部分に，下に記した語群の中から<u>最も適当</u>
なものを選んで，解答欄の番号にマークしなさい。

　省エネルギーが建築物の重要な課題として捉えられるようになるのに伴い，外部建具の断熱性能や　ア　に対する関心が高まっている。一般的なアルミサッシ窓は，　イ　の高いアルミをフレームにするので，断熱性能を上げるために窓ガラスを　ウ　にしてもフレームには結露が生じる。これに対して，　エ　は，フレームを内側と外側の2重構造にし，間にゴムパッキンなどを入れて結露防止などの性能を高めている。

　　　【アの語群】　1．防犯性能　　　2．気密性能　　　3．防火性能
　　　【イの語群】　1．比重　　　　　2．熱伝導率　　　3．透湿抵抗
　　　【ウの語群】　1．防犯ガラス　　2．合わせガラス　3．複層ガラス
　　　【エの語群】　1．樹脂サッシ　　2．二重サッシ　　3．断熱サッシ

解説　インテリア構法（サッシ）に関する設問

ア　窓など外部建具の断熱性能や気密性能を高めて暖冷房エネルギーを少なくするなど，建築物においても省エネルギーへの関心が高まっている。

イ・ウ　窓の断熱性能においては，ガラスだけでなくサッシ（フレーム）も断熱性の高い物を選択する必要がある。フレームによく用いられるアルミは熱伝導率が高いため，乾燥空気を入れて密封した断熱性の高い複層ガラスにしてもフレームは結露してしまう。

　　透湿抵抗→材料内の湿気がどれほど移動しにくいのかを表す係数。

　　防犯ガラス→合わせガラスの中間膜に特殊な素材を使い耐貫通性能を高めたガラス。

　　合わせガラス→破損しても破片が飛散しないように安全性を高めた高機能ガラス。

エ　断熱性を高めた断熱サッシは，外部と内部の分離結合構造によって熱を遮断し，フレームの結露や室内の温度低下を防ぐ。

　　樹脂サッシ→硬質塩化ビニル樹脂を使った断熱性，耐候性に優れたサッシ。寒冷地用に開発された。

　　二重サッシ→2つのサッシを二重に取り付け，気密性，遮音性を高めたもの。

［答］ア－2，イ－2，ウ－3，エ－3

第34問 ビニル床シートに関する次の**ア〜エ**の記述に対して，それぞれの下に記した語群の中から**最も適当なもの**を選んで，解答欄の番号にマークしなさい。

ア ビニル床シートの特徴

【語　群】 1．耐水性が高い 　　2．熱に強い 　　　　3．掃除がしにくい

イ ビニル床シートの代表的な幅寸法

【語　群】 1．500〜600 mm 　　2．1800〜2000 mm 　　3．2500〜3000 mm

ウ クッションフロアシートの特徴

【語　群】 1．表面のテクスチャー加工ができない

　　　　　 2．重量物を置くとへこみができる

　　　　　 3．厚さ1.8 mmのものは主に店舗に利用される

エ 長尺ビニル床シートの特徴

【語　群】 1．耐薬品性が低い 　2．中間に発泡層がある 　3．溶接が可能

解説 インテリア構法（ビニル床シート）に関する設問

ア・イ ビニル床シートは，ビニル樹脂を主原料に可塑材や安定剤，充填材を加えて成形したもの。熱には弱いが耐水性が高く，掃除がしやすいという特徴がある。幅寸法は一般に1800〜2000 mm程度。溶着によって継目の少ない床面をつくることができる。

ウ 発泡層のあるクッションフロアは表面にエンボス加工を施したもので，弾力性や歩行性は良いが，重量物を置くとへこみができる。一般に厚さ1.8 mmのものは住宅用，2.3 mmのものは店舗用として使われる。

エ 発泡層のない硬質な長尺ビニル床シートは溶接が可能で，大きな床面の仕上げに適している。耐久性や耐摩耗性に優れており，店舗などのほか，特に耐薬品性が高いものは病院などで使われる。

[答] ア−1，イ−2，ウ−2，エ−3

第35問 建築物の基礎に関する次の記述の □ 部分に，下に記した語群の中から**最も適当なもの**を選んで，解答欄の番号にマークしなさい。

基礎の形式は，木造住宅では布基礎や ア が一般的である。布基礎を用いる場合は，基礎の底面に イ をつけることが多い。また，床下の換気のために土台と基礎の間に ウ を入れるものを エ という。

【アの語群】 1．独立基礎 　　　2．杭基礎 　　　　3．べた基礎

【イの語群】 1．フーチング 　　2．インサート 　　3．ベースプレート

【ウの語群】 1．ガラリ 　　　　2．パッキン 　　　3．ジベル

【エの語群】 1．火打ち土台 　　2．ネコ土台 　　　3．側土台

ア 木造住宅で用いられる**べた基礎**は，建物の底一面を鉄筋コンクリートの基礎で支える形式。力が分散されやすく，布基礎よりも耐震性が高いため，採用が増えている。

　　独立基礎→それぞれの柱の位置に単独で基礎を設けて建物を支える形式。

　　杭基礎→地中に杭を打ち込んで建物を支える形式。軟弱な地盤向き。

イ 布基礎は，**フーチング**という逆Ｔ字状の底部（基礎底盤）を壁や柱の下に打ち込んで建物を支える形式。床下の地面には，湿気を抑える防湿(土間)コンクリートを施す。

　　インサート→コンクリート打込み前に型枠に取り付ける鋼製の受け金物。

　　ベースプレート→鉄骨造の柱脚部に取り付ける鋼板の底板。鉄骨造と基礎をつなげる役割をもつ。

ウ・エ 土台と基礎の間に樹脂製や金属製の**パッキン**を入れて換気用のすき間をつくる**ネコ土台**は，床下換気の目的で採用が増えている。

　　ガラリ→幅の狭い羽根板をブラインド状に平行に連続させたもの。視線を遮り，通風を確保するために窓やドアに取り付ける。

　　ジベル→木材の接合具の一種で，重ね合わせた部材の間に挿入してずれを防ぐもの。

　　火打ち土台→土台の入隅(いりずみ)部を補強するために取り付ける横架材。

　　側土台→建物の外周部に沿って取り付ける土台。

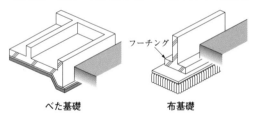

べた基礎　　　　　　　　布基礎

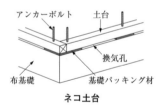

ネコ土台

［答］ ア－3，イ－1，ウ－2，エ－2

第 36 問 建築物の地震対策に関する次の記述の [　　] 部分に，それぞれの語群の中から最も適当なものを選んで，解答欄の番号にマークしなさい。

1 超高層建築物において固有振動数と一致しやすい [ア] 地震動は，大きな揺れが続くことがある。

　【語 群】 1．短周期　　　2．中周期　　　3．長周期

2 木造住宅の外周部，および内部の主要な間仕切り壁下部の基礎は鉄筋コンクリート造とし，土台と [イ] で緊結する。

　【語 群】 1．アンカーボルト　　　　2．ハイテンションボルト

　　　　　　　3．グレモンボルト

3　木造住宅の2階床組の剛性を高めて地震による水平力を耐力壁に有効に伝達させ
るため，隅角部に　ウ　を入れるか，床に構造用合板を張りつめる。
　　【語　群】　　1．火打ち梁　　　2．ろく梁　　　3．敷き梁
4　建物を積層ゴムなどの上に載せた構造とすることで，地震の揺れが建物に伝わり
にくくするものを　エ　構造と呼ぶ。
　　【語　群】　　1．免震　　　2．耐震　　　3．制震

解　説　建築の構造（建築物の地震対策）に関する設問

ア　地震が起きると発生するさまざまな周期の揺れ（地震動）のうち，長周期地震動は周
期が数秒以上のゆっくりとした長い揺れで，超高層建築物が共振しやすい。また，**短周
期地震動**は周期が1秒以下の小刻みな揺れで，中低層の建物が共振しやすい。

イ　木造住宅では，地震や台風時に基礎と構造体がずれた
り浮き上がるのを防ぐため，基礎コンクリートに接合金
具のアンカーボルトを埋め込み，土台と緊結する。
　　ハイテンションボルト→橋梁や鉄骨建築物に使用され
　　　る摩擦接合用高力六角ボルト。
　　グレモンボルト→上下に上げ落しする形式の戸締り金
　　　物。大型の開き窓に付ける。

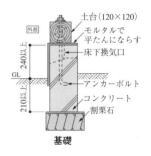

基礎

ウ　木造住宅の2階床組や小屋組に設ける火打ち梁は，水
平力による変形を防止するための斜め材である。
　　陸(?)梁→洋小屋組の水平部材の一つで，和小屋組の小
　　　屋梁と同様のもの。
　　敷き梁→和小屋組において，小屋梁が長いときに中間
　　　で受ける大梁。

火打ち梁

エ　建物に地震の揺れを伝わりにくくする免震構造では，基礎部分に積層ゴム（アイソレ
ーター）やダンパーなどの免震装置を設けて地震力を軽減させる。
　　耐震構造→地震などの揺れに耐えられるように構造自体の強度を高める。
　　制震（振）構造→建物内部に制振装置を組み込むことで地震などの揺れを吸収させる。

［答］ア－3，イ－1，ウ－1，エ－1

第37問　熱環境に関する次の記述の　　　部分に，それぞれの語群の中から最も適当
なものを選んで，解答欄の番号にマークしなさい。
1　固体内部を熱が移動する現象を　ア　という。
　　【語　群】　　1．放射　　　2．対流　　　3．伝導

2　窓付近で冷やされた冷気が降下する現象を　イ　という。
　　【語　群】　　1．隙間風　　　　　2．ダウンドラフト　　　3．コールドドラフト
3　壁と空気など固体と流体間での熱の伝わりやすさを表す値を　ウ　という。
　　【語　群】　　1．熱貫流率　　　2．熱伝達率　　　　3．放射率
4　西側壁面にある窓の日射遮蔽効果が最も少ないのは，　エ　である。
　　【語　群】　　1．バーチカルブラインド
　　　　　　　　2．庇
　　　　　　　　3．ベネシャンブラインド

解　説　環境工学（熱環境）に関する設問

ア　熱の伝わり方のうち，**伝導**は物質の移動なしに固体内部を熱が移動する現象である。
　　放射→「ふく射」ともいい，熱が電磁波の形で物体から物体へ直接伝えられる現象。
　　対流→空気や水などの気体や流体において熱が移動する現象。
イ　おもに冬季に発生する**コールドドラフト**は，暖かい室内の空気が冷たい窓ガラスに触
　　れて冷やされ，床面に下降する現象である。
　　ダウンドラフト→煙の大気拡散現象を表す。
ウ　熱伝達係数ともいわれる**熱伝達率**は，壁と空気など固体表面と流体の間における熱の
　　伝わりやすさを表す値である。単位は［W/m²・K］。
　　熱貫流率→床，壁，天井などの熱の通しやすさを表す数値（U値）。値が小さいほど
　　断熱性能が高い。単位は［W/m²・K］
エ　東西面の窓は低い太陽高度から水平方向の日差しが入り込むため，**庇**による日射遮蔽
　　効果はブラインドなどより低くなる。
　　バーチカルブラインド→ルーバーを縦方向に吊った縦型ブラインド。
　　ベネシャンブラインド→スラット（羽根）の角度で光量を調整できる横型ブラインド。
　　　　　　　　　　　　　　　　　　　　　　　　　　　　［答］ア－3，イ－3，ウ－2，エ－2

第38問　音環境に関する次の記述の　　　部分に，それぞれの語群の中から最も適当
なものを選んで，解答欄の番号にマークしなさい。
1　吸音材料には，　ア　材料がよく使われている。これは，音が材料内部を通過す
　　る際，摩擦によってエネルギーを吸収するもので，一般に高周波音の吸収率が高い。
　　【語　群】　　1．板状　　　　　2．多孔質　　　　3．コンクリート系
2　点音源では，　イ　は音源の距離の二乗に反比例して減少する。
　　【語　群】　　1．音の高さ　　　2．音の強さ　　　3．音の速さ

3　音が壁に当たると，その一部は反射され，残りは吸収または透過する。壁の吸音
　　率 α は，　$\alpha = \boxed{ウ}$　で表される。
　　【語　群】　　1．吸収音エネルギー／入射音エネルギー
　　　　　　　　　2．反射音エネルギー／入射音エネルギー
　　　　　　　　　3．（吸収音エネルギー＋透過音エネルギー）／入射音エネルギー
4　可聴音域とは，聞き取ることのできる周波数の範囲のことであり，多くの人が
　　$\boxed{エ}$　Hz の範囲である。
　　【語　群】　　1．10〜1000　　　　2．20〜20000　　　3．100〜20000

解　説　環境工学（音環境）に関する設問

ア　吸音材料に多用される多孔質材料にはロックウールやグラスウールなどがある。材料
　　内に多数の空隙や連続した気泡があり，音が衝突すると孔の中の空気が振動する際の摩
　　擦抵抗で音エネルギーの一部が熱エネルギーに変換され，吸音効果が生じる。
イ　音が球面状に均等に広がる点音源では，音の強さは音源からの距離の二乗に反比例し
　　て減少する。例えば，距離が2倍になると音の強さは1/4になる。
ウ　吸音とは反射する音を減らすこと。吸音率（α）は，入射した音のエネルギーに対する
　　反射しなかった音のエネルギーの割合，すなわち，$\alpha =$（吸収音エネルギー＋透過音エ
　　ネルギー）／入射音エネルギーで表される。
エ　可聴音域は一般に周波数20〜20000 Hz 程度である。加齢に伴い高音から聞こえにく
　　くなるため，可聴周波数帯域はせまくなる。

〔**答**〕ア−2，イ−2，ウ−3，エ−2

第 39 問　換気設備に関する次のア〜エの記述に対して，それぞれの下に記した語群の
　　　　　　中から最も適当なものを選んで，解答欄の番号にマークしなさい。
　ア　換気設備の運転によって，室内圧が必ず正圧となる機械換気設備
　　　【語　群】　　1．第一種換気設備　　2．第二種換気設備　　3．第三種換気設備
　イ　建築基準法により，住宅の居室に設置が義務付けられている機械換気設備（いわ
　　　ゆる24時間換気システム）の換気回数（回／h）の下限
　　　【語　群】　　1．0.1　　　　　2．0.3　　　　　　3．0.5
　ウ　屋外に面していない壁に深型レンジフードを設置する場合には適していないファ
　　　ン
　　　【語　群】　　1．シロッコファン　　2．ターボファン　　3．プロペラファン
　エ　浴室の換気などに一般に用いられる換気方式
　　　【語　群】　　1．全般換気　　　　2．置換換気　　　3．局所換気

ア 室内が正圧となる第二種換気設備は，給気のみに機械換気（ファン）を利用する方式。

第一種換気設備→給気も排気もファンを利用する方式。正圧・負圧のバランスを調整でき，安定した換気が行える。

第三種換気設備→排気のみファンを利用する方式で，室内は負圧となる。

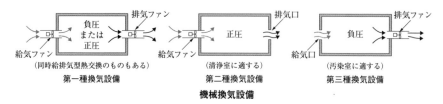

機械換気設備

イ 建築基準法に基づくシックハウス対策として，住宅等の居室の場合，換気回数0.5回/h以上の24時間換気システムの設置が必要となる（法第28条の2，令第20条の7）。

ウ 軸流式のプロペラファンは，屋外に直接排気するものである。屋外に面した壁にしか取り付けられないため，戸建住宅の台所や便所などによく用いられる。

遠心力式の**シロッコファン**（多翼ファン）や**ターボファン**は，ダクトを通して屋外と接していない壁への設置も可能である。

ファンの種類

エ 一般にキッチンや浴室，トイレなどに用いられる局所換気は，多量の水蒸気や臭気などが発生する場所を集中的に換気する方式である。

全般換気→室内全体の空気を入れ替えることにより，室内で発生する汚染質の拡散や排出を行う換気方式。

置換換気→室温よりも低温の空気を床面で給気することにより，汚染，加温された空気を上昇させて天井面から排出する換気方式。

［答］ア－2，イ－3，ウ－3，エ－3

第 40 問　照明に関する次の記述の ▢ 部分に，それぞれの語群の中から最も適当な ものを選んで，解答欄の番号にマークしなさい。

1　勉学，読書などに使用する100 V用卓上スタンドは，JISによって机上面の ▢ア が規定されている。

　　　【語　群】　　1．光度　　　　　　2．照度　　　　　　　3．光膜反射グレア

2　ある特定場所の直接照度を計算するには，▢イ が用いられる。鉛直面配光曲線 データから計算するため器具灯数が多いと計算作業が大変だが，最近は照度計算ソ フトが用意されている。

　　　【語　群】　　1．光束法　　　　2．平均照度算出法　　　3．逐点法

3　昼光色のシーリングライトによる照明は，例えば住まいの居室の明るさを平均 50 lx程度にすると一般的には ▢ウ 雰囲気になる。

　　　【語　群】　　1．暑苦しい　　　2．暗く冷たい　　　　3．快適な

4　折り上げ天井の中に光源を隠して，明るい仕上げの天井面を広く照らす ▢エ 照 明は間接光が目に優しい。

　　　【語　群】　　1．コーニス　　　2．コーブ　　　　　　3．ダインライト

解 説　住宅設備（照明）に関する設問

ア　照明器具は，使用目的により必要となる明るさが異なる。例えば，勉学・読書用の卓 上スタンドの場合，JISにおいて机上面の照度（単位：ルクス[lx]）が規定されている。

　　光度→光源の明るさの度合いを表す。単位はカンデラ[cd]。

　　光幕反射グレア→視対象となる面が鏡面のようになり，光の幕のように見えにくくな る現象。

イ　照度計算の一つである逐点法は局部照明に用いる計算方法である。ある点の直接照度 と間接照度を別々に求め，合計してその点の全照度を計算する。

　　光束法→全般照明に用いる計算方法。照明器具がもつ固有の光束値を利用し，部屋の 大きさや壁面の反射率，器具台数，ランプ光束などから平均照度を求める。

　　平均照度算出法→光束法により床や机上の水平面照度を測定・計算して求めた照度の 平均値。

ウ　寒色系の昼光色を使った照明は暗く冷たい雰囲気になるが，青みがかった光の色は集 中力などを高める効果もあるため，勉強部屋や書斎・オフィスなどには適している。

エ　天井からの間接照明により柔らかな光を得るコーブ照明は，折り上げ天井の隅や壁天 井の段差などを利用して光源を隠す照明である。

　　コーニス照明→天井や壁上部の回り縁（ぶち）に光源を隠し，壁面を広く照らす間接照明。

　　ダウンライト照明→ダウンライト器具を埋め込んで器具の存在を目立たなくして，建 築と一体化させた照明。

コーブ照明

コーニス照明

ダウンライト照明
（天井埋込み）

［答］ア－2，イ－3，ウ－2，エ－2

第41問　換気・空調設備に関する次の記述の □ 部分に，それぞれの語群の中から最も適当なものを選んで，解答欄の番号にマークしなさい。

1　暖房負荷は，室内の熱が，壁，窓ガラス，屋根，床を通過して失われる熱量，すき間風等によって失われる熱量の影響を受けるが， ア の影響は考慮しなくてもよい。

　　【語　群】　1．人体負荷　　　2．換気負荷　　　3．貫流負荷

2　セパレート型エアコンの冷媒配管中にないものは イ である。

　　【語　群】　1．液管　　　2．ドレン管　　　3．ガス管

3　暖房時の部屋の上下温度差は，対流暖房方式で5～6℃程度となるが， ウ などの放射暖房方式では上下温度差は少なくなる。

　　【語　群】　1．ホットカーペット　　　2．ファンヒーター　　　3．エアコン

4　燃焼用空気を室内から取り入れ，汚れた空気（排ガス）を屋外に出す燃焼器具は エ と呼ばれる。

　　【語　群】　1．開放型燃焼器具
　　　　　　　　　2．密閉型燃焼器具
　　　　　　　　　3．半密閉型燃焼器具

解　説　住宅設備（換気・空調設備）に関する設問

ア　暖房負荷とは暖房時に室内から損失する熱量のことで，屋根，床，壁，窓ガラスから損失する熱量，すきま風損失熱量がある。人からの発熱（**人体負荷**）や機器からの発熱による内部負荷は，冷房負荷には含められるが，暖房負荷には含めないことが多い。

　　換気負荷→室内と温湿度差のある外気を導入することで発生する熱負荷。外気負荷。

　　貫流負荷→建物などの躯体や窓を通して室内に侵入する熱負荷。

イ　エアコンの熱交換で重要な役割を果たす冷媒管は，細い**液管**と太い**ガス管**で構成される。ドレン管は，エアコンから出る結露水などを室外へ排水するための管である。

ウ　パネルヒーターや**ホットカーペット**などの放射（ふく射）暖房方式は，床面や壁面など

を加熱し，その放射熱を利用して室内を暖める方式で，室内の上下温度差は生じにくい。一方，**ファンヒーター**や**エアコン**などの対流式暖房は，暖められた空気を対流させて室内を暖める方式で，室内の上下温度差が生じやすい。

エ　燃焼器具のうち，半密閉型燃焼器具は，屋内の空気を使って燃焼し，煙突などの排気筒を使って燃焼排ガスを屋外に出すものをいう。

　　　開放型燃焼器具→屋内の空気を使って燃焼し，屋内に燃焼排ガスを出すもの。

　　　密閉型燃焼器具→給気筒や排気筒を使って屋外の空気を直接吸収して排出するもの。

［答］ア－1，イ－2，ウ－1，エ－3

第42問	給湯設備に関する次の**ア～エ**の記述に対して，それぞれの下に記した語群の中から最も適当なものを選んで，解答欄の番号にマークしなさい。

ア　従来捨てていた排気ガス中の熱を二次熱交換器で回収する省エネルギー型給湯機器

　　【語　群】　1．エネファーム　　　2．エコキュート　　　3．エコジョーズ

イ　水素と酸素を電気化学反応させて電気と熱を発生する電池

　　【語　群】　1．燃料電池　　　2．全固体電池　　　3．太陽電池

ウ　天然ガス等を燃料として発電し，その際に生じる熱も同時に回収するシステムの総称

　　【語　群】　1．コージェネレーション
　　　　　　　　2．ハイブリッド
　　　　　　　　3．カーボンニュートラル

エ　シングル湯水混合水栓（左右操作タイプ）で給湯温度が最大となるレバーの先端の位置

　　【語　群】　1．左端　　　2．中央　　　3．右端

解　説　住宅設備（給湯設備）に関する設問

ア　省エネルギー型給湯器には，排気熱を再利用する**エコジョーズ**，再生可能エネルギーの外気熱を活用する自然冷媒ヒートポンプ式の**エコキュート**，家庭用燃料電池を用いて給湯だけでなく発電もできるコージェネレーションシステムの**エネファーム**がある。

イ　水の電気分解の原理を利用した燃料電池は，水素と酸素を化学反応させて直接電気を発電する装置である。

　　　全固体電池→電流を発生させるために必要な電解質という液体を固体にした電池。

　　　太陽電池→太陽光線のエネルギーを直接電気エネルギーに変換する装置。

ウ　エネルギーを効率的に活用するコージェネレーションシステムは，1つの熱源から電

力と熱のように2種類のエネルギーを生産，供給する仕組みである。

　　カーボンニュートラル→温室効果ガスの排出量から吸収量と除去量を差し引いた合計
　　を実質ゼロにすること。

エ　シングル湯水混合水栓は，1つのレバーハンドルで吐水量（上下操作）と吐水温度
　（左右操作）を調整する。

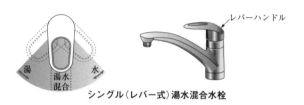

シングル（レバー式）湯水混合水栓

［**答**］ア－3，イ－1，ウ－1，エ－1

第43問　　光環境に関する次の記述の $\boxed{}$ 部分に，それぞれの語群の中から<u>最も適当</u>
<u>なもの</u>を選んで，解答欄の番号にマークしなさい。

1　光源から放射された視覚上の光の量を光束といい，その単位は $\boxed{\text{ア}}$ である。
　【語　群】　　1．カンデラ　　　　2．ルクス　　　　　3．ルーメン

2　部屋の明るさを同一にできる二つの光源であるLED電球と蛍光ランプを比べる
　と，光っている部分の面積の小さなLED電球の方が $\boxed{\text{イ}}$ が高い。
　【語　群】　　1．輝度　　　　　2．直接照度　　　　3．間接照度

3　事務所や学校の教室の照明は，$\boxed{\text{ウ}}$ ができるだけ高い方がよい。
　【語　群】　　1．色温度　　　　2．均せい度　　　　3．光度

4　明るい戸外から室内に入った時，急に暗くなったと感じる建物の場合は $\boxed{\text{エ}}$ を
　考慮した照明とする。
　【語　群】　　1．プルキンエ現象　　2．明順応　　　　　3．暗順応

■ **解 説** ■　環境工学（光環境）に関する設問

ア　光束の単位は**ルーメン**[lm]。光源から発する視覚上の光の量を表している。

　　カンデラ→光度の単位[cd]。光源からある方向に発する光の強さの度合い。

　　ルクス→照度の単位[lx]。光源によって照らされる受照面の明るさ。

イ　同じ明るさの光源でも，光っている面積の小さいほうが**輝度**は高い。輝度は，人が光
　源や反射面などを見たときの輝き（まぶしさ）の度合いをいう。単位は $[cd/m^2]$。

　　直接照度→光源または照明器具からの直接光だけによる受照面の明るさ。

　　間接照度→室内仕上げ面などに反射してから入射する受照面の明るさ。

ウ　室内の照度分布（机上面などの照度の広がり具合）の均一性を示す値を均せい度とい
う。事務所や学校の教室などの照明は，均一な照度が望ましい。

　　色温度→ある光源が発する光の色を数値で表した指標。単位はケルビン[K]。

　　光度→光源からある方向に発する光の強さの度合い。単位はカンデラ[cd]。

エ　明るい屋外から急に暗くなる室内などでは，暗い所で目が慣れるまでに時間がかかる
暗順応が起きやすいため，照明の設置間隔など照明計画に配慮する必要がある。

　　プルキンエ現象→暗くなると，短波長の青が明るく，長波長の赤は暗く見える現象。

　　明順応→暗い所から急に明るい所へ移動したときに起こる現象。

[答]　ア－3，イ－1，ウ－2，エ－3

第44問　電気設備に関する次の記述の　□　部分に，それぞれの語群の中から最も適
当なものを選んで，解答欄の番号にマークしなさい。

1　引込み点から盤類までの電路を幹線といい，その途中に電気の使用量を計るため
の　**ア**　が取り付けられる。

　　【語　群】　1．アンペアブレーカー　　　2．電力量計　　　3．電流計

2　湿気の多い場所や水気のある場所に設置する洗濯機などの機器は，感電を防ぐた
め，　**イ**　工事を施した端子と接続する必要がある。

　　【語　群】　1．熱絶縁　　　2．防水　　　3．アース

3　新築の場合は，キッチンなど200 V機器の使用が想定される所に200 V専用の
ウ　を設けておくと安心である。

　　【語　群】　1．プラグ　　　2．コンセント　　　3．トランス

4　戸建て住宅では，幹線と末端器具の間に　**エ**　が設置される。これには標準的な
仕様のほかに太陽光発電対応やオール電化対応などの高機能タイプもある。

　　【語　群】　1．配電盤　　　2．分電盤　　　3．動力制御盤

解　説　住宅設備（電気設備）に関する設問

ア　電気の使用量（kWh）を計る電力量計は，引込み点から屋内の分電盤までの電路
（幹線）の途中に取り付けられる。

　　アンペアブレーカー→契約電力を超える電流が流れると，自動的に電気の供給を遮断
する装置。住宅用分電盤に組み込まれる。

イ　電化製品のコンセントにアース線をつなげるアース工事は，漏電の際に電気を接地面
に放出させるため，感電のリスクが抑えられる。

ウ　オーブン電子レンジ，食器洗い乾燥機のように大きな電力を必要とする電気機器の使
用が想定される場所には，200 V専用のコンセントを設け，専用回路を確保するとよい。

プラグ→電気回路の差込み接続に使われる配線器具。

トランス→変圧器。電圧を変えるための機器。

エ　アンペアブレーカーや漏電遮断器などが組み込まれた分電盤は、屋外の電柱から幹線を経由して送られた電気を分岐するための装置である。

配電盤→電力会社からの電気を受け取り、適した電圧に変圧するための盤。

動力制御盤→エアコンやポンプなどの動力機器を安全かつ正確に制御するための盤。

［答］ア－2，イ－3，ウ－2，エ－2

第45問　住宅設備機器に関する次のア～エの記述に対して、それぞれの下に記した語群の中から最も適当なものを選んで、解答欄の番号にマークしなさい。

ア　合併処理浄化槽で処理させてはいけない排水

【語　群】　1．雨水　　　　　2．汚水　　　　　3．雑排水

イ　システムキッチンのワークトップに用いられるステンレスの材質

【語　群】　1．SUS 304　　　2．SUS 403　　　3．SUS 430

ウ　JISで決められているワークトップの高さの種類

【語　群】　1．2種類　　　　2．3種類　　　　3．4種類

エ　関東間の木造戸建て住宅に適した一坪タイプのユニットバス（システムバス）の規格サイズ名

【語　群】　1．1216　　　　　2．1616　　　　　3．1620

解説　住宅設備（住宅設備機器）に関する設問

ア　合併処理浄化槽は雨水を流入させてはいけないが、トイレの汚水と台所、洗面所、浴室などからの雑排水をまとめて処理する。汚水のみを処理する従来の単独処理浄化槽に比べて河川などに放流される汚れの量のが少なく、汚濁の軽減効果がある。

イ　家庭用品から工業用品まで汎用性の高いSUS304（steel use stainless：サス）は、耐食性や加工性、耐熱性ともに性能の高いステンレスである。

SUS403→優れた耐食性を備え、耐熱性や高い強度が求めれる機械構造用部品などに適したステンレス。

SUS430→SUS304と比べると性能は多少劣るが、安価で加工しやすいステンレス。

ウ　システムキッチンのワークトップの高さは、JIS規格で800 mm、850 mm、900 mm、950 mmの4種類が設定されている。

エ　ユニットバス（システムバス）には規格がある。4桁の数字で表されるサイズは浴室の内寸で、1216サイズであれば「奥行1200 mm×幅1600 mm」となる。また、「0.75坪」など関東間の坪数（浴室の床面積）で表記されることもある。

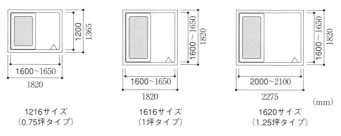

1216サイズ
（0.75坪タイプ）

1616サイズ
（1坪タイプ）

1620サイズ
（1.25坪タイプ）

（mm）

ユニットバスの一般的な規格サイズ（例）

［答］ア－1，イ－1，ウ－3，エ－2

第46問 インテリアコーディネーターが行う顧客との打ち合わせに関する次の記述の □ 部分に，下に記した語群の中から最も適当なものを選んで，解答欄の番号にマークしなさい。

顧客の要望に沿った具体的な提案作業で，カタログ写真やパースなどを使いながら，内容をわかりやすく整理して表現したものを ア という。（ア）を作成する上で，ボードのデザインにおいては， イ も効果的である。（ア）は，複数のボードから構成されるが，その中でプランニングの柱となる考え方をシンプルにまとめたものが ウ で，また，仕上げ材のサンプルを添付して全体のイメージを確認できる エ を作成することもある。

【アの語群】　1．プレゼンテーションボード
　　　　　　　2．コンテボード
　　　　　　　3．フロッタージュボード

【イの語群】　1．インテリアスタイルに調和させること
　　　　　　　2．文字サイズをすべて同じにすること
　　　　　　　3．できるだけ多くの情報を盛り込むこと

【ウの語群】　1．フロアプランボード
　　　　　　　2．エレメントボード
　　　　　　　3．コンセプトボード

【エの語群】　1．ポートフォリオボード
　　　　　　　2．エスキスボード
　　　　　　　3．カラースキームボード

解説 インテリアコーディネーションの表現（プレゼンテーションのツール）に関する設問

ア・イ 依頼主に総合的な提案をするためのプレゼンテーションボードを作成する際は，平面図，サンプル，カタログの切り抜きなどを貼り付けるボードのデザインもインテリアスタイルに調和させることが有効である。

> **コンテ**→絵コンテ。映像作品などがどのように展開されるかをグラフィックで表現したもの。
>
> **フロッタージュ**→凹凸のあるものの上に薄い紙を置き，鉛筆などで対象物の模様を写し取る技法。

ウ プレゼンテーションボードのうち，コンセプトボードはインテリアコーディネート全体を貫く基本的な考え方を示したものである。

> **フロアプランボード**→室内空間の間取りや家具配置などをイラストやCG，3D CGなどで描画したもの。プレゼンテーションボードの一つ。
>
> **エレメントボード**→インテリアを構成する家具，照明器具，オーナメントなどのコーディネートをカタログ写真などで示したもの。プレゼンテーションボードの一つ。

エ 空間全体の色彩計画をまとめたカラースキームボードは，内装材や仕上材などのサンプルを添付したプレゼンテーションボードの一つである。

> **ポートフォリオ**→過去の仕事の図面や写真などを使い，インテリアコーディネーター自身の実績や能力などを示すために制作した作品集。
>
> **エスキス**→スケッチ，下絵。顧客に提案する前の初期段階で，企画や計画案などを簡易にまとめたもの。

[**答**] ア－1，イ－1，ウ－3，エ－3

第 47 問 建築設計図書に関する次の記述の ☐ 部分に，それぞれの語群の中から最も適当なものを選んで，解答欄の番号にマークしなさい。

1 木造軸組構法の住宅のリフォーム計画にあたって，既存建物の根太の方向を知るには建築設計図書の **ア** を参考にすると良い。

【**語 群**】 1．床伏図 　 2．軸組図 　 3．断面図

2 建築設計図書は，わかりやすく表現するために簡略化された記号を用いる。建具表に用いる略記号のSDは， **イ** を指す。
（図1）

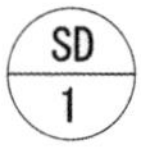

図1

【**語 群**】 1．鋼製ドア
2．障子
3．襖

3 建具表に図のように表現された建具名称は，**ウ** である。
（図2）

【語　群】　1．片開き戸
　　　　　　2．引違い戸
　　　　　　3．折れ戸

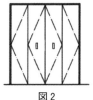

図2

4 電気設計図に図のような記号で表されているのは，**エ** である。（図3）

【語　群】　1．空調専用コンセント
　　　　　　2．アース付コンセント
　　　　　　3．防雨型コンセント

図3

解説 インテリアコーディネーションの表現（建築設計図書）に関する設問

ア 床組の構造を上方から見下ろすように表した床伏図では，1階部分に土台，根太(ねだ)，柱，大引きなどが描かれる。

軸組図→構造図の一つ。基礎，柱，梁，壁，筋かいなどの構造部材を立面で示す。

断面図→建物を垂直に切断し，横から見た図面。各部の高さ関係の寸法を示す。

イ 建具表に用いる略記号のうち，図1のSDは鋼製ドアを示す。また，障子はP，襖はFで示される。

ウ 建具表に表現された図2の建具は，開閉時に折りたたみができる折れ戸を示す。

エ 電気設備図の記号のうち，図3は防雨型コンセントを示す。

建具の材質——SD——建具の種類
W＝木製　　　　　D＝ドア
S＝鋼製　　　1　 W＝窓
A＝アルミ製
SS＝ステンレス製　建具番号
P＝障子
F＝襖

建具表の記号

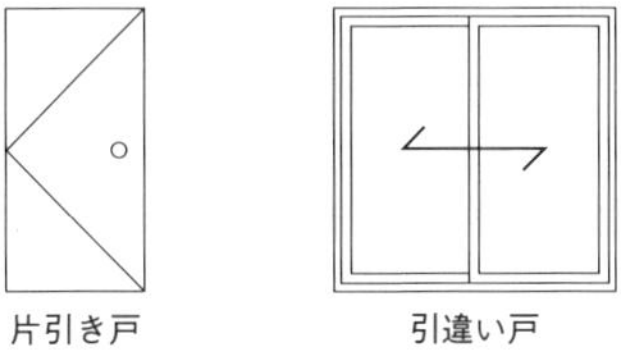

片引き戸　　　引違い戸

サッシの表示記号

空調専用コンセント　アース付コンセント

電気設備の表示記号

[**答**] ア－1，イ－1，ウ－3，エ－3

リフォーム工事の法令に関する次の記述の ☐ 部分に，それぞれの語群の中から最も適当なものを選んで，解答欄の番号にマークしなさい。

1 建築基準法令において， ア は建築確認申請が必要である。

【語 群】 1．延べ面積250 m²の事務所ビルから共同住宅への用途変更

2．共同住宅の主要構造部を含まない改修工事

3．防火，準防火地域以外で床面積10 m²の増改築

2 既存の壁や天井を撤去する際，現在では イ により禁止されているアスベストが断熱材として使われている場合がある。解体前の事前調査，必要に応じた届出など法令順守にも注意が必要である。

【語 群】 1．エネルギーの使用の合理化等に関する法律施行令

2．労働安全衛生法施行令

3．環境基本法

3 住宅の増改築において，増改築部分と既存部分の間が壁もしくは通気措置のない建具などで仕切られている場合は， ウ がシックハウス対策の対象となる。

【語 群】 1．増改築部分と既存部分の両方

2．増改築部分のみ

3．既存部分のみ

4 建築基準法上内装制限がかかる建築物を改修する場合， エ はその対象となる。

【語 群】 1．天井 2．床 3．回り縁

解 説 インテリア関連の法規・制度（リフォーム工事の法令）に関する設問

ア 建築基準法では，特殊建築物への用途変更で床面積が200 m²を超える場合は，建築基準関係規定に適合しているか建築主事の確認を受け，確認済証の交付を受けなければならないとしている（法第6条1項一号）。したがって，延べ面積250 m²の事務所ビルから共同住宅への用途変更は建築確認申請が必要である。なお，2019年の建築基準法改正により，この規定の面積要件が100 m²超から200 m²超となった。

イ 工業製品として多用されたアスベスト（石綿）は，健康被害の可能性が判明し，労働安全衛生法および労働安全衛生法施行令（1972年制定）において，それらを含む製品の製造，使用，輸入を2006年から禁止している。さらに建築物の解体工事前の事前調査や結果報告等が義務付けられるなど，アスベスト対策の規制が年々強化されている。

ウ 建築基準法上，住宅の増改築におけるシックハウス対策の規制対象範囲は，換気の状態によって変わってくる。増築部分だけで独立した換気経路が確保されている場合は，増築部分のみが規制対象となる。増改築部分と既存部分の間が，換気ガラリなど通気措置がとられた建具などで仕切られ，換気上一体的な空間となっている場合は，増改築部分と既存部分の両方が規制対象となる（法第28条の2ほか）。

エ　内装制限とは，建物の火気使用室などの天井と壁の仕上材を不燃化するよう義務付けた建築基準法に基づく規定である（法第35条の2）。

［答］ア－1，イ－2，ウ－2，エ－1

第49問　インテリア関連商品に付されるマークに関する次の記述の　□　部分に，それぞれの語群の中から最も適当なものを選んで，解答欄の番号にマークしなさい。

1　一般財団法人ベターリビングが実施する「BLマーク」は品質，性能，アフターサービスに優れていると認定された　ア　に表示される。

【語　群】　　1．塗料　　　　　2．寝具　　　　　　3．住宅部品

2　高層マンションで使用するカーテンなどは，　イ　により防炎規制が定められているため，「防炎ラベル」の付いた防炎物品でなければならない。

【語　群】　　1．産業標準化法　　2．消防法　　　　　3．建築基準法

3　一般財団法人製品安全協会の安全基準に適合した製品に付されるものを「SGマーク」という。このマークが付いた製品の欠陥によって人的損害が生じた場合には　ウ　が行われる。

【語　群】　　1．瑕疵保証　　　2．賠償措置　　　　3．製造中止措置

4　消費生活用製品安全法に基づいて，PSCマークが表示されている整備のうち，　エ　は特別特定製品に指定されている。

【語　群】　　1．ロフトベッド　　2．家庭用圧力なべ　　3．乳幼児用ベッド

解説　インテリア関連の法規・制度（表示マーク）に関する設問

ア　一般財団法人ベターリビングが優良住宅部品認定制度の基準に基づき認定した住宅部品には「BLマーク」が付される。表示製品には瑕疵保証と損害賠償保険が付く。

イ　消防法で定められた防炎規制により，高さ31 mを超える高層建築物等で使用するカーテンなどには，「防炎ラベル」の表示が付いた防炎物品の使用が義務付けられている。

　　産業標準化法→鉱工業の品質改善や生産の合理化の目的で1949年に制定。日本産業規格(JIS)は，この法律に基づいて統一された国家規格。

ウ　製品の欠陥による人的損害に対して賠償措置がとられる「SGマーク」は，一般財団法人製品安全協会の安全基準を満たす製品に付けられる。

エ　消費生活用製品安全法に基づいた「PSCマーク」の対象は，特に安全性が強く求め

BLマーク

SGマーク

防炎ラベル

特別特定製品

特定製品

PSCマーク

られる特別特定製品では**乳幼児用ベッド**や浴槽用温水循環器など，特定製品では**家庭用圧力なべ**や圧力釜などである。

[答] ア－3，イ－2，ウ－2，エ－3

第50問 建築基準法令等に関する次の記述の ☐ 部分に，それぞれの語群の中から**最も適当なもの**を選んで，解答欄の番号にマークしなさい。

1 2階建ての住宅に小屋裏物置（収納）をつくる場合，その水平投影面積が2階の床面積の1/2未満で，かつ，最高部の天井高さが ア m以下であれば，この住宅は3階建てとはみなされない。

【語 群】 1．1.4 2．1.6 3．1.8

2 住宅の階段においても，高さが イ mを超える場合は，中間に高さ（イ）m以内ごとに踊場を設けなければならない。

【語 群】 1．3 2．4 3．5

3 用語の定義において，「建築」とは，建築物を新築し，増築し，改築し，または ウ することをいう。

【語 群】 1．修理 2．改装 3．移転

4 火災による被害を最小限にするために，隣地境界線，前面道路の中心線などから，一定以上入った部分を エ のおそれのある部分とし，窓や外壁などの防火対策を義務付けている。

【語 群】 1．焼失 2．類焼 3．延焼

解 説 インテリア関連の法規・制度（建築基準法令等）に関する設問

ア 水平投影面積がその直下階の床面積の1/2未満，かつ最高部の天井高さが1.4 m以下の条件を満たす小屋裏物置（収納）は，階数および床面積に算入しない（建築基準法第92条，令第2条1項）。

イ 住宅（共同住宅の共用階段を除く）の階段で，その高さが4 mを超えるものは，高さ4 m以内ごとに踊場を設けなければならない（建築基準法施行令第24条1項）。

ウ 用語の定義において「建築」とは，建築物を新築し，増築し，改築し，または**移転**することをいう（建築基準法第2条十三号）。

エ 「延焼のおそれのある部分」とは，隣地境界線，道路中心線または同一敷地内の他の建物との外壁間の中心線から，1階では3 m，2階以上では5 m以下の距離にある建物の部分をいい（建築基準法第2条六号），隣家の火災による延焼を最小限にするために，窓の防火設備や外壁，軒天井の仕上げなどの防火対策を義務付けている。

[答] ア－1，イ－2，ウ－3，エ－3

第39回

インテリアコーディネーター
資格試験

2021年度

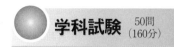
第1問　インテリアコーディネーター誕生の背景に関する次の記述の ☐ 部分に，下に記した語群の中から最も適当なものを選んで，解答欄の番号にマークしなさい。

　日本では，高度経済成長期を経て人口が大都市に集中し，｜ ア ｜年代には初めて大規模ニュータウン建設の計画が立てられ，｜ イ ｜が減り核家族世帯が増えることで家具や家電の需要が高まった。

　一般的な家の設えは，大工の棟梁や｜ ウ ｜を中心とする仕事であったが，インテリアコーディネーターの誕生により，依頼主に寄り添ったエレメントの選択と提案，きめ細かなコーディネートが可能となった。その後，低成長期に入るきっかけとなった1992年頃の｜ エ ｜以降，経済のソフト化・サービス化が進展し，多様化した商品情報の比較検討にも対応できるインテリアコーディネーターが求められるようになった。

【アの語群】　1．1940　　　　　2．1960　　　　　3．1980
【イの語群】　1．三世代世帯　　2．高齢者世帯　　3．単独世帯
【ウの語群】　1．デベロッパー　2．ゼネコン　　　3．工務店
【エの語群】　1．消費税増税　　2．バブル経済崩壊　3．リーマンショック

解説　誕生と背景（インテリア産業の発展）に関する設問

ア・イ　日本初の大規模ニュータウン建設の計画が始まった1960年代は，三世代世帯が減り核家族化の進展によって新たな住まい方の需要が高まった。

ウ　旧来の住宅は地域に根づいた大工や棟梁，工務店などに建築から内装仕上げまでのすべてを任せていたが，インテリアコーディネーターの誕生により依頼主の意向を汲んだコーディネートの提案が可能となった。

エ　1992年頃のバブル経済崩壊以降は，多様化した商品の情報などを比較検討しながら，豊かで快適なインテリア空間を依頼主に提案できるインテリアコーディネーターが求められている。

［答］ア－2，イ－1，ウ－3，エ－2

第2問 インテリアコーディネーターの実務に関する次の記述の ☐ 部分に，下に
記した語群の中から**最も適当なもの**を選んで，解答欄の番号にマークしなさい。

　工事を伴う業務では，依頼者の要求条件や希望などをまとめ，基本計画に基づき
☐**ア**☐ を作成し依頼者の了解を得たら，請負業者への見積り依頼を行う。業者から出て
きた見積金額が予算内で収まっているか，妥当な金額なのかをチェックすることは重要
な業務である。

　見積書のなかには工事費用とは別に ☐**イ**☐ や別途工事などわかりにくい項目もあるの
で，十分に確認しておく必要がある。

　また，見積書には金額のほかに ☐**ウ**☐ や支払い条件も記入されている。内容に見落と
しや間違いがなく，業者も信用できるとなれば ☐**エ**☐ へと進むことができる。

　　【アの語群】　　1．室内パース　　2．設計図書　　3．プレゼンテーションボード
　　【イの語群】　　1．諸経費　　　　2．材料費　　　3．施工費
　　【ウの語群】　　1．工期　　　　　2．重要事項説明　　3．定例打ち合わせ予定
　　【エの語群】　　1．工事契約　　　2．資材発注　　　3．工事着工

■ 解 説 ■ インテリアコーディネーターの仕事（実務）に関する設問

ア　基本計画の承認後は，見積りができるよう施工業者に工事の内容や方法を指示する設
　計図書を作成する。

　　室内パース→透視図法を用いて室内を立体的に表現したもので，図面などではわかり
　　　にくい室内の空間全体をイメージしたもの。

　　プレゼンテーションボード→フロアプランやインテリアエレメントなどについて，依
　　　頼主に具体的かつ視覚的に示すための提案ボード。

イ　見積書中の諸経費とは，直接工事に要する費用（材料費や施工費を含む）以外の諸々
　の費用のことで，工事の打合せ費用，施工現場の管理費用，通信費などが含まれる。

ウ　見積書には金額のほかに，住宅の建築やリフォームなどの工事を開始してから完成す
　るまでの期間を示す工期なども記入される。

　　重要事項説明→建築士法においては，建築士が建物の設計または工事監理の受託契約
　　　を建築主と締結する前に行うもの。宅地建物取引業法においては，不動産取引の際
　　　に宅建士が契約前に行うもの。

エ　工事が始まってからのトラブルを防ぐために見積書などの確認を行い，その承諾後に
　建築主と施工業者が工事契約を結ぶのが一般的である。

[答]　ア－2，イ－1，ウ－1，エ－1

インテリアコーディネーターの職域に関する次の記述の 部分に，下に記した語群の中から最も適当なものを選んで，解答欄の番号にマークしなさい。

　プレハブ工法のハウスメーカーでは，いわゆる「自由設計」というかたちで，インテリア材料などの選択の範囲を広げているところもあるが，価格面から設定されたメーカー独自の ア が一般的である。このような場合のインテリアコーディネーターの役割は，限られた選択肢の中からの内外装材などの選択やコーディネートと，家具などの イ が中心となることが多い。

　住宅リフォームにおいては，施主から建築性能の向上が望まれることが多いが，ハウスメーカーでは内外装に限らず設備機器などを含め選択肢が ウ されているケースもある。

　マンション販売に関わるインテリアコーディネーターの業務では，マンションの特性をよく知ったうえで入居者の希望するイメージに合わせたコーディネートが求められる。ウインドートリートメントや家具・照明器具等を，入居前に販売会・相談会などで注文を取るインテリア商品の エ がよく行われる。

【アの語群】	1．スペシャル仕様	2．オプション仕様	3．標準仕様
【イの語群】	1．見積作成	2．実施設計	3．販売
【ウの語群】	1．自由化	2．パッケージ化	3．単一化
【エの語群】	1．オプション販売	2．ユニット販売	3．特注販売

解　説 インテリアコーディネーターの仕事（職域）に関する設問

ア・イ ハウスメーカーでは，インテリア材料などの選択肢は価格の面からメーカー独自の標準仕様が多くを占めており，インテリアコーディネーターの業務は内外装材などの選択と家具などの販売が中心となる。

　　実施設計→通常，基本設計に基づいて行われる，建築主と施工業者との契約に必要な詳細を決定する設計。

ウ ハウスメーカーが住宅リフォームを行う場合，内外装材だけでなく設備機器などのコーディネート対象商品をパッケージ化して提案することもある。

エ マンション販売におけるインテリアコーディネーターの業務では，入居前の販売会や相談会などでインテリア商品の注文を取るオプション販売を行うことも多い。

［答］ア－3，イ－3，ウ－2，エ－1

日本における住まいのインテリアの歴史に関する次の**ア〜エ**の記述に対して，それぞれの下に記した語群の中から最も適当なものを選んで，解答欄の番号にマークしなさい。

ア　茶室に多くみられる，勾配天井と平天井で構成される天井
　　【語　群】　　1．掛込天井　　　2．二重折り上げ天井　　　3．舟底天井
イ　床の間の原型になったといわれ，壁を背にして置かれた低い台
　　【語　群】　　1．置き床　　　2．押板　　　3．膳板
ウ　書院造りにおける初期の付け書院
　　【語　群】　　1．帳台構　　　2．厨子棚　　　3．出文机
エ　寝殿造りなどで用いられた食卓の機能を持つ調度
　　【語　群】　　1．櫃（ひつ）　　　2．衝重（ついがさね）　　　3．くど

解　説　インテリアの歴史（日本の住まいの歴史）に関する設問

ア　おもに茶室などに用いられる掛込天井は，平らな天井の一部に勾配天井を組み込んだ
　　ものである。
　　二重折り上げ天井→天井の回り縁(まわ)から折り上げ支輪で仕上げた天井をさらにもう
　　　一段折り上げたもので，書院造りで用いられた豪華な天井の一つ。
　　舟底天井→舟底を逆さにしたような形の天井で，茶室や数寄屋(すきや)造りの建築などに
　　　見られる。

掛込天井　　折り上げ天井　　二重折り上げ天井　　舟底天井

イ　現在の床の間の原形といわれる押板(おしいた)は中世の座敷飾りで，壁の下につくられた奥
　　行の浅い厚板をいう。
　　置き床(おきどこ)→部屋の隅において床の間のように用いる運搬が容易な台。
　　膳板(ぜんいた)→窓の室内側の下枠部分に取り付けられる横材の化粧板。
ウ　縁側に突き出してつくられた出文机(だしふづくえ)は，書院造りの座敷飾りの一つである付け
　　書院の原形といわれる。
　　帳台構(ちょうだいがまえ)→書院造りの座敷飾りの一つで，鴨居(かもい)を低く，敷居(しきい)を高くし
　　　て，丈の低い豪華な襖(ふすま)を設けたもの。
　　厨子棚(ずしだな)→寝殿造りのしつらいに使われた収納具。
エ　食事用調度の一つである衝重(ついがさね)は，寝殿造りなどで貴人の食器を載せたり，神供
　　を盛るのに用いられた。
　　櫃(ひつ)→上に向かってふたが開く大形の箱。衣料その他調度類を収納する唐櫃(からびつ)な
　　　どがある。
　　くど→煮炊き用のかまどのこと。

出文机（付け書院）

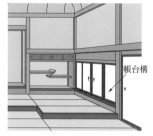

帳台構

厨子棚

衝重

［答］ア－1，イ－2，ウ－3，エ－2

第5問　1950～1960年代にデザインされた椅子に関する次の記述の □ 部分に，それぞれの語群の中から最も適当なものを選んで，解答欄の番号にマークしなさい。

1　デンマークの建築家アルネ・ヤコブセンのデザインによるエッグチェアは，当時としては新素材の ア が採用され，座と背もたれ一体のユニークな形状になっている。

【語　群】　1．曲木　　　2．硬質発泡ウレタン　　　3．集成材

2　デンマークのヴェルナー・パントンがデザインしたパントンチェアは， イ が採用され，座と背もたれ一体型の椅子になっている。

【語　群】　1．強化プラスチック　　　2．成形合板　　　3．スチール

3　イタリアの建築家ジオ・ポンティがデザインした ウ は，超軽量の椅子として有名である。

【語　群】　1．スーパーレジェーラ
　　　　　　2．アントチェア
　　　　　　3．チューリップチェア

4　スチールワイヤーを使ってデザインされたダイヤモンドチェアのデザイナーは， エ である。

【語　群】　1．ハンス・ウェグナー
　　　　　　2．チャールズ・イームズ
　　　　　　3．ハリー・ベルトイア

解説　インテリアの歴史（西洋のデザイナーズチェア）に関する設問

ア　エッグチェアは硬質発泡ウレタンのシェル構造による椅子で，デンマークの建築家アルネ・ヤコブセン（1902～1971）によってデザインされた。

曲木(まげき)→ブナやナラを蒸煮軟化させて曲面に成形した部材。これを使用した椅子では，ミハエル・トーネット(1796 〜 1871)による丈夫で美しい曲木椅子が有名。

　　集成材→ひき板や小角材を繊維方向に重ね合わせて接合したもの。

イ　パントンチェアは強化プラスチックによる一体成形の椅子で，デンマークのヴェルナー・パントン(1926 〜 1998)の代表作である。

　　成形合板→薄い単板に接着剤を付けて重ね，型に入れて成形した合板。

　　スチール→鋼(はがね)のことで，強度や耐熱性強化のために鉄と炭素を合成したもの。

ウ　超軽量の**スーパーレジェーラ**は，イタリアの建築家ジオ・ポンティ(1891 〜 1979)がデザインした椅子である。

　　アントチェア→デンマークの建築家アルネ・ヤコブセン(1902 〜 1971)による成形合板の座とスチールパイプ脚の椅子。

　　チューリップチェア→アメリカの建築家，プロダクトデザイナーのエーロ・サーリネン(1910 〜 1961)がデザインした，強化プラスチックの座とアルミ脚の椅子。

エ　**ダイヤモンドチェア**はハリー・ベルトイア(1915 〜 1978)の代表作で，スチールワイヤーを使った椅子である。

　　ハンス・ウェグナー(1914 〜 2007)→デンマークの家具デザイナー。ピーコックチェアやYチェアなどが代表作。

　　チャールズ・イームズ(1907 〜 1978)→アメリカモダンを代表する家具デザイナーで，ワイヤーチェアなどをデザインした。

エッグチェア
（アルネ・ヤコブセン）

曲木椅子
（ミハエル・トーネット）

パントンチェア
（ヴェルナー・パントン）

スーパーレジェーラ
（ジオ・ポンティ）

アントチェア
（アルネ・ヤコブセン）

チューリップチェア
（エーロ・サーリネン）

ダイヤモンドチェア
（ハリー・ベルトイア）

ピーコックチェア
（ハンス・ウェグナー）

Yチェア
（ハンス・ウェグナー）

ワイヤーチェア
（チャールズ・イームズ）

［**答**］ア－2，イ－1，ウ－1，エ－3

第39回

寸法計画に関する次の1〜5の記述のうち，<u>最も不適当なものを2つ選んで</u>解答欄の番号にマークしなさい。（1行に2つの番号をマークしないこと）

1 　建築家ジョサイア・コンドルは，人体寸法を黄金比で分割した寸法体系「モデュロール」を考案した。

2 　日本の伝統的な木造軸組構法の住宅では，910（909）mm × 910（909）mmのグリッドを使うことが多い。

3 　日本の伝統的な木造軸組構法で用いられているグリッドプランニングの例として，関東を中心とした江戸間（関東間）で用いられているシングルグリッド心押さえがある。

4 　建築技術の標準化や互換性の点から，ベーシックモデュールに基づいて空間や構成材の大きさ，位置を整数倍によって調整することを行うようになった。

5 　同じ畳数の江戸間と京間の部屋の広さを比較すると，江戸間は京間より広い。

解説　インテリアの計画（寸法計画）に関する設問

1 　フランスの建築家ル・コルビュジエ（1887 〜 1965）が考案した「モデュロール」は，人体寸法を黄金比で分割した寸法体系である。設問中にあるイギリスの建築家ジョサイア・コンドル（1852 〜 1920）は，1877（明治10）年に来日。鹿鳴館などの設計や工部大学校に招かれて建築教育を行った。

5 　同じ畳数の部屋の大きさを比較すると，江戸間は京間より狭い。江戸間は1間（6尺）を1,820 mmとし，柱の心々間にその寸法の倍数を割り当てて部屋の大きさを決める。畳の大きさは部屋の大きさによって異なるが，江戸間の標準的な畳1枚の大きさは1,760 mm × 880 mmである。一方，京間は部屋の大きさに関係なく畳1枚の大きさを1,910 mm × 955 mmに統一して，それを並べて部屋の大きさを決める。

［答］1，5

第7問　椅子に関する次の記述の □ 部分に，それぞれの語群の中から<u>最も適当な</u><u>もの</u>を選んで，解答欄の番号にマークしなさい。

1 　事務用椅子には上下調整機構があるので，椅子の座面高は身長の約 □ ア を目安に設定した。

　【語　群】　　1．1 / 5　　　　　2．1 / 4　　　　　3．1 / 3

2 　甲板の高さが，事務用椅子の座面高に □ イ を加えた高さに相当するデスクを購入した。

　【語　群】　　1．肩峰高　　　　2．差尺　　　　　3．下腿高

3 　「ひと」や「もの」との関わり方の違いから分類すると，椅子は □ ウ と呼ばれる。

【語　群】　　1．台系家具　　　2．箱物系家具　　　3．人体系家具

4　椅子において，姿勢を安定させ，腰部の負担を軽減する役割を持つのは　エ　である。

【語　群】　　1．座面　　　　　2．背もたれ　　　　3．脚

解説　インテリアの計画（椅子）に関する設問

ア　上下調整機構がある事務用椅子の座面高は，身長の約1/4が目安となる。

イ　椅子の座面高（座位基準点）から机の甲板（机面）までの垂直距離を差尺といい，その標準寸法は270 ～ 300 mm程度である。

　　肩峰高（けんぽうこう）→床面から肩峰点までの寸法で，身長（H）の約0.8倍（$= 0.8H$）。

　　下腿高（かたいこう）→床面からひざ裏までの寸法で，身長（H）の約0.25倍（$= 0.25H$）。

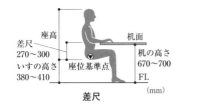

差尺

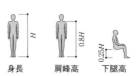

人体寸法の略算値

ウ　家具を人間工学的に分類したとき，椅子やベッドなど人体を支える家具を人体系家具（アーゴノミー系家具）という。

　　台系家具→家具を形態的に分類したとき，テーブルなど物を置く台があるもの。

　　箱物系家具→家具を形態的に分類したとき，本棚やタンスなど箱状のもの。

エ　椅子の背もたれには，座り姿勢を正して上半身にかかる負担を軽くする役割がある。

［答］ア－2，イ－2，ウ－3，エ－2

第8問　造形に関する次のア～エの記述に対して，それぞれの下に記した語群の中から最も関係のないものを選んで，解答欄の番号にマークしなさい。

ア　リペティションによるパターンの模様

【語　群】　　1．青海波　　　2．七宝　　　3．朽木

イ　多義図形

【語　群】　　1．シュレーダーの階段

　　　　　　　2．マッハの本

　　　　　　　3．ペンローズの三角形

ウ　正三角形で構成される正多面体

【語　群】　　1．正4面体　　　2．正8面体　　　3．正12面体

　エ　アラベスク模様

　　　【語　群】　1．幾何学模様　　2．人物・動物模様　　3．草模様

解　説　インテリア計画（造形）に関する設問

ア　リペティションとは，図柄やラインなど同じ要素を繰り返し反復するリズムのこと。

　　青海波（せいがいは）は三重の同心円の半円で構成された
　　模様，**七宝**（しっぽう）は同じ円の円周1/4ずつを重ねて
　　つないだ模様である。

青海波　　　七宝　　　朽木

　　　朽木（くちき）→木が腐食して朽ちた状態を図案化し
　　　た模様。

イ　多義図形は，1つの図形でありながら，見る人の心理や見方によっていくつもの解釈
　　ができる図形。代表的なものに，**シュレーダーの階段**や**マッハの本**などがある。

　　　ペンローズの三角形→矛盾図形。目の錯覚を利用して実際にはあり得ない形が表現さ
　　　れる。

ペンローズの三角形　　　シュレーダーの階段　　　マッハの本
矛盾図形　　　　　　　　　**多義図形**

ウ　正多面体はすべての面が同じ大きさの正多角形で構成された立体で，5種類しかな
　　い。そのうち正三角形で構成される立体は，**正4面体**と**正8面体**，正20面体である。

　　　正12面体→正多面体のうち，正五角形で構成される立体。

正4面体　　　正6面体　　　正8面体　　　正12面体　　　正20面体
凸正多面体

エ　アラベスク模様はイスラムの代表的な装飾模様で，**幾何学模様**や**草模様**
　　などを左右対称に図案化したものである。

　　　人物・動物模様→イスラムでは偶像崇拝が禁じられているので，一般に
　　　アラベスク模様では人物や動物などの模様は図案化されていない。

アラベスク

［答］ア－3，イ－3，ウ－3，エ－2

第9問 表色系に関する次の記述の □ 部分に，それぞれの語群の中から最も適当なものを選んで，解答欄の番号にマークしなさい。

1 マンセル値が5R 4/14と5BG 4/6の色は，□ ア □ が同じである。

【語 群】　1．色相　　　2．彩度　　　3．明度

2 マンセル色立体を真上から見たとき，純色が中心軸から最も離れた位置にくる色の一つは □ イ □ である。

【語 群】　1．5B　　　　2．5G　　　　3．5R

3 マンセル値4R 3.5/11で表されるJIS慣用色名は，□ ウ □ である。

【語 群】　1．利休ねずみ　　2．あさぎ色　　3．あかね色

4 PCCSのトーンの分類で，□ エ □ は中明度で高彩度なトーンに位置付けられる。

【語 群】　1．ペール　　　2．ストロング　　3．ダル

解説 インテリア計画（色彩）に関する設問

ア マンセル表色系は，色の三属性の表記をHV／C（H：**色相**，V：**明度**，C：**彩度**）で表すため，マンセル値が5R 4/14と5BG 4/6の色は**明度**が同じである。

イ マンセル色立体を真上（水平断面）から見たとき，色相を表す**5R**は，5Bや5Gと比べると純色が中心軸から最も離れた位置にくる。

マンセル色相環

マンセル色立体

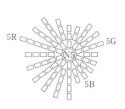

マンセル色立体の水平断面

ウ JIS慣用色名の一つである**あかね色**を代表的なマンセル値（HV／C）で表すと，4R 3.5/11となる。慣用色名とは，一般に広く使われてきた色名をいう。

　　利休ねずみ→マンセル値（HV／C）で表すと2.5G 5/1となるJIS慣用色名の一つ。

　　あさぎ色→マンセル値（HV／C）で表すと2.5B 5/8となるJIS慣用色名の一つ。

エ PCCS（日本色研配色体系）のトーン（色調）

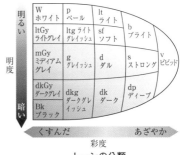

トーンの分類

は，明度と彩度を合わせた色調による分類。ストロングは，中明度で高彩度なトーンに位置付けされる。

　　ペール→高明度で低彩度なトーン。

　　ダル→中明度で中彩度なトーン。

［答］ア－3，イ－3，ウ－3，エ－2

第10問　　建物内での事故に関する次の記述の　□□　部分に，それぞれの語群の中から最も適当なものを選んで，解答欄の番号にマークしなさい。

1　バルコニーや窓を乗り越えて垂直に落ちる事故は，日常災害の分類では　ア　に含まれる。

【語　群】　　1．墜落事故　　　　　2．転倒事故　　　　　3．転落事故

2　バルコニーの手すり子の間隔は，幼児の頭が入らないように　イ　cm以下にする必要がある。

【語　群】　　1．11　　　　　　　2．13　　　　　　　3．15

3　開かれたドアを自動的に閉じる装置である　ウ　は，指をはさむ事故の防止にもなる。

【語　群】　　1．ドアハンガー　　2．ラッチボルト　　3．ドアクローザー

4　衝突する危険がある開口部にガラスを使う場合は，割れても破片が飛散しない　エ　を用いることが望ましい。

【語　群】　　1．合わせガラス　　2．強化ガラス　　3．ガラスブロック

解説　インテリア計画（建物内での事故）に関する設問

ア　日常災害のうち墜落事故は，バルコニーや窓などから垂直に落ちる事故。日常災害とは，日常生活の中で発生する建物内での事故をいう。

　　転倒事故→滑りやすい床や段差などで転んだりする事故で，日常災害の一つ。

　　転落事故→住宅の階段などから転げ落ちる事故で，日常災害の一つ。

イ　バルコニーの手すり子の間隔は11 cm以下にして，幼児の頭が入らないようにする必要がある。また，手すりの高さは最低110 cm以上とし，強固に取り付ける。

ウ　開き戸の上部に取り付けるドアクローザーは，油圧でドアをゆっくり自動的に閉めることができる装置で，指などのはさまれ防止にもなる。

　　ドアハンガー→ドアにフックを引っ掛けてハンガーなどを掛けるもの。

　　ラッチボルト→風などでドアが開かないように，空錠のドアノブの脇に取り付けられた先端が三角形のボルト。

エ　安全性を高めた合わせガラスは，破損しても破片が飛散しないように工夫された高機

能ガラスである。

　　強化ガラス→衝撃などで割れにくいように特殊加工を施したガラス。

　　ガラスブロック→方形の皿状ガラスを2つ合わせて溶着した中空の建築用ブロック。

［答］ア－1，イ－1，ウ－3，エ－1

第11問	住宅の性能に関する次の記述の　□□　部分に，下に記した語群の中から**最も適当なもの**を選んで，解答欄の番号にマークしなさい。

　ガラス窓にできる結露は，　ア　を使うことにより　イ　を高め，減らすことができる。また，壁にできる結露は，　ウ　が原因と考えられることが多く，特に北側の壁で起こりやすい。

　住宅性能表示制度においては，ホルムアルデヒド対策も　エ　への配慮として取り扱われている。

　　【アの語群】　　1．すり板ガラス　　　2．網入りガラス　　　3．複層ガラス
　　【イの語群】　　1．断熱性能　　　　　2．防水性能　　　　　3．防湿性能
　　【ウの語群】　　1．ヒートポンプ
　　　　　　　　　　　2．ヒートブリッジ
　　　　　　　　　　　3．ヒートアイランド
　　【エの語群】　　1．地球環境　　　　　2．維持管理・更新　　3．空気環境

■ 解説 ■　インテリア計画（住宅の性能）に関する設問

ア・イ　ガラス表面の結露防止に役立つ複層ガラスは，2枚の板ガラスの間に乾燥空気を入れて密封した断熱性能が高いガラスで，「ペアガラス」とも呼ばれる。

　　すり板ガラス→透明なガラスの片面を金剛砂と金属ブラシで不透明に加工（サンドブラスト）した板ガラス。目隠しの目的で障子ガラスや棚などに利用される。

　　網入りガラス→ガラスに金網を封入したもの。建築基準法で定められた防火地域などの建築物等の窓に利用される。

ウ　室内の結露の原因となるヒートブリッジは，建物の躯体を通じて屋外の熱（冷え）が中へ伝わる現象である。

　　ヒートポンプ→熱媒体や半導体などを用いて低温部分から高温部分へ熱を移動させる技術。

　　ヒートアイランド→都市の気温が周辺の郊外に比べて高くなる現象。

エ　住宅性能表示制度の評価項目のうち，「空気環境への配慮」では内装材などのホルムアルデヒド対策や換気対策などが含まれ，「維持管理・更新への配慮」では給排水管，ガス管の維持管理のしやすさなどが含まれる。

第 12 問　日本人の生活様式に関する次の記述の ［　］ 部分に，下に記した語群の中から最も適当なものを選んで，解答欄の番号にマークしなさい。

　明治時代初期，文明開化の時期に導入された「いす座」は， ア において取り入れられたが，庶民の住宅では相変わらず「ゆか座」の生活様式が続いていた。

　庶民の住宅において「いす座」が普及するようになったのは イ 頃からである。これは，住宅公団による集合住宅の計画において，それまで一つの部屋で行われていた食事と ウ の場を分離するという考え方がきっかけとなっている。

　その後，住まいの中心的空間はLDKになり，個室を加えた，「nLDK」という表現も使われるようになった。ライフスタイルが多様化し，近年では，家族における エ の変化に伴って，間取りと生活行為は必ずしも固定的な対応関係ではなくなってきている。

　　【アの語群】　1．仏教寺院　　　　2．共同住宅　　　　3．役所や学校
　　【イの語群】　1．大正末期　　　　2．昭和初期　　　　3．1955年
　　【ウの語群】　1．調理　　　　　　2．洗面　　　　　　3．就寝
　　【エの語群】　1．ライフステージ　2．ライフライン　　3．ライフサイクル

　解　説　　インテリアの歴史（日本人の生活様式）に関する設問

ア　明治時代初期，役所や学校などが「いす座」を取り入れたことによって，洋風の家具などが生産されるようになった。

イ・ウ　戦後，都市での住宅不足を解消するために1955年に日本住宅公団が設立された。同公団が建てた公団住宅（集合住宅）では，「いす座」の導入や食事と就寝の場を分離する食寝分離が基本となった。

エ　近年，年齢に伴って変化するライフステージも家族構成などによって変化してきており，生活様式や住まいのあり方も多様化してきている。

［答］ア－3，イ－3，ウ－3，エ－1

第 13 問　高齢者の住まいの計画に関する次の記述の ［　］ 部分に，それぞれの語群の中から最も適当なものを選んで，解答欄の番号にマークしなさい。

　1　加齢とともに ア 音域の音が聞きづらくなるので，警報音や通知音を点滅ランプと同調させて，視覚にも訴える工夫をする。

　　【語　群】　　1．低　　　　　　2．中　　　　　　3．高

2 部屋の上部にある非常口などのサインは，| イ | により見にくくなるので，取付
位置を考慮する。

　【語　群】　　1．深部感覚　　　　2．中心暗転　　　　3．視野狭窄

3 筋力が低下するので，混合水栓は，片手でも操作できる | ウ | にするとよい。

　【語　群】　　1．シングルレバー式
　　　　　　　　2．ツーハンドル式
　　　　　　　　3．サーモスタット式

4 トイレでの介助が必要な場合，便器の横には，最低でも幅 | エ | mm以上の介助
スペースを設ける。

　【語　群】　　1．300　　　　　　2．500　　　　　　3．700

解　説　インテリア計画（高齢者の住まいの計画）に関する設問

ア　加齢による聴覚機能の低下では，高音域の音や小さい音が聞き取りにくくなりテレビ
などの音も大きくなる傾向があるため，近隣への防音対策などの配慮も必要となる。

イ　加齢に伴い，視野が狭くなる視野狭窄（きょうさく）により視覚機能が低下することがあるた
め，室内の上方にある非常口などのサインは取付け位置に配慮する必要がある。

ウ　加齢による皮膚感覚や握力の低下を考慮すると，洗面所の混合水栓は1つのハンドル
操作で温度と湯量を調整できるシングルレバー式が使いやすい。

　　ツーハンドル式→2つのハンドルで温度と湯量
　　を個別に調整する混合栓。

　　サーモスタット式→温調ハンドルと切替ハン
　　ドルによって温度と湯量を自動調整できる
　　混合栓。

エ　トイレの介助スペースは，便器の横に有効幅
員500 mm以上を設ける。介助スペースの確保
が難しい場合は，手洗いカウンターを取り外す
方法もある。

　　　　［答］ ア－3，イ－3，ウ－1，エ－2

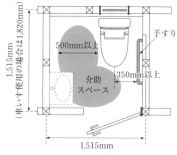

トイレの介助スペース

第14問　リフォーム計画に関する次の記述の | ̄ | 部分に，それぞれの語群の中から
最も適当なものを選んで，解答欄の番号にマークしなさい。

1 リフォーム工事において，1件の工事費が | ア | 万円未満の場合は，軽微な建設
工事とされ，建設業の許可を受けていない業者も工事が可能となる。

　【語　群】　　1．500　　　　　　2．700　　　　　　3．1000

2　RC造のマンションリフォームにおいて，間仕切壁が　イ　の場合は，構造上撤去することができる。

　　【語　群】　1．LGS下地の壁　　2．壁式構造の壁　　3．ラーメン構造の壁

3　図1に示す　ウ　は，その部分が専有部分とされているので，リフォームの対象になる。

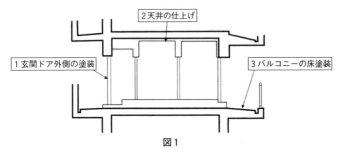

2 天井の仕上げ

1 玄関ドア外側の塗装

3 バルコニーの床塗装

図1

　　【語　群】　　1．玄関ドア外側の塗装
　　　　　　　　2．天井の仕上げ
　　　　　　　　3．バルコニーの床塗装

4　枠組の構造を利用した　エ　の住宅リフォームにおいては，耐力壁の位置や量を把握した上で，リフォームを計画すると良い。

　　【語　群】　　1．ツーバイフォー構法
　　　　　　　　2．木造軸組構法
　　　　　　　　3．伝統構法

解説　インテリア総合（リフォーム計画）に関する設問

ア　軽微な建設工事とは，建設業許可を受けずに請け負うことができる規模の小さい建設工事を指し，建設業法により，工事1件の請負金額が500万円未満の工事（建築一式工事の場合は工事1件の請負金額が1,500万円未満の工事または延べ面積が1,500 m² 未満の木造住宅を建設する工事）と定められている。

イ　鉄筋コンクリート造（RC造）のマンションリフォームでは，間仕切り壁が2 mm程度の薄い鉄板に亜鉛めっき処理をしたLGS下地の壁（軽量鉄骨下地の壁）である場合，耐力壁ではなく建物の構造とは関係のない雑壁にあたるため，取り除くことができる。

　　壁式構造の壁→耐力壁と床スラブで構成される構造の壁。

　　ラーメン構造の壁→柱と梁，床スラブで構成されるRC造の壁。

ウ　区分所有法に基づく規制において，マンションの専有部分である住戸内の天井の仕上げ（躯体部分を除く）はリフォームの対象になる。なお，**玄関ドア外側の塗装**やバルコニーの床塗装は共用部分（専用使用部分）とされ，専有部分ではないためリフォームの

対象にはならない。

専有部分・共用部分　　　　　　共用部配管・専有部枝管

エ　「枠組壁工法」ともいわれる**ツーバイフォー構法**は，木材で組まれた枠組みに構造用
　合板を張った壁や床によって構成される。壁面の総壁量で構造設計されており，リフォー
　ムでは木造軸組構法に比べて削れない耐力壁が多く，間取り変更など制約を受けるこ
　とがあるため，耐力壁の位置や量を把握することでプランが立てやすくなる。
　　　木造軸組構法→「在来構法」ともいう。柱，梁など線状の木材で構造体を支える。
　　　伝統構法→西洋建築の影響を受ける以前の日本建築のことで，木組みそのもので家を
　　　　建てる。

［答］ア－1，イ－1，ウ－2，エ－1

第15問　住宅建築やエレメント生産の工業化とインテリアコーディネーターの役割に
　　　　関する次の記述の　□　部分に，下に記した語群の中から最も適当なものを選
　　　　んで，解答欄の番号にマークしなさい。

　第二次世界大戦後の住宅建築は，合理的な生産を目指して工業化が進められた。これ
により性能や精度の高い部材が大量に流通するようになり，1960年代に入り　ア　を
きっかけに浴室ユニットが誕生した。その後，窓サッシは，アルミ　イ　で製造される
ようになり，断熱性や　ウ　が高まった。インテリアコーディネーターの誕生には，エ
レメント生産の工業化と　エ　が大きく関係しており，これにより素材や色，機能やサ
イズの組み合わせを選定することが重要な役割となった。

　　【アの語群】　　1．オリンピック景気　　2．オイルショック　　3．ベビーブーム
　　【イの語群】　　1．押し出し材　　2．ダイカスト　　3．鍛造材
　　【ウの語群】　　1．気密性　　2．耐熱性　　3．防汚性
　　【エの語群】　　1．規格化　　2．大型化　　3．国産化

解説　誕生と背景（工業化とインテリアコーディネーターの役割）に関する設問
ア　浴室ユニット誕生の背景には，1960年代のオリンピック景気によるホテルの建設ラ
　ッシュで，浴室工事の短工期化と浴室の軽量化が不可欠となったことが挙げられる。

なお，**オイルショック**は1970年代に2回，**ベビーブーム**は戦後の日本では1947〜49年に第一次，1971〜74年に第二次として起こっている。

イ・ウ　窓サッシは，金型の孔から溶解したアルミ合金を押し出し，冷却させたアルミ押し出し材で製造されるようになり，気密性や断熱性が向上した。

　　ダイカスト（ダイキャスト）→アルミニウムや亜鉛，マグネシウムなどの合金を高温で溶かし金型に流し込む鋳造（ちゅうぞう）法の一つ。

　　鍛造（たんぞう）材→金属を打撃・加圧により強度を高めたり変形させる加工に用いる材。

エ　インテリア産業の急速な発展のなか，エレメント生産の工業化と規格化の影響によりインテリア空間の専門的な知識と技能を習得したインテリアコーディネーターが誕生した。

〔答〕ア−1，イ−1，ウ−1，エ−1

第16問　寝室の家具に関する次の記述の 〔　〕 部分に，それぞれの語群の中から最も適当なものを選んで，解答欄の番号にマークしなさい。

1　JISに定められているベッドのマットレス寸法のうち，幅の呼び寸法1400 mmと1520 mmは一般的に 〔ア〕 サイズといわれている。

　　【語　群】　1．セミダブル　　　2．ダブル　　　　3．クィーン

2　振動が伝わりにくいので2人用のベッドなどに向いているのは 〔イ〕 と呼ばれるコイルを一つ一つ袋に詰めて並べたマットレスである。

　　【語　群】　1．パーム　　　　2．ボンネル　　　3．ポケットコイル

3　介護用ベッドや高機能ベッドでは，可動性が求められるものが多く 〔ウ〕 マットレスが適している。

　　【語　群】　1．ウッドスプリング　　2．ウォーター　　3．ウレタンフォーム

4　マットレスは睡眠に大きな影響を与えるが，一般的にマットレスが 〔エ〕 すぎると背骨が曲がり寝返りがしづらくなる。

　　【語　群】　1．薄　　　　　2．硬　　　　　3．軟らか

解説　インテリアエレメント（寝室の家具）に関する設問

ア　住宅用普通ベッドのマットレス寸法にはJIS規格があるが，サイズの名称までは定めていない。この規格によると，横幅は820 mmと980 mm（一般にシングルサイズ），1,100 mmと1,200 mm（一般にセミシングルサイズ），1,400 mmと1,520 mm（一般にダブルサイズ）の6種類，長さは1,950 mmと2,050 mmの2種類で，ベッドの寸法についてはマットレスの寸法に準ずるとされている。

イ　独立式のスプリングマットレスであるポケットコイルは，コイルを個々に袋に詰めて

並べ身体を点で支えるため，快適な寝心地が得られ横揺れも少ない。

　　パーム→天然のココナッツ繊維を圧縮し，ゴムで固めて中に詰めたマットレス。

　　ボンネル→連結式のスプリングマットレス。らせん状に個々に巻いたコイルを全面に
　　　配列して連結させて身体を面で支える。

ウ　自由な動きに対応できる<u>ウレタンフォームマットレス</u>は，ウレタンのもつクッション
　性で身体全体を支える構造で，介護用ベッドなどにも使われている。

　　ウッドスプリング→すのこ状の木の板をベースに，ラテックスなどの素材を組み合わ
　　　せてクッション性をもたせたマットレスの土台。

　　ウォーターマットレス→温度設定が可能で，優れた体圧分散機能をもつマットレス。

エ　一般に<u>軟らかすぎる</u>マットレスは就寝時に背骨が曲がり，寝返りが多くなるため快眠
　に影響を与えやすい。

　　　　　　　　　　　　　　　　　　　　　　［答］ア－2，イ－3，ウ－3，エ－3

第17問　住宅用家具に関する次の記述の 　　 部分に，下に記した語群の中から<u>最も
適当なもの</u>を選んで，解答欄の番号にマークしなさい。

　リビング的要素を加味した大きめのダイニング家具では，テーブルの高さは ア
mm，いすの座面高さは イ mm程度が良い。テーブル寸法を検討する際には，肘掛
けいすを使用した場合の1人分の基準幅寸法を ウ として着席人数を考慮する。

　いす座面のクッションは，掛け心地を重視して少し厚めが良い。なお，汚れが気にな
る場合は， エ を取り外すことができるカバーリング式のいすを選ぶと良い。

　【アの語群】　1．650　　　2．720　　　3．800
　【イの語群】　1．380　　　2．450　　　3．500
　【ウの語群】　1．600　　　2．750　　　3．850
　【エの語群】　1．ウレタンフォーム　　2．パイピング　　3．上張り

解説　インテリアエレメント（住宅用家具）に関する設問

ア・イ　食事兼休息用のリビングダイニングテーブルの高さは650 mm程度，それに用い
　るいすの座面高さは380 mm程度が適している。

ウ　1人分の食事スペースは，肘掛けいすを使用した場合は750 mm程度，肘なしのいす
　を使用した場合は600 mm程度を目安とする。

エ　カバーリング式のいすは，簡単に<u>上張り</u>を取り外すことができて洗濯が可能である。

　　ウレタンフォーム→ウレタンゴムからつくった発泡合成ゴムで，曲面加工も可能。

　　パイピング→裁断した布端を布テープなどで包み，クッションカバー生地の縁取りな
　　　どにすること。

第 18 問 収納家具に関する次の記述の ▢ 部分に，下に記した語群の中から<u>最も適当なもの</u>を選んで，解答欄の番号にマークしなさい。

　スペースを有効に活用するシステム収納家具には，基本単位寸法の ア を組み合わせる方式のユニット家具と， イ 化された部材・部品を組み上げる方式のシステム家具がある。

　組み立て式家具のなかには，構成する板と板の組立・分解を容易にするための ウ などの エ 金物が多用されているものがあり，引っ越しや組み替えの作業負担の軽減と組み立て精度の保持に役立っている。

　【アの語群】　　1．フレーム　　　　2．パネル　　　　　3．箱体
　【イの語群】　　1．固定　　　　　　2．均一　　　　　　3．標準
　【ウの語群】　　1．ディスク型締付け金物　2．ヒンジ　　3．グレモンボルト
　【エの語群】　　1．ノックダウン　　2．ドアレール　　　3．アジャスター

解　説　インテリアエレメント（収納家具）に関する設問

ア・イ　システム収納家具のうち，ユニット家具（ユニットファニチャー）は基本単位寸法でつくられた箱体を組み合わせるもの，システム家具（ビルトインファニチャー）は標準化された部品や部材などを組み込むものである。

ウ・エ　組み立て式の家具には，ディスク型締付け金物などのような組立てや分解を可能にするノックダウン金物が多用されている。

　　ヒンジ→建具の開閉金具で，「丁番」とも呼ばれる。

　　グレモンボルト→上下に上げ落しする形式の戸締り金物で，大型の開き窓に付ける。

　　アジャスター→ネジ式で上下の高さ調節ができる家具支持用金物。

［答］ア－3，イ－3，ウ－1，エ－1

第 19 問 家具の仕上げに関する次の1〜5の記述のうち，<u>最も不適当なものを2つ選</u>んで解答欄の番号にマークしなさい。（1行に2つの番号をマークしないこと）

1　薄い突板張りで木目の綺麗な家具には，透明塗料で表面保護の為に塗膜を厚く塗ることができるクリヤーラッカー仕上げがある。

2　木製家具の仕上げには，木の質感を生かすために表面に塗膜を作らず，木の中に浸透し硬化するソープフィニッシュ仕上げがある。

3　キッチンのワークトップの甲板などに使用されるステンレスの表面加工には，キ

ズが目立たないヘアーライン加工や梨地加工がある。

　4　アルミ製パイプ椅子のフレーム部の表面仕上げには，アルマイト処理とも呼ばれる陽極酸化皮膜処理がある。

　5　金属塗装の一種であった粉体塗装は，最近では木部の塗装にも応用されている。

■ **解説** ■　インテリアエレメント（家具の仕上げ）に関する設問

1　クリアラッカーは，塗膜が薄く硬い光沢のある透明塗料で，木製家具など木地を生かした仕上げに使われる。

2　ソープフィニッシュは，木製家具本来の風合いを生かすために表面に塗膜をつくらず，石けん水で磨くことにより表面を保護する仕上げである。

［答］1，2

| 第20問 | 和室の造作部材に関する次の記述の □ 部分に，それぞれの語群の中から最も適当なものを選んで，解答欄の番号にマークしなさい。 |

1　押入れ上部や床脇上段の戸棚を ア と言い，引き戸を設けることが多い。

　【語　群】　　1．天袋　　　　　2．井桁　　　　　3．上段框

2　製品化されている和風床材は， イ などの針葉樹によるものが多い。

　【語　群】　　1．ヒノキやパイン

　　　　　　　　2．ナラやチーク

　　　　　　　　3．アカシアやメープル

3　和室の真壁と畳との間の ウ ために取り付けるものを畳寄せという。

　【語　群】　　1．隙間を埋める　　2．換気を促す　　3．掃除をしやすくする

4　セットとして商品化されている床の間の部材では，地板表面にはケヤキ等の練付材，床框には重くて非常に硬い エ などの角材が使われていることも多い。

　【語　群】　　1．秋田杉　　　　2．黒檀　　　　　3．黒松

■ **解説** ■　インテリア構法（和室の造作部材）に関する設問

ア　一般に天袋は床脇（とこわき）上部に設置された戸棚のことで，現在は和室の押入れなどの上部で天井に近い部分にある戸棚をいう。

　　井桁（いげた）→「井」の字形に組んだ形そのもの。井桁状に積む，組むなど。

　　上段框（かまち）→階段から上段に上がる床の縁に設ける横木。

イ　針葉樹のヒノキやパインは，製品化された和風床材などの仕上材として多用される。針葉樹は年輪がはっきりしており，比較的柔らかく加工しやすい。

　　ナラ，チーク，アカシア，メープル→広葉樹。造作材，化粧材，家具材などに用いら

れる。広葉樹材は針葉樹材ほど年輪がはっきりせず，一般に硬いものが多い。

ウ　畳寄せは，和室の真壁と畳との間の隙間を埋めるために取り付ける細い横木をいう。

エ　広葉樹の黒檀(こくたん)は非常に重く硬い木材で，セット商品の床の間部材の床框(とこがまち)に角材として用いられたり，家具や仏壇，工芸品などにも使われる。

　　秋田杉，黒松→針葉樹。秋田杉は建具や天井板などに，黒松は床柱や造作材，家具などに用いられる。

　　　　　　　　　　　　　　　　　　　　　［答］ア－1，イ－1，ウ－1，エ－2

第21問　ウインドートリートメントに関する次の記述の ☐ 部分に，それぞれの語群の中から**最も適当なもの**を選んで，解答欄の番号にマークしなさい。

1　カーテンのプリーツのうち，必要幅が最も多いのは ［ア］ である。

　【語　群】　1．片ひだ　　　　2．はこひだ　　　　3．ギャザーひだ

2　遮蔽性の低いシアーカーテンの中で，［イ］ はラッセル機による編物である。

　【語　群】　1．レースカーテン　2．ケースメント　　　3．ボイル

3　ベネシャンブラインドの ［ウ］ には，防汚などのために表面加工を施したものもある。

　【語　群】　1．スラット　　　　2．ルーバー　　　　3．ドレープ

4　掃き出し窓にロールスクリーンを設置する際，最も適している操作方法は ［エ］ である。

　【語　群】　1．スプリング式　　2．チェーン式　　　3．コード式

解説　インテリアエレメント（ウインドートリートメント）に関する設問

ア　カーテンの必要幅はプリーツ（ひだ）の種類と間隔で決まる。ギャザーひだは「シャーリング」とも呼ばれ，必要幅は開口の3～4倍で生地の必要幅が最も多い。

必要幅：開口の2倍	必要幅：開口の2.5～3倍	必要幅：開口の3～4倍
片ひだ （ボックスプリーツ）	**はこひだ**	**ギャザーひだ** （シャーリング）

イ　薄地で光が透けるシアーカーテンのうち，**レースカーテン**はラッセル編機で織られた透過性のあるカーテンである。

　　ケースメント→目の粗いざっくりとした風合いの糸で織った透過性のあるカーテン。

　　ボイル→極細の糸で平たく織った，透過性の高い薄地の織物。

ウ　ベネシャンブラインドは，スラット（羽根）の角度で光量を調整できる横型のブラインドである。

　　ルーバー→バーチカルブラインドで用いられる縦方向に吊られた幅広の羽根。

　　ドレープ→遮光性，遮蔽(しゃへい)性，吸音，保温性などに優れ厚手のカーテンの総称。

エ　ロールスクリーンは，スプリングを内蔵したローラーパイプでスクリーンを上下に昇降させるもの。操作方法では，**チェーン式**は掃き出し窓に，**スプリング式**は小窓や腰窓に，**コード式**は大型窓などに適している。

[答]　ア－3，イ－1，ウ－1，エ－2

第 22 問　カーテン生地に使われる繊維に関する次の記述の　□　部分に，それぞれの語群の中から最も適当なものを選んで，解答欄の番号にマークしなさい。

1　遮光カーテンには合成繊維でたて糸に黒糸を織り込んだものなど，耐候性のある　**ア**　繊維が使われている。

　　【語　群】　　1．アセテート　　　　2．リネン　　　　　3．ポリエステル

2　プリントカーテンには天然繊維で吸湿性があり，染色性に優れている　**イ**　繊維が使われる。

　　【語　群】　　1．レーヨン　　　　　2．キュプラ　　　　3．コットン

3　シャワーカーテンには合成繊維で，耐久性や防カビ性のある　**ウ**　繊維が使われる。

　　【語　群】　　1．ガラス　　　　　　2．ナイロン　　　　3．炭素

4　防炎カーテンには，耐熱性の繊維などと共重合させた合成繊維で，難燃性の高い　**エ**　繊維が使われる。

　　【語　群】　　1．サイザル　　　　　2．アクリル系　　　3．プロミックス

解説　インテリアエレメント（カーテン）に関する設問

ア　遮光カーテンには，摩耗に強く，太陽光などで変質や劣化が起こりにくい合成繊維のポリエステル繊維を使い，芯や裏に黒糸を織り込んだものなどがある。

　　アセテート→木材パルプを原料にして化学的処理や合成をした半合成繊維。絹のような風合いや肌触りをもつが，熱や摩擦に弱い。

　　リネン→麻の一種で，亜麻科の植物を原料とした天然繊維。吸水性，吸湿性，耐熱性に優れるが，しわになりやすくドレープ性に欠ける。

イ　プリントカーテンには，吸湿性があり耐久性や染色性にも優れた天然繊維のコットン繊維が多用されている。

　　レーヨン→木材パルプを主原料にしてつくられた再生繊維。なめらかな肌触りで，吸

91

湿性や染色性，ドレープ性はあるが，水分を含むと強度が低下する。

キュプラ→コットンリンター（綿を収穫した際に採れる綿の種子の周りにあるうぶ毛）を原料とする再生繊維。レーヨンとよく似た特徴があるが，水分を含んでも極端に強度が落ちることはない。

ウ シャワーカーテンには，耐久性や耐摩擦性に優れた合成繊維のナイロン繊維が用いられる。

ガラス繊維→溶かしたガラスを引き伸ばして繊維状にした無機繊維。寸法安定性が良く，引張り強度と弾性率が高い。

炭素繊維→アクリル繊維やピッチ（石油蒸留後の残りかす）などを炭化，結晶化してつくる繊維。耐熱性や熱衝撃，耐薬品性などにも優れる。

エ 防炎カーテンには，アクリロニトリルの含有量が35%以上85%未満で難燃性の高い合成繊維のアクリル系繊維が多用される。

サイザル繊維→リュウゼツラン科の多年生植物から採れる植物繊維。強靭で光沢があり，柔軟性や弾力性に富む。ロープなどに使用される。

プロミックス繊維→絹に似た性質をもつ，牛乳のタンパク質を原料とした繊維。

［答］ア－3，イ－3，ウ－2，エ－2

第23問 カーペットに関する次の**ア～エ**の記述に対して，それぞれの下に記した語群の中から<u>最も適当なもの</u>を選んで，解答欄の番号にマークしなさい。

ア 一般のオフィスなどに多く使われる500 mm×500 mmのタイル状に加工されるカーペット

【語 群】 1．タフテッド 2．フックドラグ 3．シャギー

イ 天然素材のウールに似た風合いを持ち，鮮明に染色ができ，堅牢度にも優れている合成繊維

【語 群】 1．アクリル 2．ポリエステル 3．ポリプロピレン

ウ パイル長が15 mm前後で撚り糸に熱を加え，密に打ち込んで撚りが戻らないようにしたカットパイル

【語 群】 1．プラッシュ 2．サキソニー 3．レベルループ

エ 床面の必要なところに固定せずに敷いて，カーペットの切り口を処理する方法

【語 群】 1．グリッパー工法 2．オーバーロック工法 3．接着工法

解説 インテリアエレメント（カーペット）に関する設問

ア 大量生産が可能なタフテッドカーペットは，基布に刺したパイル糸に裏面処理をして固定する刺繍カーペット。タイル状に加工され，公共空間などに多く使われる。

　　フックドラグカーペット→手工芸的手法の刺繍カーペットで，事前に描いた柄に沿っ
　　て刺繍針でパイルを刺し込んでいく。

　　シャギー→カットパイルの一つ。パイル長が25mm以上で，装飾性の高い個性的で
　　豊かな風合いをもつ。

イ　風合いが天然のウールに最も近い合成繊維のアクリルは，保湿性や染色性の堅牢度が
　高く，多くのカラーバリエーションが可能である。

　　ポリエステル→ナイロンに次ぐ強度をもち，耐摩耗性に優れ耐久性もあるが，繊維が
　　長いため毛玉になりやすい。

　　ポリプロピレン→軽くて丈夫で耐摩擦性や耐薬品性にも優れているが，熱に弱い。

ウ　カーペット表面のパイルを切りそろえたカットパイルのうち，サキソニーはパイル長
　が15mm程度のタイプで，表面に熱処理を行い撚(よ)りが戻らないようにしたもの。

　　プラッシュ→パイル長が5～10mmの間で均一にカットされた，最も一般的なカット
　　パイル。

　　レベルループ→高さが均一なループ状のパイルを綿密に打ち込んだカーペット。

①サキソニー　　　②プラッシュ　　　③シャギー

④レベルループ　⑤マルチレベルループ　⑥カット＆ループ

パイルの形状（①～③：カットパイル　④⑤：ループパイル）

エ　カーペット端部のほつれ防止加工であるオーバーロック工法は，縁をロックミシンで
　二重縫いにして仕上げる施工方法である。

　　グリッパー工法→最も一般的なカーペットの施工方法。下敷き材のアンダーレイ（フ
　　ェルト）を敷き，部屋の四隅に打ち付けた金具で固定する。

　　接着工法→カーペットに直接接着剤を付けて床材に貼りこむ「直貼り工法」と「モノ
　　ボンド工法」がある。

　　　　　　　　　　　　　　　　　　　　［答］ア－1，イ－1，ウ－2，エ－2

第24問　　インテリアアートとして飾る版画に関する次のア～エの記述に対して，それ
　　　　ぞれの下に記した語群の中から最も適当なものを選んで，解答欄の番号にマー
　　　　クしなさい。

ア　平版の技法で，本来は石版石を使うが，今は金属板が一般に使用されている

　【語　群】　　1．セリグラフ　　　2．リトグラフ　　　3．メゾチント

イ　孔版の技法で，枠に張った細かい織り目の微細な穴を通して直接インクを刷る
　　　【語　群】　　1．アクアチント　　　2．シルクスクリーン　　　3．ドライポイント
ウ　凹版の技法で，銅板に直接，鋭い刃物で彫っていく
　　　【語　群】　　1．エッチング　　　2．ステンシル　　　3．エングレーヴィング
エ　凸版の技法で，最も古い歴史をもち，版下絵，彫り，刷りの分業を原則とする
　　　【語　群】　　1．木版　　　2．テンペラ　　　3．合羽刷り

解　説　インテリアエレメント（インテリアアート）に関する設問

ア　版画は凸版，凹版，平版，孔版に大別できる。平版の代表的なリトグラフは「石版画」とも呼ばれ，一般に石を版に使う技法である。
　　　セリグラフ→孔版の一つで，「シルクスクリーン」ともいわれる技法。
　　　メゾチント→凹版の一つで，銅版の全面に細かく交差する線を刻み込み，その線をつぶしたり削ったりして明暗を付ける技法。

イ　孔版の一つである**シルクスクリーン**は「セリグラフ」とも呼ばれ，絹の細かい布目を利用した穴からインクを素材に刷り取る技法で，反転はしない。
　　　アクアチント→凹版の一つで，金属版を腐食させて製版する腐蝕技法。
　　　ドライポイント→凹版の直刻法（直接法）の一つで，金属版を直に印刻して描画をする技法。

ウ　凹版の直刻法（直接法）の一つである**エングレーヴィング**は，鋭利な刃物で直接銅版を彫って版をつくる技法である。
　　　エッチング→凹版の腐食法（間接法）の一つ。銅が酸に溶ける性質を使ってくぼみをつくる技法。
　　　ステンシル→紙や金属板に切り抜いた図柄や文字を刷り出す技法で，版画や染織などに用いられる。

エ　歴史が古い凸版印刷の**木版**は，木材に文字，文様，絵画などを彫刻してつくった印刷用の版，またはそれを用いて印刷したものをいう。
　　　テンペラ→顔料を卵，膠（にかわ），樹脂などで練った不透明な絵具，およびそれで描いた絵画技法。
　　　合羽（かっぱ）刷り→孔版の一つで，丈夫な紙を切り抜いて版をつくる技法。

　　　　　　　　　　　　　　　　　　　　　　　　　［**答**］ア－2，イ－2，ウ－3，エ－1

第 25 問　寝装寝具に関する次の記述の　□　部分に，それぞれの語群の中から最も適当なものを選んで，解答欄の番号にマークしなさい。

1　マットレス用の敷き寝具とも言える　ア　の中綿には，吸湿と放湿性に優れた羊

毛などが使われている。

【語　群】　　1．デュベ　　　　　2．ベッドスプレッド　　　　3．ベッドパッド

2　中綿が木綿の敷き布団は　イ　が可能である。中綿をほぐして再生加工しクッション性を回復するものである。

【語　群】　　1．打ち直し　　　2．仕立て直し　　　3．ドライクリーニング

3　ホテルの客室で一般的に使用される　ウ　は丁寧なベッドメーキングが必要なシーツである。

【語　群】　　1．フィットシーツ　　2．フラットシーツ　　3．ボックスシーツ

4　通常，羽毛布団は中綿のダウン使用率が　エ　％以上と定義されている。この使用率に満たないものは羽根布団と呼ばれる。

【語　群】　　1．30　　　　　2．50　　　　　3．90

第39回

■ **解説** ■　インテリアエレメント（寝装寝具）に関する設問

ア　ベッドのマットレスとシーツの間に敷くベッドパッドは，マットレスの汚れや劣化，マットレスのへたり防止などのために使われる。

　　デュベ→フランス語で羽毛布団のこと。

　　ベッドスプレッド→掛け布団の上からベッド全体を覆いかぶせるように使うカバー。

イ　中綿が木綿の敷き布団は，長年使用して硬くなっても打ち直しによって弾力を回復させ，ふっくらとよみがえらせることができる。

ウ　ホテルの客室などで使われるフラットシーツは，1枚の布状のシーツのため，きめの細かいベッドメーキングが求められる。

　　フィットシーツ→底面にゴムが通っていて，敷き布団に被せて装着するシーツ。

　　ボックスシーツ→底面にゴムが通っていて，マットレスに被せて装着するシーツ。

エ　羽毛布団の中身はおもに羽毛（ダウン）と羽根（フェザー）が混合されており，一般にダウン使用率50％以上が羽毛布団，それ未満の布団は羽根布団とされている。

［答］ア－3，イ－1，ウ－2，エ－2

第26問　鉄筋コンクリート構造に関する次の記述の　　　部分に，それぞれの語群の中から最も適当なものを選んで，解答欄の番号にマークしなさい。

1　鉄筋は空気中では錆びやすいが，　ア　のコンクリートの中では防錆性が高くなる。

【語　群】　　1．酸性　　　　　2．中性　　　　　3．アルカリ性

2　鉄筋コンクリート造で外断熱とした場合，コンクリートの　イ　が大きいという性質によって，熱しにくく冷めにくい室内環境を保ちやすい。

【語　群】　　1．ヤング率　　　2．熱容量　　　3．座屈係数

3 鉄筋とコンクリートの ウ をよくするため，構造的に重要なところの鉄筋には異形鉄筋が使用されることが多い。

【語 群】　1．流動　　　　　2．剥離　　　　　3．付着

4 通常，コンクリートの打設には2枚のせき板の間隔を一定にするなどのために エ をセットする。

【語 群】　1．ドレーキップ　　2．ハニカム　　　3．セパレータ

解 説　建築の構造（鉄筋コンクリート構造）に関する設問

ア　鉄筋は空気中では錆びやすいが，アルカリ性のコンクリートにより鉄筋の表面に皮膜が形成され防錆状態となる。

イ　コンクリートは熱容量が大きく外気の影響を受けにくいため，鉄筋コンクリート造の断熱方法を，熱容量の大きな建物の外側を連続した厚い断熱層で覆う外断熱工法にすることで，蓄熱効果が高まる。

　ヤング率→固体をひとつの方向に張力を加えて引き伸ばしたときの弾性率。

　座屈係数→部材の座屈長さを求めるために必要な係数。

ウ　構造上重要な部分の鉄筋には，鉄筋とコンクリートの付着を良くするために，リブや節など突起の付いた異形鉄筋が用いられる。

エ　壁や柱，梁などの側面に使用するセパレータは，向かい合う型枠の間隔を一定に保つために使われる金物である。

　ドレーキップ→ひとつのハンドルレバーで内開きと内倒しといった2通りの開閉機能が可能なサッシをいう。

　ハニカム→蜂の巣。正六角形または正六角柱を隙間なく並べた構造をハニカム構造という。

［答］ア－3，イ－2，ウ－3，エ－3

第 27 問　機能材料と構法に関する次の記述の ▢ 部分に，それぞれの語群の中から最も適当なものを選んで，解答欄の番号にマークしなさい。

1 発泡性の ア を現場で下地合板などに吹き付けて断熱層を形成する構法は，隙間ができにくい利点があるが，火には弱い。

【語 群】　1．グラスウール　　2．ウレタン　　　3．ロックウール

2 コンクリートの熱伝導率は，水の約 イ 倍である。

【語 群】　1．0.5　　　　　2．2.5　　　　　3．10

3 火災のとき，鉄骨の構造体を熱から守る部材を ウ 材という。

【語 群】　1．耐火被覆　　　2．遮熱　　　　　3．真空断熱

4 　鉄骨造などで屋上床をALC板にする場合は，伸縮性のある エ 防水が使用されることが多い。

　　　【語　群】　　1．シート　　　　　2．シール　　　　3．マスキング

　解説　 インテリア構法（機能材料と構法）に関する設問

ア　発泡ウレタンは，ウレタン樹脂に発泡剤（フロンガス）を混ぜた断熱材で，火には弱いが高い断熱性能と耐水性がある。近年，住宅にも多用されている。
　　　グラスウール→ガラスを溶融した短繊維。断熱材，遮音材，吸音材などに使われる。
　　　ロックウール→岩綿。岩石を溶かして細かい繊維状にしたもので，断熱材，吸音材，耐火材などに加工される。

イ　熱伝導率は1つの物質の熱の伝わりやすさをいい，単位は ［W/m·K］。密度が大きいコンクリートの熱伝導率（1.6）は，密度が低い水（0.6）の約2.5倍である。

ウ　防火材料の一つである耐火被覆材は，火災時における人命の保護や建築物の安全確保を目的として，構造体である鉄骨を熱から守る重要な役割がある。
　　　遮熱材→熱（ふく射熱）を反射させて跳ね返す材料。
　　　真空断熱材→真空に近い状態まで気体を減圧させて熱を伝わりにくくした断熱材。

エ　薄いシートを接着張りして防水層を形成する工法であるシート防水は，ALC板（軽量の成形セメント板）などの屋根や床の防水に用いられる。
　　　シール→防水性や気密性を保持するために目地，サッシ取付け部，ジョイント部などの細いすき間を埋める材料。
　　　マスキング→ある素材に塗装などをするとき，素材のなかで塗装が不要な部分を粘着テープなどで覆い隠すこと。

［答］ア－2，イ－2，ウ－1，エ－1

第28問 　天井の構法に関する次の1〜5の記述のうち，最も不適当なものを2つ選んで解答欄の番号にマークしなさい。（1行に2つの番号をマークしないこと）

1　竿縁天井の場合，天井板は野縁と吊り木の間に張られる。

2　木構造の天井において，上階の振動や固体伝播音が天井を介して下階に伝わるのを軽減するため，天井下地は吊り木受けを用いて構成する。

3　木構造では，野地板をそのまま天井面とすることがあり，化粧屋根裏と呼ばれる。

4　鉄筋コンクリート造では，格子状にリブの付いたボイドスラブを用いて，その下面をそのまま天井面とするものがある。

5　天井にボード状の部材を張るときに，部材同士を突きつけてぴったりと隙間なく張る方法を突き付け張りという。

1 竿縁(さおぶち)天井では，天井板は野縁(のぶち)と吊り木の<u>下に</u>張られる。

4 鉄筋コンクリート造（RC造）では，上階の床スラブが直接天井下地となる直天井に，特徴的な下端形状をもつ<u>リブ付きのジョイントスラブ</u>や<u>ワッフルスラブ</u>など特殊な床スラブを用いる場合がある。ボイドスラブは，中央部に何本もの空胴をもつ鉄筋コンクリート床スラブをいう。

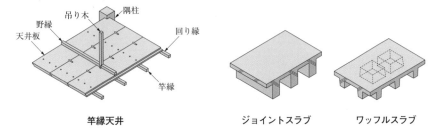

竿縁天井　　　　　　　　ジョイントスラブ　　ワッフルスラブ

[答] 1，4

第29問 階段の構造に関する次の記述の □ 部分に，下に記した語群の中から<u>最も適当なもの</u>を選んで，解答欄の番号にマークしなさい。

　階段の構造は材料別で異なった方式を取る。RC造では，壁や柱や ア と一体となるが，木造や鉄骨造では，イ や段板などの部材の組み合わせで構成する。

　RC造の階段は，集合住宅などで同じ形状を多数造る場合には，ウ として，工場で生産したものを現場で取り付ける場合もある。鉄骨階段で多くみられる エ 階段は，中央の鋼管に段板を溶接する構造が一般的である。

　【アの語群】　1．母屋　　　　　2．土台　　　　3．梁
　【イの語群】　1．桁　　　　　　2．軒　　　　　3．束
　【ウの語群】　1．コールドジョイント
　　　　　　　　　　2．プレキャスト
　　　　　　　　　　3．キャンチレバー
　【エの語群】　1．折り返し　　2．直　　　　　3．螺旋

解 説 インテリア構法（階段の構造）に関する設問

ア　鉄筋コンクリート造（RC造）の階段は，壁，柱，梁と一体となる構造である。梁とは，建物の柱や壁と直角に交わる水平構造部材である。

　　母屋(もや)→垂木(たるき)を支える桁(けた)。棟や軒桁(のきげた)に平行にかけられる。

　　土台→木造建築において，柱の下部を連結する水平材。

イ 木造や鉄骨造の階段は，一般に桁や段板などの部材を組み合わせる構造である。階段の桁には，段板や蹴込み板の支持方法によって側桁（がわげた），ささら桁，中桁（力桁）がある。

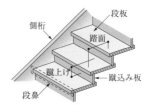

階段の各部名称

軒→建物の屋根で外壁の線から外に突き出した部分。

束（つか）→1階の床下や2階の梁の上などに立てる短い柱。

ウ 集合住宅などのRC造の階段は，あらかじめ工場で製造したプレキャストコンクリートとして階段をつくり，現場で躯体に取り付けることもある。

コールドジョイント→先に打ち込んだコンクリート面が固まって，後打ちするコンクリートと密着しない接合面をいう。

キャンチレバー→「カンチレバー」または「片持ち梁」とも呼ばれる，一端が固定支持されて他端が自由な梁。

エ 鉄骨階段で多用されている螺旋（らせん）階段は「回り階段」とも呼ばれ，せまい空間を利用して中心軸の周囲を回りながら上昇する階段である。

折り返し階段→コの字型に方向を変えて上がり，途中に踊り場を設けた階段。

直階段→下階から上階まで一直線に結ばれた，スペースを必要としない階段。

［答］ア－3，イ－1，ウ－2，エ－3

第30問 インテリアの木部の納まりに関する次の**ア～エ**の記述に対して，それぞれの下に記した語群の中から**最も適当なもの**を選んで，解答欄の番号にマークしなさい。

ア 洋風の開き戸がつく木製建具枠の仕口（図1参照）

【語　群】　1．蟻掛け

2．突き付け

3．留め

図1

イ 竿縁天井の竿の面取り（図2参照）

【語　群】　1．几帳面

2．さるぼう面

3．銀杏面

図2

99

99

99

99

99

99

99

ウ　和風建築における開口部枠の納まり（図3参照）

　　【語　群】　１．頭つなぎ

　　　　　　　　２．角柄（つのがら）

　　　　　　　　３．渡りあご

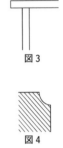

図3

エ　角部の面取（図4参照）

　　【語　群】　１．切り面

　　　　　　　　２．さじ面

　　　　　　　　３．丸面

図4

解　説　インテリア構法（インテリアの木部の納まり）に関する設問

ア　図1の木製建具枠の仕口を留めといい，両部材の端部を45°に切断して小口を見せない加工のこと。仕口(しぐち)とは，部材が取り合う部分の加工をいう。

　蟻(あり)掛け→片方の木材の先に蟻ほぞ（鳩尾状）をつくり，他方の木材につくった蟻穴に接ぐ。

　突き付け→仕口の一つで，一般的に小口を見せる加工。

小口を見せる　釘打ち　　　小口を見せない　　　　　蟻ほぞ　蟻穴

突き付け　　　　　　**留め**　　　　　　　　**蟻掛け**

イ　図2の竿縁天井の竿の面取りは猿頬(さるぼほ)面という。面取りとは，柱の角の破損やけがの防止のために角形断面を削って意匠的な形状面をつくること。造作材の面取り加工には，そのほかに几帳(きちょう)面，銀杏(ぎんなん)面，さじ面などがある。

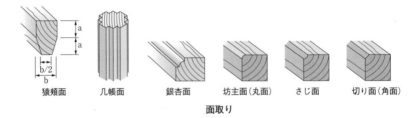

　　a　a　b/2　b

猿頬面　　　几帳面　　　銀杏面　　坊主面（丸面）　　さじ面　　切り面（角面）

面取り

ウ　図3の和風建築の開口部枠の納まりを角柄(つのがら)といい，上下枠が縦枠より，縦枠が上下枠より突き出ている部分をいう。

　頭つなぎ→荷重がかからない柱の上部を固定する目的で柱の上に水平に渡した部材。

渡りあご→それぞれの木材に溝をつくり，そこを互いにはめ組んでいく日本古来の仕口方法。

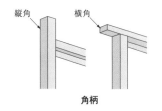

縦角　横角

角柄

渡りあご

エ　図4の角部の面取りを**さじ面**といい，造作材の面取り加工の一つである。

切り面→面取りの一つで，木材の直角の角を45°に切り落としたもの。

丸面→面取りの一つで，丸に削り取った部材の出角部。

［答］ア－3，イ－2，ウ－2，エ－2

第31問　日本の建築構造の発達に関する次の記述の　□□　部分に，下に記した語群の中から最も適当なものを選んで，解答欄の番号にマークしなさい。

　日本は豊富な森林資源を背景に木材が建築の主要構造に用いられてきた。縄文時代の竪穴住居は，柱を地中に埋めて固定して立てる構造形式であったため，　ア　。

　飛鳥時代になって大陸から　イ　が伝えられたことにともない構造技術が飛躍的に発達した。

　明治時代になると，西洋の建築技術が導入され，特に関東大震災以降は　ウ　が普及していった。

　また，近年では，　エ　のような面材として高い強度を有する木質材料が開発されたことにより，大規模で多層の建築にも木造が用いられるようになってきている。

【アの語群】　1．水平力にも弱く，耐久性にも優れていなかった

　　　　　　　　2．水平力には弱かったが，耐久性には優れていた

　　　　　　　　3．水平力には強かったが，耐久性には優れていなかった

【イの語群】　1．仏教建築　　　2．神社建築　　　3．城郭建築

【ウの語群】　1．補強コンクリートブロック造

　　　　　　　　2．軽量鉄骨造

　　　　　　　　3．鉄筋コンクリート造

【エの語群】　1．木毛セメント板

　　　　　　　　2．クロス・ラミネーテッド・ティンバー

　　　　　　　　3．ラスボード

■ 解 説 ■ 建築の構造（日本の建築構造の発展）に関する設問

ア　縄文時代の竪穴住居は，地面に穴を掘って柱を立てる掘立て柱（ばしら）による構法だったため，水平力には強かったが，耐久性には優れていなかった。

イ　飛鳥時代には大陸からの仏教伝来に伴って仏教建築の技術が伝えられ，急速に構造技術が発展した。

　　神社建築→飛鳥・奈良時代に高床式住居と結びついた神社の形式。出雲大社の大社造りや伊勢神宮の神明（しんめい）造りなどが代表的。

　　城郭建築→敵の侵攻を阻むための天守，櫓（やぐら），土蔵，塀などからなる建造物の総称。安土桃山時代には多くの巨大な城郭が構築された。

ウ　明治時代に建てられたレンガ造りの西洋建築物は関東大震災で大きな被害を受け，新しい技術として鉄筋コンクリート造（RC造）が普及した。

　　補強コンクリートブロック造→コンクリートブロック積みに鉄筋を挿入して補強した形式の構造。

　　軽量鉄骨造→うすい鋼材を使った鉄骨造。一般にプレハブ工法に用いられる。

エ　近年，大規模で多層の建築にも用いられているクロス・ラミネーテッド・ティンバーは，略して「CLT（cross laminated timber）」，日本語で「直交集成板」とも呼ばれる，ひき板を繊維方向が直交するように積層接着したパネルである。

　　木毛セメント板→ひも状に削った木片とセメントを混ぜて加圧，成形させたボード。

　　ラスボード→塗り壁の下地材に使う孔のあいた石こうボード。

[答]　ア－3，イ－1，ウ－3，エ－2

第 32 問　木造の壁に関する次の記述の ▢ 部分に，下に記した語群の中から最も適当なものを選んで，解答欄の番号にマークしなさい。

　木造の壁のつくり方には，真壁と大壁がある。真壁は，構造体である柱などを現したものであり，柱の表面と壁面との間に若干の段差である ア を取って，壁を仕上げる。伝統的な日本の家屋の壁は貫を設けた真壁で納めていたが，現代の住宅では，壁内部に構造材として イ を取り付け，また断熱材を入れるために ウ を確保しようとすると，内外とも真壁とすることが難しくなってきた。一方，大壁は構造体の上にボードを張るなど仕上げ材をかぶせるため，構造体は見えなくなる。大壁を見かけ上，真壁の納まりにしたい場合は， エ にすればよい。

　　【アの語群】　1．目地　　　　2．テーパー　　　3．ちり
　　【イの語群】　1．筋かい　　　2．継手　　　　　3．胴縁
　　【ウの語群】　1．壁厚　　　　2．柱間　　　　　3．梁行
　　【エの語群】　1．通し柱　　　2．控え柱　　　　3．付け柱

解説 インテリア構法（木造の壁）に関する設問

ア 真壁（<ruby>真壁<rt>しんかべ</rt></ruby>）の柱面と壁面，枠見付け面と壁面のように，2つの面の段差を**ちり**と呼ぶ。

目地→石やレンガなどを積むときやタイルを貼り付けるときの継目。

テーパー→傾き，勾配。あるいは厚さや幅などが先細りの形になっていること。

イ・ウ 現代の住宅を内外ともに真壁にすることが難しいのは，耐震性を高めるために補強材の**筋**かいを壁内部に取り付けたり，熱の伝わりを防ぐ断熱材を納めるのに**壁厚**を確保しなければならないためである。

継手→建築物などにおける2つの部分を結合する方法やその接合部。

胴縁（<ruby>胴縁<rt>どうぶち</rt></ruby>）→壁に羽目（<ruby>羽目<rt>はめ</rt></ruby>）板やボードなどを取り付けるための水平材。

柱間→柱の中心と次の柱の中心との距離。柱と柱の間の空間。

梁行（<ruby>梁行<rt>はりゆき</rt></ruby>）→建物の棟と直角の方向。「梁間（<ruby>梁間<rt>はりま</rt></ruby>）」ともいう。

エ 大壁（<ruby>大壁<rt>おおかべ</rt></ruby>）の和室などを真壁の納まりに見せたい場合は，構造を支える柱ではなく意匠的に付けられた**付け柱**を設けるとよい。

通し柱→軸組を構成する柱のうち，土台から軒桁（<ruby>軒桁<rt>のきげた</rt></ruby>）までを一本で通した柱。

控え柱→壁や塀，柱などが傾いたり倒れたりするのを防ぐために添えて立てる支柱。

［答］ア－3，イ－1，ウ－1，エ－3

第33問 内部建具に関する次の記述の ▢ 部分に，下に記した語群の中から**最も適当なもの**を選んで，解答欄の番号にマークしなさい。

框戸は，基本的には幅広の ▢ア を枠組みして，鏡板やガラスをはめる。デザインが多様で重厚感もあることから，住宅では広く使われている。框組みにガラリをはめ込むものはガラリ戸，格子をはめ込むものは格子戸と呼ぶ。木枠組などの芯材の両面に化粧合板や ▢イ を張る構成になっている ▢ウ は，製作が容易で，▢エ かつ框戸に比較すると安価なので広く使われている。

【アの語群】 　1．構造用合板 　　2．縁甲板 　　　3．無垢材

【イの語群】 　1．蹴込板 　　　2．羽目板 　　　3．幕板

【ウの語群】 　1．防火戸 　　　2．戸襖 　　　　3．フラッシュ戸

【エの語群】 　1．重量があり 　2．遮音性が高く 　3．変形が少なく

解説 インテリア構法（内部建具）に関する設問

ア 框戸（<ruby>框戸<rt>かまちど</rt></ruby>）は，一般的に丸太から切り出した**無垢材**で枠をつくり，その枠を仕口（<ruby>仕口<rt>しぐち</rt></ruby>）によって組み立てた建具である。

構造用合板→おもに木造建築物の床，壁，屋根の下地材に用いられる合板。

縁甲（<ruby>縁甲<rt>えんこう</rt></ruby>）板→単層フローリングのうち幅広の長尺タイプをいう。縁側などのほか，壁

や天井などにも使われる。

イ・ウ・エ　たて張りの板材を羽重ねに張った羽目（はめ）板や化粧合板などを接着させて表面を平らに仕上げたフラッシュ戸は，変形が少なく，比較的安価な建具である。

　　蹴込（けこ）板→階段の段板と段板との間の垂直部分をふさぐ板。

　　幕板（まく）→一般に，前後を仕切る境界的な役割をもつ横長の板の総称。

　　防火戸→延焼防止のために，建物の外壁や内部の開口部に設ける耐火性のある戸。

　　戸襖（とぶすま）→一般に和室と洋室の境を区切る引き戸。和室側は襖紙を張って襖仕上げに，洋室側は合板やクロス張りなどで仕上げる。

［**答**］ア－3，イ－2，ウ－3，エ－3

第34問　複合フローリングに関する次の記述の □ 部分に，下に記した語群の中から最も適当なものを選んで，解答欄の番号にマークしなさい。

　複合フローリングは，**ア** などを基材として，その上に薄い単板やシートを貼ったものであり，一般的な厚さは **イ** mmである。長所としては，伸縮や反りなどの変形が生じにくいこと，**ウ** が比較的高いこと，施工が容易であること，単層フローリングに比べると安価なものが多いことが挙げられる。また，特殊なものとして，複合フローリングの表面材の単板に **エ** 処理をして表面硬度を高めたWPC複合フローリングがある。

　　【アの語群】　1．リノリウム　　　　2．ポリカーボネート樹脂　　　　3．合板
　　【イの語群】　1．5〜10　　　　2．12〜18　　　　3．24〜30
　　【ウの語群】　1．寸法安定性　　2．吸水性　　　　3．断熱性
　　【エの語群】　1．プラスチック注入
　　　　　　　　　　2．防腐剤注入
　　　　　　　　　　3．オイルステイン塗装

解説　インテリア構法（複合フローリング）に関する設問

ア・イ　複合フローリングは，単板（ベニヤ）を繊維方向に奇数枚直交させて重ね接着した合板などの基材の上に，薄い天然木や化粧シートなどを張り合わせた床材で，一般的な厚さは12〜18 mmである。

　　リノリウム→亜麻仁油などを主原料とした建材。抗菌効果があり有害物質も排出されない天然素材として注目される。住宅ではトイレや洗面所の床材に使われる。

　　ポリカーボネート樹脂→熱可塑性樹脂の一つ。透明で耐熱性，耐衝撃に優れ，照明器具のカバー材や家具扉の面材などに用いられる。

ウ　複合フローリングの長所は，膨張や収縮，ねじれや反りなどが生じにくく寸法安定性

が比較的高いこと，温度や湿度の変化に強く耐水性，耐候性があることなどである。

エ　WPC複合フローリングは，木材とプラスチックの複合体（wood plastic combination）を用いた複合フローリングで，表面材の組織に**プラスチック注入処理**をして硬化させたもの。優れた耐摩耗性や耐久性をもちながら，木材の風合いを生かすことができる。

　　オイルステイン塗装→油性の塗料。木部の着色や木目を生かした仕上げに使われる。

[答] ア-3，イ-2，ウ-1，エ-1

第35問　階段まわりの寸法に関する次の**ア～エ**の記述に対して，それぞれの下に記した語群の中から**最も適当なもの**を選んで，解答欄の番号にマークしなさい。

ア　住宅の階段において，一般的に昇降しやすいとされる，踏面寸法T（cm）と蹴上寸法R（cm）の関係式2R＋Tで求められる値

　　【語　群】　　1．36　　　　　2．45　　　　　3．63

イ　戸建て住宅の階段で，法規上認められている最小幅

　　【語　群】　　1．55 cm　　　2．65 cm　　　3．75 cm

ウ　階段の手すりを壁に取り付ける場合の，一般的につかまりやすいとされる壁と手すりの間の空き寸法

　　【語　群】　　1．10～20 mm　　2．25～35 mm　　3．40～50 mm

エ　階段の手すりを円形断面とする場合の，成人にとって握りやすいとされる断面の直径

　　【語　群】　　1．15 mm　　　2．35 mm　　　3．55 mm

解説　インテリア計画（階段まわりの寸法）に関する設問

ア　住宅の階段で，一般に昇降しやすい勾配の目安とされる関係式は，2R＋T＝63 cm（R：蹴上げ寸法，T：踏面（ふみづら）寸法）である。

イ　建築基準法では，住宅（共同住宅の共用階段を除く）の階段の最小幅は75 cmと規定されている（令第23条）。

ウ　階段や廊下などに設置する手すりと壁との間は，手すりを握りやすいよう，空き寸法を40～50 mm程度とるとよい。

エ　階段の手すりが断面形状が円形の場合，大人が握りやすい太さは直径35 mm程度が標準である。

[答] ア-3，イ-3，ウ-3，エ-2

第 36 問 住宅内での安全性に関する次の記述の ☐ 部分に，それぞれの語群の中から最も適当なものを選んで，解答欄の番号にマークしなさい。

1 浴室の床を，すべりを考慮して ア とした。

【語 群】 1．大理石本磨き 2．砂岩粗磨き 3．御影石水磨き

2 高齢者施設の居室の床を，転倒時の衝撃を考慮して イ 仕上げとした。

【語 群】 1．エポキシ系塗り床
2．現場研ぎテラゾー
3．木質下地コルク

3 階段の段鼻に，踏み外し防止を考慮して ウ を取り付けた。

【語 群】 1．モールディング 2．ノンスリップ 3．ジョイナー

4 台所の天井を，防火性を考慮して厚さ9.5 mmの エ とした。

【語 群】 1．石こうボード下地 2．構造用合板張り 3．杉板張り

解説 インテリア計画（住宅内での安全性）に関する設問

ア すべりにくい浴室の床材に適した砂岩粗磨きは，砂が固まってできた堆積岩の一種をのこ目（のこぎりの歯）を消す程度に粗く研磨した表面仕上げである。

大理石本磨き→石材表面をつやが出るまで研磨した，大理石の表面仕上げの一つ。

御影（みかげ）石水磨き→最も平滑になる本磨きよりいくぶん光沢が少ない，石材の表面の仕上げの一つ。

イ 高齢者施設などの居室の床には，木質下地コルク仕上げが適している。コルクタイルなどの床材は，天然素材のコルク樫（がし）を原料に圧縮成形したもので，弾力性に加えて断熱性，遮音性，吸音性にも優れている。

エポキシ系塗り床→プラスチック系床材の一つ。弾性ウレタン樹脂系塗り床とともに多用されている。

現場研ぎテラゾー→現場で大理石などの砕石とセメントを混練りしたものを塗り付け，硬化後に表面を研磨，つや出しして仕上げる左官技術。

ウ 階段の踏面先端部分の段鼻（だんばな）には，すべり止めのノンスリップを設けるとよい。

モールディング→室内の壁や家具などに付ける帯状の装飾材。

ジョイナー→ボード仕上げなどの際，目地部分に用いる細い棒状の化粧部材。

エ 防火性を考慮した場合，台所の天井は，準不燃材である厚さ9.5 mmの石こうボード下地にするとよい。なお，厚さ12 mm以上の石こうボードは不燃材である。

構造用合板張り→おもに木造建築物の構造耐力上主要な部分である床，壁，屋根の下地材に合板を張ること。

杉板張り→針葉樹の杉板は，構造材，造作材など建築用材として多用されている。

［答］ア−2，イ−3，ウ−2，エ−1

第37問 環境工学に関する次の1～5の記述のうち，最も不適当なものを2つ選んで解答欄の番号にマークしなさい。（1行に2つの番号をマークしないこと）

1 環境工学は，機械・電気力を用いて積極的に室内環境を調整する建築設備の基礎をなすものとなっている。

2 日照時間を可照時間で割った値を日照率という。

3 通風性能を検討するため，外部風向の発生頻度を表した図を風向図という。

4 住宅の省エネ基準は，建物の断熱性に加えて建物の気密性能の評価基準を定めている。

5 温度差による自然換気量は，内外の温度差Δθの平方根に比例する。

解説 環境工学（総合）に関する設問

3 外部風向の発生頻度を表わした図は風配図といい，ある地点の風向の統計的性質を示すために用いられる。

4 住宅の省エネ基準は，窓や外壁などの外皮の断熱性能を評価する「外皮の熱性能基準」と，冷暖房や照明等設備機器等の消費エネルギーで評価する「一次エネルギー消費量基準」を定めている。

[答] 3，4

第38問 音環境に関する次の記述の □ 部分に，それぞれの語群の中から最も適当なものを選んで，解答欄の番号にマークしなさい。

1 音を聞いたときの感覚的な大きさは，音の三つの物理属性のうち ア が関係する。

【語群】 1．音の強さと音色
2．音の強さと音の高さ
3．音の高さと音色

2 空気中を伝わる音は，空気密度の高い部分と低い部分が交互に伝わっていく波動現象である。このように伝播する波を イ という。

【語群】 1．縦波 2．電磁波 3．横波

3 共同住宅などでは，コンクリート躯体や配管などを伝わってくる音があり，これを ウ 伝搬音と呼ぶ。

【語群】 1．空気 2．固体 3．放射

4 複層ガラスのように2枚の板が中空層を介して二重構造となる場合，中空層の空気が2枚の板をつなぐバネとなって振動する共振現象が起こる。これを エ 共鳴透過現象と呼ぶ。

【語群】 1．低音域 2．中音域 3．高音域

ア 音の三つの属性（音の強さ，音の高さ，音色）のうち，音を聞いたときの感覚的な大きさは，音波のエネルギーで測られる音の強さと，音波の周波数の大小に関係する音の高さに依存する。

イ 音は空気の振動が伝播した波動で，空気の圧縮と膨張によって進行方向と波の振動が平行な縦波である。進行方向と振動の方向が垂直な**横波**には水面の波などがある。

　電磁波→電気と磁気の両方の特徴をもった，空間を伝わる波のエネルギー。

ウ 音の伝搬には，固体や液体中を伝搬する固体伝搬音と，空気中を伝搬する**空気伝搬音**がある。

　放射→物体から放出される電磁波や粒子の総称。電磁波の場合は，波長によって可視光線，赤外線，紫外線などに分けられる。

エ 複層ガラスで起こる低音域共鳴透過現象は，2枚のガラスが中空層を介して共鳴する太鼓張り現象によって，一定の周波数で遮音性能が低下する現象。$250 \sim 400$ Hz の低音域で発生するが，中空層を厚くすると共鳴透過を起こす周波数が低くなる。

[答] ア－2，イ－1，ウ－2，エ－1

第 39 問 換気と通風に関する次の**ア**〜**エ**の記述に対して，それぞれの下に記した語群の中から最も適当なものを選んで，解答欄の番号にマークしなさい。

ア 在室者による室内空気の汚染状態を示す指標として用いられる濃度

　【語　群】　1．二酸化炭素濃度　　　2．一酸化炭素濃度　　　3．粉じん濃度

イ 建築基準法により，発熱量 1 kWh あたり 40 m³ 程度以上の換気が要求される燃焼器具

　【語　群】　1．半密閉型燃焼器具

　　　　　　　2．密閉型燃焼器具

　　　　　　　3．開放型燃焼器具

ウ 建築基準法により，シックハウス対策のための規制対象物質ではない物質

　【語　群】　1．ホルムアルデヒド　　2．トルエン　　　3．クロルピリホス

エ 時間当たりの最も大きな換気風量の局所換気設備を必要とする部屋

　【語　群】　1．浴室　　　2．トイレ　　　3．キッチン

解 説 環境工学（換気と通風）に関する設問

ア 在室者による室内空気の汚染状況を示す目安は，二酸化炭素濃度が広く使われる。この最大許容濃度は一般に0.1%（1,000 ppm）とされ，最も不良と認められる濃度は0.5%以上（5,000 ppm 以上）である。

一酸化炭素→無色，無臭で空気よりやや軽い有害な気体。健康への影響としては一酸化炭素中毒があり，許容濃度は0.001％（10 ppm）。

粉じん→大気中に浮遊する固体粒子の総称。石綿は，人の健康に被害が生じるおそれのある物質として特定粉じんに指定され，規制されている。

イ　建築基準法では，屋内の空気を使って燃焼し屋内に燃焼排ガスを出す<u>開放型燃焼器具</u>に対する換気量を，理論燃焼ガス量の40倍と定めている。石油ファンヒーターやガスストーブ，コンロなどが該当する。

半密閉型燃焼器具→屋内の空気を使って燃焼し，煙突などの排気筒を使って燃焼排ガスを屋外に出す燃焼器具。

密閉型燃焼器具→給気筒や排気筒を使って，屋外の空気を直接吸収して排出する燃焼器具。

ウ　建築基準法によるシックハウス対策の規制対象は，ホルムアルデヒドおよびクロルピリホスの2物質である。<u>トルエン</u>は建材の接着剤や塗料に含まれるVOC（揮発性有機化合物）の一つで，揮発することにより空気を汚染し住人に健康被害を与える。

ホルムアルデヒド→人体に悪影響を及ぼすシックハウス症候群の原因物質。建築基準法では使用にあたって規制が設けられている。

クロルピリホス→VOC（揮発性有機化合物）の一つ。防蟻剤として使用されていたが，建築基準法により使用が禁止されている。

エ　臭いや水蒸気が大量に発生する<u>キッチン</u>は，時間当たりの最も大きな換気風量の局所換気設備を必要とする部屋である。局所換気設備は，水蒸気を発生する<u>浴室</u>や臭気を発生する<u>トイレ</u>などにも設けられる。

［答］アー1，イー3，ウー2，エー3

第40問　日照と採光に関する次の**ア〜エ**の記述に対して，それぞれの下に記した語群の中から<u>最も適当なもの</u>を選んで，解答欄の番号にマークしなさい。

ア　可視光線より波長が短く，目に見えない電磁波
　【語　群】　1．ブルーライト　　2．紫外線　　3．赤外線

イ　室内への日照の入り方に関する検討に用いられる曲線
　【語　群】　1．配光曲線　　2．日影曲線　　3．比視感度曲線

ウ　全天空照度の大小に影響を及ぼさない光
　【語　群】　1．直射日光　　2．青空光　　3．曇天光

エ　全天空照度に対する室内の受照点における水平面照度の割合
　【語　群】　1．有効採光率　　2．照明率　　3．昼光率

解説 環境工学（日照と採光）に関する設問

ア 可視光線とは人の目で感知できる電磁波で，波長は380～780 nm。紫外線は波長が可視光線より短い1～380 nm程度の電磁波で，目に見えない光線である。

　　ブルーライト→紫外線に近い可視光線。波長が380～500 nm程度の青い光で，パソコンやスマートフォンなどのLEDディスプレイやLED照明に用いられる。

　　赤外線→可視光線より波長が長い，780 nm～100 μm程度の電磁波。

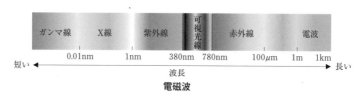

電磁波

イ 太陽の高度，方位角，日影の長さなどをまとめて表した**日影曲線**は，建物の日影や室内への日照の検討などに用いられる。

　　配光曲線→光源や照明器具から出る光が空間に広がるときの光の形や強さをデータ化した曲線。ダウンライト器具などで使われる。

　　比視感度曲線→光のエネルギーに対して人間の目が感じる明るさの程度を示す曲線。

ウ 全天空照度において，**直射日光は天候により期待できないことがあるので影響を及ぼさない**。全天空照度とは，障害物のない屋外で計測される**青空光**と**曇天光**を合わせた天空光だけの水平面照度をいう。

エ 採光計画の目安となる**昼光率**は，採光による部屋の明るさを示す度合いで，全天空照度と室内の受照点照度の割合をいう。

　　有効採光率→採光に必要な部屋の床面積に対する開口部の広さの割合。建築基準法では，住宅の居室の有効採光率は1/7以上と定めている（建築基準法第28条）。

　　照明率→光源から出た光束に対する，作業面上の光束の割合。

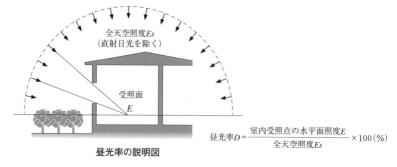

$$昼光率D = \frac{室内受照点の水平面照度E}{全天空照度Es} \times 100 (\%)$$

昼光率の説明図

〔答〕ア－2，イ－2，ウ－1，エ－3

第 41 問　寝室の照明設備に関する次の記述の □ 部分に，それぞれの語群の中から最も適当なものを選んで，解答欄の番号にマークしなさい。

1　全般照明の器具として，グレアの少ない上方光束80％，下方光束20％の ア 照明形を選んだ。

　　【語　群】　1．全般拡散　　　2．半間接　　　3．間接

2　ダウンライトは補助的に使用し，足元側の壁面に寄せて取り付け，天井が断熱材マット工法のため イ を使用した。

　　【語　群】　　1．M型ダウンライト
　　　　　　　　2．S型ダウンライト
　　　　　　　　3．浅型ダウンライト

3　LED電球は調光によって ウ ことから，枕元には調光可能なLED電球のスタンド照明を選択した。

　　【語　群】　　1．消費電力が減少し，色温度は変化しない
　　　　　　　　2．消費電力は減少し，色温度が低くなる
　　　　　　　　3．消費電力，色温度ともに変化しない

4　全般照明のスイッチは，入口と枕元の壁にそれぞれ エ を取り付けて，どちらからでも点滅出来るようにした。

　　【語　群】　　1．三路スイッチ
　　　　　　　　2．自動点滅スイッチ
　　　　　　　　3．マイクロスイッチ

解　説　住宅設備（寝室の照明設備）に関する設問

ア　全般照明器具のうち，寝室の照明に適する半間接照明形の配光は，上方60～90％，下方40～10％で，光源からの光の多くは天井などからの間接光による。

　　全般拡散照明形→配光は上方40～60％，下方60～40％で，光源からの光を全方向に

配光による照明器具の分類

配光	直接型	半直接型	全般拡散型	直接／間接型	半間接型	間接型
配光曲線						
器具						

拡散させる。

　　間接照明形→配光は上方90〜100％，下方10〜0％で，光源からの光の大部分を間接的に天井や壁に反射させる。

イ　断熱施工用の**S型ダウンライト**は，天井への熱の拡散を抑えるダウンライトなので，断熱施工した天井でも過熱を心配せずに使用できる。

　　M型ダインライト→一般的に使用されるダウンライト。1999年の省エネ法の改正により，断熱施工される住宅での使用は不可能。

　　浅型ダウンライト→通常の埋込み高さがとれない天井にも取付けが可能。

ウ　**LED電球**は調光によって消費電力が減少し，色温度は変化しないが，調光ができるタイプとできないタイプがあるので，調光する際は調光対応タイプを選ぶとよい。

エ　1つの照明器具の点滅を離れた2箇所から操作できる**三路スイッチ**は，寝室の全般照明のほかに階段の照明器具などにも多用される。

　　自動点滅スイッチ→周囲の明るさによって照明器具の点灯・消灯を自動的に行う。

　　マイクロスイッチ→物体の有無や位置を検出する自動制御のスイッチで，接点のわずかな動きによってオン・オフする。

　　　　　　　　　　　　　　　　[**答**]　ア−2，イ−2，ウ−1，エ−1

第42問　自然エネルギーの利用に関する次の記述の ☐ 部分に，それぞれの語群の中から最も適当なものを選んで，解答欄の番号にマークしなさい。

1　再生可能エネルギーの中で ア は，分散型の発電システムのため，震災や停電の際に既存の電力系統に依存することなく自身で電源を得られるのが特徴である。
　　【語　群】　1．地熱発電　　2．バイオマス発電　　3．太陽光発電

2　アクティブソーラーシステムの1つに，戸建住宅の屋根に設置した イ で温った水や空気をつくり，給湯や暖房に使う太陽熱利用方式がある。
　　【語　群】　1．集熱器　　2．放熱器　　　　3．蓄熱器

3　再生可能なエネルギーの積極的利用は， ウ の目標の1つである「エネルギーをみんなに　そしてクリーンに」に含まれている。
　　【語　群】　1．ISO　　2．SDGs　　　　3．JAS

4　日本の古代の竪穴式住居や世界各地の地中住居は，安定した自然エネルギーである エ をパッシブに利用したものである。
　　【語　群】　1．風力　　2．太陽熱　　　　3．地中熱

解説　住宅設備（自然エネルギーの利用）に関する設問

ア　光エネルギーを半導体の作用で電力エネルギーに変換する方式の太陽光発電は，供給

形態を大規模集中型から小規模分散型へ移行するための設備や条件が整いつつある。

地熱発電→地中深くから取り出した蒸気で直接タービンを回す方式。

バイオマス発電→木くずや燃えるごみなどの燃焼熱を利用する方式。

イ 機械装置を使って太陽熱を活用するアクティブソーラーシステムには，太陽熱を集熱器で集めて給湯や暖冷房に利用する「太陽熱利用方式」，太陽電池で発電を行い動力や照明に利用する「太陽光発電方式」などがある。

放熱器→熱を放散させるための装置で，空冷式，水冷式などがある。

蓄熱器→エネルギーを熱エネルギーの形で一時貯蔵する機器の総称。

ウ 日本で「持続可能な開発目標」と訳されるSDGs（Sustainable Development Goals）は，世界が2016年から2030年までに達成すべき17の環境や開発に関する国際目標。再生可能エネルギーの積極的利用も目標の一つである。

ISO→国際標準化機構（International Organization for Standardization）の略称。国際的にさまざまな分野の国際規格の作成を行っている。

JAS→日本農林規格。農・林・水・畜産物およびその加工品の品質保証の規格。

エ 地表から地下200 m程度までの比較的低温な地中熱の温度は年間を通してほぼ一定で，地域の年間平均気温とほぼ同じ。この地中熱を利用して，夏は放熱，冬は採熱をして効率的な冷暖房を行うことができる。

［答］ア－3，イ－1，ウ－2，エ－3

第43問 給水設備に関する次の**ア～エ**の記述に対して，それぞれの下に記した語群の中から最も適当なものを選んで，解答欄の番号にマークしなさい。

ア 水道本管の水圧を利用して給水する方式で，低層の建物に使われる安価な給水方式
【語　群】　1．水道直結直圧方式
　　　　　　2．高置水槽方式
　　　　　　3．水道直結増圧方式

イ 一般的な戸建て住宅の給水管の引き込み管径
【語　群】　1．13 mm　　2．20 mm　　3．30 mm

ウ 最も高い水圧を必要とする水使用器具
【語　群】　1．浴室用シャワー水栓金具
　　　　　　2．洗面用水栓金具
　　　　　　3．ロータンク式大便器

エ ウォーターハンマー現象を最も起こしやすい水使用部品
【語　群】　1．節水コマ　　2．電磁弁　　3．減圧弁

ア 水道本管の水圧を利用して直接給水する水道直結直圧方式は，一般的な戸建て住宅の多くで採用されている。

　　高置水槽方式→必要とされる圧力を得るため，給水の箇所よりも高い位置の水槽にポンプで揚水し，重力で給水する方式。

　　水道直結増圧方式→配水管の圧力だけでは届かない高層の建物に増圧ポンプを設置し，圧力を加えて水を送る方式。

イ 水道を住宅敷地内に引き込むときの給水管の管径には，13 mm，20 mm，25 mなどのサイズがあるが，一般的な戸建て住宅では20 mmが主流である。

ウ 水使用器具のうち，浴室用シャワー水栓金具や大・小便器洗浄弁の給水必要圧力は70 kPa，洗面用水栓金具などの一般水栓やタンクに勢い良く水を溜める必要のないロータンク式大便器の給水必要圧力は30 kPaである。

エ ウォーターハンマー現象は，給排水管内の急激な圧力の変化により，管内で圧力波や騒音が生じる現象（水撃作用）をいう。一瞬で弁が閉じる電磁弁を内蔵したガス給湯器などで止水したり，給排水管内の水の流れを急停止したときに起こる。

　　節水コマ→水の流出水量を調節できるコマ。

　　減圧弁→現場により異なる給水圧力を一定圧力に維持する調節弁。

[答] ア−1，イ−2，ウ−1，エ−2

第44問 電気設備に関する次の記述の □ 部分に，それぞれの語群の中から最も適当なものを選んで，解答欄の番号にマークしなさい。

1 戸建て住宅の標準的な住宅用分電盤の内部では，部屋別や用途別などに整理区分された回路ごとの安全を守るため， ア を設けている。

【語 群】 1．電力量計 　 2．配線用遮断器 　 3．アンペアブレーカー

2 木造住宅の分電盤以後の配線工事に使用される電線の種類は， イ ケーブルが一般的である。

【語 群】 1．IV 　 　 2．VVF 　 　 3．CV

3 住宅における望ましいコンセント数は， ウ において広さなどによる目安があるが，実際はその数より少し多めに設置するのが望ましい。

【語 群】 1．内線規程 　 2．建築基準法 　 3．電気用品安全法

4 住宅に供給される電気の交流は時間に対して一定の周期で エ 変動するため，テレビやパソコンなどの電気器具の内部回路では供給された交流を変換している。

【語 群】 1．周波数 　 2．電力 　 3．電圧

解 説 住宅設備（電気設備）に関する設問

ア　住宅用分電盤内にある配線用遮断機は，回路ごとに規定を超える過電流が生じたときに，電流を自動的に遮断するための保護装置である。

　　電力量計→電力を時間的に積算した値（電力量）を表示する計器。

　　アンペアブレーカー→住宅用分電盤の最初に組み込まれるもので，契約電力を超える電流が流れると自動的に電気の供給を遮断する装置。

イ　ビニル絶縁体の外側をビニルシースで覆ったVVFケーブルは，一般的な木造住宅などの天井裏や壁裏の電気配線に多く使われる。

　　IV電線→照明器具やコンセントへの渡り線，接地用など屋内配線に広く用いられる絶縁電線。

　　CVケーブル→導体を架橋ポリエチレンで被覆しビニルシースで覆ったもので，住宅や工場などの建物，屋外の配線に用いられる。

ウ　照明およびコンセントの回路数は，民間自主規格の内線規程により住宅の広さによって望ましい数が推奨されているが，原則的には少し多めに設置したほうがよい。

エ　住宅に供給される交流は，変圧器（トランス）を用いて電圧の大きさを簡単に変圧できるため，家庭内の電気器具は交流を直流に変換して使われる。

　　周波数→音波や電波など周期波の毎秒の繰り返し数。単位はHz（ヘルツ）。

　　電力→電流が単位時間にする仕事量。電圧（V）×電流（A）＝電力（W）。単位はW（ワット）。

部屋の広さとコンセント数

部屋の広さ	望ましい 個所数
4.5畳	2
6.0畳	3
8.0畳	4
10.0畳	5
12.0畳	5
台　所	4

注）望ましい個所数は，部屋の形状により考慮する。

[答] ア－2，イ－2，ウ－1，エ－3

第45問　住宅設備機器に関する次のア～エの記述に対して，それぞれの下に記した語群の中から最も適当なものを選んで，解答欄の番号にマークしなさい。

ア　ワークトップを壁から離して配置するキッチンのレイアウト

　【語　群】　1．2列型　　　　2．ペニンシュラ型　　3．アイランド型

イ　高層階でダクトを使用するキッチンに採用できない換気用ファン

　【語　群】　1．プロペラファン　　2．ターボファン　　3．シロッコファン

ウ　軽量で施工が容易な浴槽の材質

　【語　群】　1．タイル　　　2．鋳物ほうろう　　3．FRP

エ　浴槽の側面についているカバーの名称

　【語　群】　1．フィラー　　　2．サイドパネル　　3．エプロン

ア ワークトップの一部を独立した島のように壁から切り離して配置したアイランド型
は，開放的で大勢の人と料理を楽しむことができる。

　　2列型（セパレート型）→シンクとコンロを向かい合わせに配置したタイプ。

　　ペニンシュラ型→ワークトップの一部を壁から突き出して配置したタイプ。

ペニンシュラ型（1列型）　アイランド型（1列型）　ウォール型（1列型）　　ウォール型（2列型）
キッチンのレイアウト

イ 軸流式のプロペラファンは扇風機の羽根のような形で，風量が大きいわりに音は静か
であるが，静圧（空気を送り出す力）は低い。台所や便所など，屋外に直接排気できる
戸建住宅などに適している。

　　ターボファン→遠心力式。後ろ向きの羽根で抵抗を減らし，ファンの中では最も効率
　　が良い。高速ダクト方式の送風機に用いられる。

　　シロッコファン→遠心力式。「多翼ファン」とも呼ばれ，風量は少ないが，静圧は最も
　　高い。風が強くダクトも長いマンションなどで多用される。

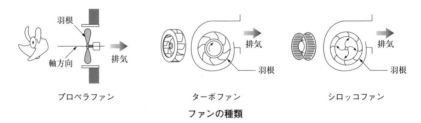

プロペラファン　　　　　ターボファン　　　　シロッコファン
ファンの種類

ウ 浴槽の材質のうち，FRPは「繊維強化プラスチック」とも呼ばれる。軽量で成形性，
強度，耐水性に優れ，耐久性は良いほうだが汚れやすい。

　　タイル→一般に耐久性，耐火性に優れるが，目地が弱いため浴槽としての耐久性は低
　　く，目地の手入れもたいへんである。また，施工の手間がかかる。

　　鋳物ほうろう→重量のある材質。浴槽としては手入れが容易で保温性が非常に良い。

エ 浴槽は，人が入るバスタブ部分と，それを保護するカバー部分のエプロンで成り立っ
ている。

　　フィラー→隙間を埋めること，もしくは隙間を埋める部材。

　　サイドパネル→システムキッチンや玄関収納などの側面（側板）に貼る，扉と同じ柄
　　のパネル。

第 46 問　三次元による立体表現に関する次の記述の 　　 部分に，それぞれの語群の
中から最も適当なものを選んで，解答欄の番号にマークしなさい。

1　図1は，縦横高さの比率が1：1：1になるように傾けた状態を正面から見た図で，
3つの交差する座標軸が互いに120°になるように描いている。この投影図を ア
という。

図1

【語　群】　　1．カバリエ図
　　　　　　　2．平行透視図
　　　　　　　3．アイソメトリック図

2　図2は，ドイツの画家アルブレヒト・デューラーが描いた版画で，画家が遠近法
によって絵画を描いている情景である。この版画は透視図の原理をよく説明してい
る。画面中央の衝立は，画家にとって透視図法における イ の役割をしている。

図2

【語　群】　1．立面　　　　2．画面　　　　3．基面

117

3 同じ水平面にいる，同じ身長の2人の人物を透視図で表現する場合，ウ のように描くことが正しい。

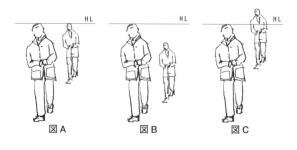

図A　　　　　　　図B　　　　　　　図C

【語　群】　　1．図A　　　　2．図B　　　　3．図C

4 図Aのインテリアパースは歪んで見えるので，図Bのように エ を120°から90°にして調整した。

図A　　　　　　　　　　　　　図B

【語　群】　　1．仰角　　　　2．視野角　　　　3．あおり補正

（注）第46問の4（エ）で出題に誤りが認められたため，本書では出題内容を改変しています。

解説 インテリアコーディネーションの表現（三次元立体表現）に関する設問

ア 図1のアイソメトリック図は「等角投影図」ともいう。縦，横，高さが常に120°で交わるように表現する。

　　カバリエ図→斜投影図法による立体図の一つ。奥行は正面と同じ実長の比率で描く。
　　平行透視図→1消点透視図法による立体図。平面図を基に水平線を決め，消点を1つ求めて描く。

イ 図2の画面中央の衝立は，透視図法における画面（PP：picture plane）の役割をしている。透視図法は遠近法による画法で，ある1点を視点とし，対象物を人間の目に映るのと同様に近くを大きく，遠くを小さく描く。

ウ 遠近法による透視図法では，同じ水平面にいる，同じ身長の2人の人物は，図Aのよ

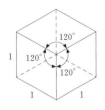

アイソトメリック図法
（等角投影図法）

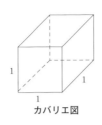

カバリエ図

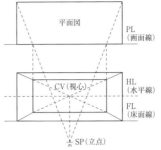

平行透視図法（1消点透視図法）

うに同じ視点の位置（HL）に頭を並べるようにして描く。HLは目の高さまたは水平面・水平線で，視点の位置になる。

エ　画面として収まる範囲を角度で表したものを視野角という。視野角が大きいほど広い範囲を収められるが，生じるゆがみは外へ向かうほど大きくなる。

仰角→水平を基準とした上向きの角度。

あおり補正→高層ビルを見上げて撮影したときなどに生じる，遠近感による被写体のゆがみの補正。

［答］ア－3，イ－2，ウ－1，エ－2

第47問　CADに関する次の記述の ☐ 部分に，それぞれの語群の中から最も適当なものを選んで，解答欄の番号にマークしなさい。

1　CADのデータ形式の一つに **ア** がある。
　【語　群】　1．JPEG　　　　2．DXF　　　　3．EPS

2　PCの画像処理プロセッサを **イ** という。
　【語　群】　1．CPU　　　　2．GPU　　　　3．RAM

3　建築では既に一般化した **ウ** は，インテリアの世界でもその応用が注目されている。（ウ）は，PC上に3Dモデルを作成し，計画から施工，そしてメンテナンスまでの情報を管理する。
　【語　群】　1．2DCAD　　　2．3DCG　　　3．BIM

4　インテリアのプレゼンテーションもインタラクティブ性が要求されるようになってきた。ウォークスルー時にレンダリングする方法である **エ** は，処理開始とほぼ同時にレンダリングの結果が得られるので，没入感のある表現ができる。
　【語　群】　1．プリレンダリング
　　　　　　　2．モーションキャプチャ
　　　　　　　3．リアルタイムレンダリング

ア　CAD用のデータ交換形式として利用されるDXF（Drawing Exchange Format）は，AutoCADのファイル形式である。

　　JPEG（ジェイペグ，Joint Photographic Experts Group）→静止画像データの圧縮方式の一つで，インターネットでは標準的に使われている。

　　EPS（Encapsulated PostScript）→Adobe社が開発した，PS（PostScript）というページ記述言語で書かれたデータを画像として保存するファイル形式。

イ　パソコンなどに搭載されるGPU（Graphics Processing Unit）は，3Dグラフィックスの画像描写を行う際に必要となる計算処理を行う半導体チップ（プロセッサ）のこと。

　　CPU（Central Processing Unit）→中央演算処理装置。パソコンなどの中枢部分にあたり，各種装置の制御やデータ処理をする。

　　RAM（Random-Access Memory）→データの書き込みと読み出しが随時可能なコンピュータの記憶装置。

ウ　建築物をコンピュータ上の3D空間で構築するBIM（Building Information Modeling）は，企画，設計，施工，維持管理に関する情報を一元化して活用する手法である。

　　2D CAD→2次元データの製図を行うCAD。手書き図面と同じ作業をそのままコンピュータ上で行うもの。

　　3D CG→幅，高さ，奥行をもつ3次元の物体を表現するコンピューターグラフィックス。

エ　CG分野のレンダリング技術であるリアルタイムレンダリングは，2Dの図面を3Dの立体的なイメージで出力するためイメージの共有がしやすく，床や壁の色，家具の配置などの変更が即時に確認できる。

　　プリレンダリング→事前にレンダリングされているCGで，リアルタイムレンダリング以外のレンダリング方法。

　　モーションキャプチャ→動きのある物体に関するデータを取り込んでデジタル化するための手法や装置。

［答］ア−2，イ−2，ウ−3，エ−3

第48問　建築基準法令等に関する次の記述の ☐ 部分に，それぞれの語群の中から最も適当なものを選んで，解答欄の番号にマークしなさい。

1　建築基準法は，建築物の敷地，構造，設備及び用途に関する ☐ア の基準を定めている。

　　【語　群】　1．最低　　　　2．標準　　　　3．理想

2 低層住居にかかる良好な住居の環境を保護するための用途地域を イ 地域という。
　　【語　群】　　1．第1種低層住居専用　　　2．田園住居　　　3．第1種住居
3 木造3階建て住宅の火気使用室で，内装制限の対象にならないのは，その室が ウ にある場合である。
　　【語　群】　　1．1階　　　　　　2．2階　　　　　　3．3階
4 個々の建築物の敷地，構造，設備に関する規定を総称して エ と呼ぶことがある。
　　【語　群】　　1．雑規定　　　2．単体規定　　　3．集団規定

解説　インテリア関連の法規・制度（建築基準法令等）に関する設問

ア　建築基準法は，国民の生命や健康，財産を保護するため，建築物の敷地，構造，用途などについて最低の基準を定めた法律である。

イ　都市計画法上，都市計画区域に適用される用途地域の一つである第1種低層住居専用地域は，低層住宅の良好な住環境を保護するために定める地域をいう。

　　田園住居地域→都市計画区域に適用される住居系用途地域の一つ。農業の利用の増進を図りつつ，これと調和した低層住宅に係る良好な住居の環境を保護するために定める地域。

　　第1種住居地域→都市計画区域に適用される用途地域の一つ。良好な住環境の保護を目的としているが，住居専用地域ではないため，住宅や商業施設，工場などが混在している市街地が多く見られる。

ウ　木造3階建て住宅では，最上階の3階に設けられた火気使用室は内装制限の対象にならない。内装制限とは，建物の火気使用室などの壁と天井の仕上材を不燃化するよう義務付けた建築基準法に基づく規定である。

エ　建築基準法の技術的基準のうち，単体規定は全国的に適用されるもので，個々の建築物に必要な衛生，構造，防火，避難などに関する安全性や居住性を確保するための規定である。

　　集団規定→都市計画区域内だけに適用されるもので，周囲の環境や他の住民との調和を図るための規定。

［答］ア－1，イ－1，ウ－3，エ－2

第 49 問　住宅の品質確保の促進等に関する法律（品確法）に関する次の記述の ☐ 部分に，それぞれの語群の中から最も適当なものを選んで，解答欄の番号にマークしなさい。

1 性能評価の項目である ア は，既存住宅についてのみ対象となる。
【語　群】　　1．高齢者等への配慮
　　　　　　　2．現況検査により認められる劣化等の状況
　　　　　　　3．防犯
2 新築住宅の瑕疵担保責任を10年義務づける部分に，イ は含まれない。
【語　群】　　1．屋根　　　2．天井　　　3．開口部
3 設計住宅性能評価書に付されるマークには，ウ という文字が表記されている。
【語　群】　　1．設計性能評価　　2．既存住宅性能評価　　3．建設性能評価
4 品確法の目的の一つに，エ がある。
【語　群】　　1．建築物の環境性能に関する総合的評価
　　　　　　　2．住生活の安定の確保と向上の促進
　　　　　　　3．住宅に係る紛争の迅速かつ適正な解決

解　説 インテリア関連の法規・制度（品確法）に関する設問

ア　住宅性能表示制度における性能表示項目のうち，既存住宅についてのみ対象となるのは，現状検査により認められる劣化等の状況である。高齢者等への配慮や防犯などを含む10項目の性能表示項目は，新築住宅および既存住宅ともに対象となる。

イ　新築住宅の瑕疵担保責任において，10年義務化の対象部分に天井は含まれない。対象部分は，構造耐力上主要な部分（基礎，土台，柱など）と，雨水の浸入を防止する部分（屋根，開口部，外壁など）である。

ウ　新築住宅の性能表示は，設計段階で評価を行う「設計住宅性能評価」と，建設段階で評価を行う「建設住宅性能評価」の2つに区分される。また，既存住宅の性能評価は現況の検査と個別性能表示による「建設住宅性能評価」のみで，それぞれの評価書にマークが表示される。

設計住宅性能評価の場合

建設住宅性能評価の場合

住宅性能評価マーク（新築住宅）　　　　　住宅性能評価マーク（既存住宅）

エ　品確法は2000年に施行された「住宅の品質確保の促進等に関する法律」の通称で，法律の目的が第1条で次のように定められている。「この法律は，住宅の性能に関する表示基準及びこれに基づく評価の制度を設け，住宅に係る紛争の処理体制を整備するとともに，新築住宅の請負契約又は売買契約における瑕疵（ゕ）担保責任について特別の定めをすることにより，住宅の品質確保の促進，住宅購入者等の利益の保護及び住宅に係る紛争の迅速かつ適正な解決を図り，もって国民生活の安定向上と国民経済の健全な発

展に寄与することを目的とする。」

［答］ア－2，イ－2，ウ－1，エ－3

第50問 建築基準法令に関する次の記述の □ 部分に，それぞれの語群の中から最も適当なものを選んで，解答欄の番号にマークしなさい。

1 住宅の居室で，襖や障子など随時開放することができるもので仕切られている2室は1室とみなし，その合計床面積の ア の必要採光窓面積を確保できればよい。

【語 群】 1. 1/5 2. 1/7 3. 1/10

2 住宅の居室で，採光を天窓だけで行う場合に必要な採光面積は，一般的に壁面に必要とされる窓の イ あればよい。

【語 群】 1. 1/2 2. 1/3 3. 1/4

3 2階建て住宅の床面積を算出する場合，階段部分の水平面積を ウ に算入する。

【語 群】 1. 1階 2. 2階 3. 1階と2階の両方

4 戸建住宅に地階を設ける場合，延べ面積の エ を上限として，地階の部分は容積率の対象から除かれる。

【語 群】 1. 1/2 2. 1/3 3. 1/4

解 説 インテリア関連の法規・制度（建築基準法令）に関する設問

ア 居室における開口部の有効採光面積は，その居室の床面積に対して，住宅では1/7以上，その他の建築物では1/5から1/10までの間において，政令で定める割合以上としなければならない（法第28条）。

イ 住宅の居室に天窓を設ける場合，天窓の面積の3倍が有効採光面積とみなされる（法第28条，令第20条）ため，採光を天窓だけで行う場合に必要な採光面積は，一般に壁面に必要とされる窓の1/3あればよい。

ウ 2階建て住宅の階段部分の水平面積は，1階と2階の両方の床面積に算入する（令第2条1項三号）。

エ 戸建住宅に地下室を設ける場合，一定の条件を満たす地階の床面積は，住宅の延べ面積の1/3を上限に容積率の対象から除外される（法第52条3項）。

［答］ア－2，イ－2，ウ－3，エ－2

第38回

インテリアコーディネーター
資格試験

2020年度

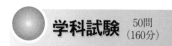

第1問 日本における住まい方に関する次の記述の ◻︎ 部分に，下に記した語群の中から最も適当なものを選んで，解答欄の番号にマークしなさい。

明治時代後期から，都市部を中心に家族で食卓を囲む習慣が生まれるとともに ア が普及しはじめた。食後は（ア）を片付け茶の間は寝室に使われることが一般的であった。第二次世界大戦後には イ の理念のもと， ウ の間取りの公営住宅標準プラン51C型住宅の供給が始まり，ゆか座からいす座へ新しい住様式の広がりをもたらした。

その後の高度経済成長を背景に，生活水準の向上とともに エ 化が進み，さらに東京オリンピック（1964年），大阪万博（1970年）を経て食生活が洋風化したこともあり，ダイニングテーブルが新たな団欒の場の中心となった。

【アの語群】　1．折敷（おしき）　　2．箱膳　　　　　3．卓袱台（ちゃぶだい）
【イの語群】　1．標準化　　　　　2．和洋折衷　　　3．食寝分離
【ウの語群】　1．DK型　　　　　2．LD型　　　　　3．LDK型
【エの語群】　1．核家族　　　　　2．単身世帯　　　3．高齢

解説 誕生と背景（日本の住まい方）に関する設問

ア 明治時代後期になると，食事に卓袱台（ちゃぶだい）が使用され，それまでの一人一膳という家父長制スタイルの食事から一家団らんスタイルの食事に発展してきた。

折敷（おしき）→懐石の器を配する漆の盆。

箱膳→一人分の食器一式が入れられ，食事の際はふたを膳として用いた箱。

イ・ウ 第二次世界大戦後，住宅の大量供給期（1950年代）に食寝分離が取り入れられ，ダイニングキッチンを採用したDK型住宅が日本住宅公団により供給された。

エ 高度経済成長期に核家族化が進み，その後，家族間のコミュニケーションや団らんの取り方にも変化が生じ，いすやテーブルを中心とした生活様式が定着していった。

［答］ア－3，イ－3，ウ－1，エ－1

第2問 インテリアコーディネーターの実務に関する次の記述の ◻︎ 部分に，それぞれの語群の中から最も適当なものを選んで，解答欄の番号にマークしなさい。

1　依頼主に基本計画の承認を得た後は次のステップとして，見積りができるよう

ア を作成し，施工業者に渡す。

　　【語　群】　　1．施工図　　2．竣工図　　3．実施設計図

2　契約前および定例の打ち合せ以外での イ の発言や確認事項を文書化し，記録
　しておくことも重要である。

　　【語　群】　　1．依頼主　　2．施工業者　　3．インテリアコーディネーター

3　施工業者への見積り依頼は相見積りが基本であり，金額や納期の他に各施工業者
　の ウ を確認することが特に重要である。

　　【語　群】　　1．技術力　　2．プレゼンテーション能力　　3．営業体制

4　顧客が施工業者と工事契約を交わす前に，工事内容，工事期間，工事金額，支払
　い条件， エ ，保証などの内容に関して顧客の確認と承認を得ておく。

　　【語　群】　　1．瑕疵担保責任　　2．引越し日　　3．納品日

解　説　インテリアコーディネーターの仕事（実務）に関する設問

ア　基本計画の承認後は，見積りができるよう施工業者に工事の内容や方法を指示する実
施設計図を作成する。

　　施工図→設計された建物をつくるための，より細かい具体的な図面。

　　竣工図→施工図を基に，設計変更など建物の完成形に合わせて修正した設計図一式。
　　　　　引渡し時にほかの書類とともに建築主へと渡される。

イ　後日のトラブルを防ぐために，最初の打合せから依頼主の発言，確認事項や変更事項
などを文書で記録しておくことは大切である。

ウ　見積りは複数の施工業者に依頼（相見積り）し，価格や納期以外に，各業者の誠実さ
や技術力などを確かめることが重要である。

エ　売買の建築物に隠れた瑕疵（通常では発見できない欠陥）があった場合に売主が買主
に対してその責任を負う瑕疵担保責任については，工事契約前に確認する必要がある。

　　　　　　　　　　　　　　　　　　　　　　　［答］ア－3，イ－1，ウ－1，エ－1

第3問　インテリアコーディネーターの職場における知識，サービスに関する次の記
述の □ 部分に，それぞれの語群の中から最も適当なものを選んで，解答欄
の番号にマークしなさい。

1　中古マンションを自社で購入し，リフォーム後に販売を行う不動産業務の場合，
顧客の意向に応じて ア を行う業者を斡旋することは会社としての責務である。

　　【語　群】　　1．インスペクション
　　　　　　　　　2．レンダリング
　　　　　　　　　3．グリッドプランニング

2 住宅設備機器メーカーのショールームは自社商品の広報・広告の場ともなるため，│ イ │の最前線にいるという認識をもちたい。

【語　群】　1．マーケティング

　　　　　　2．カウンセリング

　　　　　　3．プランニング

3 ホームセンターのマーチャンダイジングでは│ ウ │サイドの視点に立って提案する役割が求められる。

【語　群】　1．物流　　2．生産　　3．購入

4 住宅のリフォーム業務では，耐震性能，│ エ │などの住宅性能の向上を提案することも望まれるため，より豊富な専門知識が求められる。

【語　群】　1．リサイクル性能

　　　　　　2．省エネルギー性能

　　　　　　3．人間工学的性能

解説　インテリアコーディネーターの仕事（職域）に関する設問

ア　中古住宅販売では，専門業者が行う**インスペクション**（住宅性能検査）なども顧客に対する重要なサービスとなる。

　レンダリング→3D CGで，ワイヤーフームなどの立体物に色や陰影を付けること。

　グリッドプランニング→モジュール寸法を基準とした格子状の線（グリッド）に基づいて設計すること。

イ　メーカーにとってのショールームは，**マーケティング**（自社商品の開発や宣伝，市場分析など売れる仕組みの構築に関する企業活動）の最前線であり，一般ユーザーのニーズをとらえる重要な場である。

ウ　商品の販売が中心となるホームセンターでは，時代やライフスタイルの動向を察知し**購入**サイドの視点に立ってマーチャンダイジング（商品計画や商品化計画）を行う。

エ　住宅リフォームの場合，耐震性能や**省エネルギー性能**，バリアフリー性能などの住宅性能に関する商品や支援制度といったより専門的な知識が求められることもある。

［答］ア－1，イ－1，ウ－3，エ－2

| 第4問 | 日本の住居の歴史に関する次の記述の│　　　│部分に，下に記した語群の中から最も適当なものを選んで，解答欄の番号にマークしなさい。 |

　寝殿造には，寝殿と対屋（たいのや）と呼ばれる建物が配置され，ともに屋根は基本的に│ ア │の形態をしていたと考えられている。その様子は絵巻から推測することができ，│ イ │は寝殿造の代表的なものの一つである。

寝殿造が姿を変えて生まれた書院造では，接客の空間を中心としたつくり方となり，この形式は　ウ　に完成した。それまで置き畳だった畳は敷き詰められるようになり，建具には遣戸が設けられ，　エ　はあまり使われなくなった。

【アの語群】	1．入母屋	2．寄棟	3．片流れ
【イの語群】	1．二条城	2．西本願寺	3．京都御所
【ウの語群】	1．江戸時代	2．桃山時代	3．鎌倉時代
【エの語群】	1．舞良戸	2．唐戸	3．蔀戸

解　説　インテリアの歴史（日本の住居）に関する設問

ア　寝殿造の屋根は，檜皮（ひわだ）葺きの入母屋（いりもや）の形状と考えられる。入母屋は，棟に近い上部で切妻，下部で寄棟になっている屋根形式である。

寄棟→四方の流れる屋根のうち棟をもつ屋根形式。

片流れ→1方向のみに傾斜をつけた屋根形式。

入母屋屋根　　　　切妻屋根　　　　寄棟屋根　　　　片流れ屋根

屋根の形状

イ　寝殿造の代表的な建築には，京都御所や東三条殿（藤原氏の邸宅）などがある。

二条城→二の丸御殿は，書院造の代表的な建築の一つ。

西本願寺→飛雲閣は，数寄屋（すきや）造の代表的な建築の一つ。

ウ　書院造は，鎌倉時代から室町時代の過渡期を経て，桃山時代に完成した。

エ　はね上げ式の蔀戸（しとみど）は寝殿造の建具として用いられたが，書院造の建具では，舞良戸（まいらど），障子，雨戸などの遣戸（やりど）と呼ばれる引き戸方式が設けられた。

舞良戸（まいらど）→細い桟を水平に等間隔で並べた，引き戸方式の板張り建具。

唐戸（からど）→古くは神社や寺院などに用いられた木製の開き戸の一種。現在は一般住宅でも使われている。

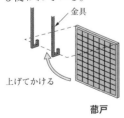  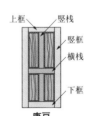

蔀戸　　　　　　舞良戸　　　　　唐戸

［答］ア－1，イ－3，ウ－2，エ－3

　西洋における建築やインテリアの歴史様式に関する次の記述の ☐ 部分

に，それぞれの語群の中から最も適当なものを選んで，解答欄の番号にマーク

しなさい。

1　16世紀末から力を誇示するような動的で誇張の強い様式が興った。これを ア 様式と呼ぶ。（ア）の語源は歪んだ真珠を意味するといわれている。

【語　群】　1．ビザンチン　　　2．バロック　　　3．ルネサンス

2　イタリアの代表的な歴史的建築物の一つで，（ア）の出発点とも言われる イ には，ベルニーニによるらせん状の円柱を持つ巨大天蓋があり，この様式の特徴を よく表している。

【語　群】　　1．サンピエトロ大聖堂

　　　　　　　2．フィレンツェ大聖堂

　　　　　　　3．ミラノ大聖堂

3　湾曲した抽象的な浮彫装飾を持つ ウ 様式の呼び方は，貝殻や石の装飾を示す フランス語が語源となっている。

【語　群】　1．ロココ　　　2．アール・ヌーボー　　　3．ネオクラシシズム

4　（ウ）様式の，いすなどの脚は猫の足の形状をしており，これを エ 脚と呼ぶ。

【語　群】　1．カブリオール　　　2．コンソール　　　3．カッサパンカ

解　説　インテリアの歴史（西洋の建築・インテリア様式）に関する設問

ア　豪華な装飾が特徴のバロック様式は，16世紀末から18世紀初めにイタリア，スペイ ン，オランダで流行し，フランスで結実した。

ビザンチン様式→4世紀頃から始まった東ローマ（ビザンチン）帝国の建築・装飾様 式。ベネツィアのサンマルコ大聖堂などが有名である。

ルネサンス様式→14～15世紀にかけて全ヨーロッパに拡大した芸術様式で，古典古 代文化の再生と復活を目指した運動。

イ　バロック様式の代表的な建築物のサンピエトロ大聖堂は，ミケランジェロやベルニー ニなど多くの芸術家が参加して建てられた世界最大の教会堂。バロック的な軸性の感じ られる平面や楕円をモチーフにしている。

フィレンツェ大聖堂→イタリアにおける晩期ゴシック建築および初期ルネサンスの代 表的な建築物。フィリッポ・ブルネレスキによる設計で，巨大なドームが特徴。

ミラノ大聖堂→ゴシック様式の代表的な建築物。天に伸びる尖塔，リブ・ヴォールト で支えられた高い天井，壁のステンドグラスなどが特徴。

ウ　曲線的で優雅な造形を特徴とするロココ様式は，18世紀前半にフランスからヨーロ ッパ各地に広まった室内装飾様式である。

アール・ヌーボー→19世紀末のベルギーで出現し，欧州に広まった新鮮で自由奔放

な造形運動。

ネオクラシシズム→新古典主義。18世紀中期から古典様式への関心が高まったことが背景。シンメトリー構成と古典的なプロポーションが特徴。

エ　ロココ様式では，家具の脚はカブリオール脚（猫足）が用いられた。

コンソール→ロココ様式で多く用いられた飾り台。

カッサパンカ→長椅子。ルネサンスの代表的な家具の一つ。

カブリオール脚の椅子
（ロココ様式）

コンソール
（ロココ様式）

カッサパンカ
（ルネサンス様式）

［答］ア－2，イ－1，ウ－1，エ－1

第6問　建築家の自邸に関する次のア〜エの記述と図（写真または平面図）に対して，それぞれの下に記した語群の中から最も適当なものを選んで，解答欄の番号にマークしなさい。

ア　日本の伝統的な住まいに見られる外部
　　空間との融合を生かし，環境工学面の機
　　能性向上を工夫した先端的な住宅（図1
　　参照）の設計者

【語　群】
1．吉田五十八
2．村野藤吾
3．藤井厚二

聴竹居（平面図）1926年
図1

イ　日本の美意識と空間概念，歴史的生活
　　文化を継承する新しいインテリアの感覚
　　が示された住宅（図2参照）の設計者
　　【語　群】
　　　1．黒川紀章
　　　2．前川國男
　　　3．丹下健三

住宅（内観）1942年
図2

ウ　アメリカで成熟したモダニズムデザイ
　　ンの一つとして，内部空間を完全に開放
　　する試みで注目された住宅（図3参照）
　　の設計者
　　【語　群】
　　　1．ミース・ファン・デル・ローエ
　　　2．フィリップ・ジョンソン
　　　3．ジョージ・ネルソン

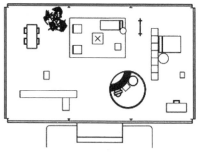

ガラスの家（平面図）1949年
図3

エ　木造の乾式構造が採用され，直線で構
　　成された白塗りの外観が「モダン」を感
　　じさせる住宅（図4参照）の設計者
　　【語　群】
　　　1．堀口捨己
　　　2．山口文象
　　　3．土浦亀城

住宅（外観）1935年
図4

解説 インテリアの歴史（建築家の自邸）に関する設問

ア　図1の設計者の藤井厚二（ふじい　こうじ）(1888〜1938)は，建築環境工学の先駆者の一人。京都府に所在する自邸「聴竹居」は，日本の気候風土と西洋的な空間構成を融合させた近代住宅建築の名作である。

　　吉田五十八（よしだ　いそや）(1894〜1974)→和風の意匠である数寄屋建築を独自に近代化させた建築家。自邸は神奈川県に現存。

　　村野藤吾（むらの　とうご）(1891〜1984)→古典様式からモダニズム，和風までさまざまな建築様式の手法で独自の個性的な空間をつくりだした。自邸は河内の名家の隠居所を宝塚市に移築，その後，増改築を繰り返した。

イ　図2の設計者の前川國男（まえかわ　くにお）(1905〜1986)は，ル・コルビュジエのもとで働き，日本の近代建築に大きな影響を与えた建築家。東京都にあった自邸は解体後，江戸東京たてもの園に移築された。

　　黒川紀章（くろかわ　きしょう）(1934〜2007)→1960年代に日本建築界をリードしたメタボリズムグループの旗手として活躍。代表作の「中銀カプセルタワービル」は，世界で初めて実用化されたカプセル型の集合住宅。

　　丹下健三（たんげ　けんぞう）(1913〜2005)→日本人建築家として最も早く国外でも活躍した一人。東京都にあった自邸は，1階に柱だけのピロティ，2階に生活空間をもった構成だったが，現存はしていない。

ウ　図3の設計者のフィリップ・ジョンソン(1906〜2005)は，アメリカのモダニズムを代表する建築家。自邸として建てた「ガラスの家（グラスハウス）」は透明なガラスの箱で，20世紀の建築を革新した。

　　ミース・ファン・デル・ローエ(1886〜1969)→20世紀のモダニズム建築を代表するドイツ出身の建築家。代表作の「ファンズワース邸」は，鉄とガラスを使ってインテリアを外部へと開放した住宅。

　　ジョージ・ネルソン(1908〜1986)→アメリカのデザイナー，建築家，編集者。20世紀後半のアメリカン・デザインを確立した一人。

エ　図4の設計者の土浦亀城（つちうら　かめき）(1897〜1996)は，昭和モダニズム住宅の原型ともいえる，都市住宅の特徴を備えた直線構成の自邸を建築。現在は，東京都指定有形文化財に指定されている。

　　堀口捨己（ほりぐち　すてみ）(1895〜1984)→モダニズムにおける日本伝統の位置付けを戦略的に考えた研究者，建築家。代表作は「小出邸」など。

　　山口文象（やまぐち　ぶんぞう）(1902〜1978)→近代日本建築運動のリーダーの一人で，モダニズム建築と和風建築の名手でもあった建築家。1940年に建てられた東京都の自邸は，「クロスクラブ」とも呼ばれる。

[答]　ア−3，イ−2，ウ−2，エ−3

西洋における建築やインテリアの装飾に関する次の記述の □ 部分に，それぞれの語群の中から最も適当なものを選んで，解答欄の番号にマークしなさい。

1 古代ギリシャでは，神殿の柱頭に地中海周辺に生育する ア の装飾が用いられ，その後もさまざまな時代において使われた。

【語　群】　1．つる草　　　　　2．アカンサスの葉　　　　3．月桂樹の葉

2 イスラム建築にみられる，植物や動物をモチーフにした幾何学模様は， イ と呼ばれている。

【語　群】　1．アラベスク模様　　　　2．火炎模様　　　　3．ペーズリー模様

3 草花や鳥など，自然界のものをモチーフにして壁紙をデザインしたイギリスのウィリアム・モリスは， ウ と呼ばれるデザイン運動を主導した。

【語　群】　1．バウハウス
　　　　　　2．ゼツェッション
　　　　　　3．アーツ・アンド・クラフツ

4 エリザベス1世様式の特徴は，ベッドやテーブルの支柱にみられる大きな エ である。

【語　群】　1．組物装飾　　　2．彫物装飾　　　3．挽物装飾

解　説　インテリアの歴史（西洋の建築・インテリア装飾）に関する設問

ア　古代ギリシャ建築の列柱様式はオーダーと呼ばれ，アカンサスの葉を飾った華麗な柱頭が特徴のコリント式のほか，ドリス式，イオニア式に分類される。

イ　イスラム建築の代表的な装飾模様であるアラベスク模様は，文字，草模様，幾何学模様などを左右相称に図案化したものである。

　　火炎模様→フランボワイヤンともいわれる。ゴシック時代，窓やパネルなどの装飾に用いられた炎状の模様。

　　ペーズリー模様→19世紀イギリスで都市の名前が付けられて量産された模様。日本では勾玉(まがたま)柄ともいわれる。

ウ　19世紀中頃，アーツ・アンド・クラフツ運動を興したウィリアム・モリス(1834～1896)はイギリス人デザイナー，思想家，詩人で，クラシカル・テキスタイル，壁紙デザインの第一人者である。

　　バウハウス→1919年，ワルター・グロピウスによってドイツのワイマールに設立された国立の造形学校。

　　ゼツェッション→分離派の意。19世紀末のウィーンで興った若い芸術家たちによる総合芸術の革新運動のことで，建築家ヨーゼフ・ホフマンなどが有名。

エ　エリザベス1世様式は，家具の脚や柱の途中にある，ろくろで挽いて造った，かぶら形の挽物(ひきもの)装飾が特徴である。

アカンサス模様

アラベスク模様

火炎模様
（フランボワイヤン）

ペーズリー模様
（勾玉柄）

エリザベス様式の天蓋付きベッド

［答］ア－2，イ－1，ウ－3，エ－3

第8問 インテリア計画に関する次の記述の □ 部分に，下に記した語群の中から最も適当なものを選んで，解答欄の番号にマークしなさい。

公共空間の吹き抜けのあるエントランスホールに，ちょっとした休憩や待ち合わせ用として，丸スツールを設置することを依頼された。そこで，使い方を考慮し，文化人類学者の ア の提唱した対人距離の概念を参考に，丸スツール間の距離を検討した。エントランスホールの広さも考慮し， イ と分類されている2.2mの距離で丸スツールを設置し，実際に使用している状態を図1のように表した。この場合の利用者の向きは，互いに顔を合わせない状態になっていて，この状態を ウ という。

また，対人距離の考え方をさらに発展させ，ロバート・ソマーが エ と呼んだ考え方は，性別，民族，文化，地位等によって微妙な違いもあるが，家具等の配置を考えるときの参考となる。

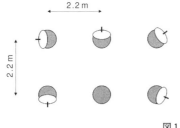

図1

【アの語群】　1．ハンフリー・オズモンド
　　　　　　　2．エドワード・ホール
　　　　　　　3．フランク・ロイド・ライト

135

解 説 インテリア計画（人間の行動特性）に関する設問

ア・イ アメリカの文化人類学者エドワード・ホール(1914～2009)は，人間同士のコミュニケーションに関わる距離を4つに分類した。このうち，図1で表示された社会距離は，個人的関係がない人同士の間でとられる距離で，1.2 m～3.7 mといわれる。

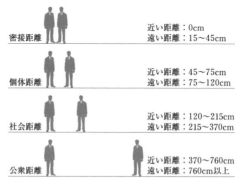

密接距離	近い距離：0cm 遠い距離：15～45cm
個体距離	近い距離：45～75cm 遠い距離：75～120cm
社会距離	近い距離：120～215cm 遠い距離：215～370cm
公衆距離	近い距離：370～760cm 遠い距離：760cm以上

エドワード・ホールによる対人距離

ハンフリー・オズモンド(1917～2004)→精神医学者。人間同士の交流には，ソシオペタルの配置とソシオフーガルの配置があることを示した。

フランク・ロイド・ライト(1867～1959)→アメリカの建築家。日本では大正時代に帝国ホテルなどを設計。カウフマン邸（落水荘）など多数の建築を手がけた。

ウ 図1のような状態は，人間同士の交流を妨害，拒否するソシオフーガル（sociofugal：社会離反的）な配置という。ホテルのロビーや駅の待合室などに利用される。

ソシオペタル(sociopetal：社会融合的)→食事や会議など，人間同士のコミュニケーションを活発にする配置。

ソシオヘロタル→行列や教室での講義など，一方が見る側，他方が見られている側になる，ソシオペタルとソシオフーガルの中間的な配置。

エ ロバート・ソマーが提唱したパーソナルスペースは，人間の体の周りを取り巻く空間のうち，他人に近づかれると不快に感じる空間。個人的な性格や相手，社会文化や民族などで差があり，人は相手に応じてその距離を使い分けている。

テリトリー→なわばり。体の位置とは関係なく，特定の場所に固定された空間。動物や人は，他者に見えるようになわばりの境界に目印を付けておく。

プライバシー→他者との接触や個人情報の外部への伝達を自分自身でコントロールす

る過程。

第9問 作業台・机・いす・ベッドの人間工学に関する次の記述の 　　 部分に，それぞれの語群の中から最も適当なものを選んで，解答欄の番号にマークしなさい。

1 身長170 cm程度の人が立位で軽い作業をする場合，前方30 cm程度での作業点の高さは，筋活動やエネルギー代謝の面からは，**ア** cm程度が適切である。
　　【語　群】　　1．70　　　　　2．90　　　　　3．110

2 机の甲板上面からいす座位基準点までの垂直距離を，**イ** という。
　　【語　群】　　1．離尺　　　2．肘下尺　　　3．差尺

3 座面が高すぎる椅子に長時間座っていると，大腿部の裏側が圧迫されることにより，**ウ** が生じて体に負担がかかる。
　　【語　群】　　1．下肢の血行障害　　2．大腿筋の疲労　　　3．膝関節の疼痛

4 クッションが柔らかすぎるベッドマットに仰向けに横になると，**エ** が強く上に押し上げられる形になり，体に負担がかかる。
　　【語　群】　　1．股関節　　　2．腰椎　　　3．膝関節

解説 インテリア計画（人間工学）に関する設問

ア 成人男子の場合，筋活動やエネルギー代謝の面からみた前方30 cmの作業点の高さは90 cm程度が適している。なお，成人女子の場合は右図の立位作業点の数字より5 cm低いと考える。

イ 机の作業面（机面）からいすの座面（座位基準点）までの垂直距離を差尺といい，その標準寸法は270〜300 mmである。

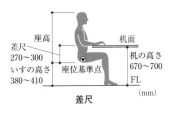

差尺

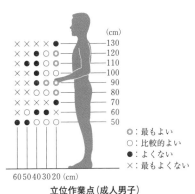

◎：最もよい
○：比較的よい
●：よくない
×：最もよくない

立位作業点（成人男子）

（出典：『インテリアコーディネーターハンドブック
総合版 上』公益社団法人インテリア産業協会）

ウ 座面の高いいすに座り続けると，脚の血流が悪くなり下肢の血行障害が起きる。さらには脚の筋力が衰え全身の血流が悪くなり，心臓の血管にも異常が起こりやすくなる。

エ　柔らかすぎるベッドマットは，体の重い部分が沈んで腰椎(ようつい)部分が浮き上がり，体がW字型の不自然な姿勢になるため，良い寝姿勢を保てない。

［答］ア－2，イ－3，ウ－1，エ－2

第10問　集合住宅に関する次の記述の □ 部分に，それぞれの語群の中から<u>最も適</u><u>当なもの</u>を選んで，解答欄の番号にマークしなさい。

1　一つの住戸が2層でつくられている住戸形式は，| ア |と呼ばれ，変化のある室内空間をつくることができる。共用通路に接していない階はプライバシーの点で居住性が高い。

　　【語　群】　　1．オープンスペース　　　2．メゾネット　　　3．フラット

2　大規模な集合住宅において，外部空間的な雰囲気を持たせた吹抜けのある空間は| イ |と呼ばれる。

　　【語　群】　　1．サービスヤード　　　2．アトリウム　　　3．ポーチ

3　エレベータの停止階から，上下階への移動に階段を利用する集合住宅の形式は，| ウ |と呼ばれる。

　　【語　群】　　1．スキップフロア型　　　2．集中型　　　3．トリプレット

4　複数の住宅が集まった一つの建物は，一般に集合住宅と呼ばれるが，建築基準法令では共同住宅と| エ |に大別される。

　　【語　群】　　1．文化住宅　　　2．併用住宅　　　3．長屋

解 説　インテリア計画（集合住宅）に関する設問

ア　集合住宅で1住戸が2層以上で構成されたメゾネットは，1つの住宅内部に内階段が設置され，一戸建てのように空間を利用することができる。廊下に接していない階は，プライバシーの面でも良好である。

　　オープンスペース→大規模な敷地内に設けられた空き地で，歩行者用通路や植栽が整備された広場などの空間として利用される。

　　フラット→集合住宅で，1住戸を1層にまとめた住居の断面形式。

イ　採光をとり入れたアトリウムは，大規模な建物の内部に設けられた開放的な吹抜けの空間をいう。

　　サービスヤード→物干しなどの家事作業に利用される，台所と直結した屋外空間。

　　ポーチ→建物の玄関部分において，屋根以外の庇が突き出た空間。

ウ　エレベーターが数階おきに停止する**スキップ**
フロア型の場合，エレベーターが停止しない階
は共用廊下がないため，採光，通風，プライバ
シー性が高くなる。

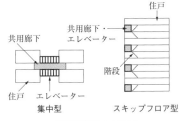

住戸のアクセス形式

　　　集中型→集合住宅の形式の一つ。設備の集中
　　　　化や共有面積の縮小化ができるが，各住戸
　　　　の日照条件が不均一で通風が妨げられやす
　　　　く，火災時の避難にも問題がある。

　　　トリプレット→集合住宅で，1住戸が3層で構成された住居の断面形式。

エ　建築基準法上，集合住宅は共用の廊下や階段などの有無によって，共同住宅と長屋に
　大別される。長屋は共用の廊下や階段などの共用部がない。

　　　文化住宅→大正から昭和にかけて流行した，洋風の応接間を備えた和洋折衷住宅。

　　　併用住宅→1つの建物の中に，居住部分と店舗などの業務部分を併わせもつ住宅。

［答］ア－2，イ－2，ウ－1，エ－3

| 第11問 | 造形原理に関する次のア〜エの記述に対して，それぞれの下に記した語群の中から最も適当なものを選んで，解答欄の番号にマークしなさい。 |

ア　長方形を2等分したものの短辺・長辺の比が，もとの長方形のそれと同じになる
　ルート長方形の短辺・長辺の比
　　【語　群】　　1．$1:\sqrt{2}$　　　　2．$1:\sqrt{3}$　　　　3．$2:\sqrt{5}$

イ　馬蹄形アーチが多くみられる建築様式
　　【語　群】　　1．イスラム様式　　2．ゴシック様式　　3．ロマネスク様式

ウ　正円のみで構成される日本の模様
　　【語　群】　　1．巴　　　　2．青海波　　　　3．七宝

エ　実際にはあり得ない矛盾図形を題材にした作品を多く描いた画家
　　【語　群】　　1．モンドリアン　　2．エッシャー　　3．ダリ

解説　インテリア計画（造形原理）に関する設問

ア　ルート長方形は，長方形の短辺を1，長辺を
$\sqrt{2}$，$\sqrt{3}$，$\sqrt{5}$などの無理数を用いた長方形
のこと。特に$\sqrt{2}$長方形は，2等分しても元と
同じ$1:\sqrt{2}$の比率が保たれることから，A判や
B判用紙の規格として適用される。

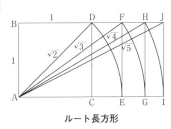

ルート長方形

イ 7世紀以降にイスラム教徒がつくった**イスラム様式**は，馬蹄形アーチなどのアーチ形状や，アラベスクと呼ばれる幾何学模様や植物文様などが特徴の建築様式。アルハンブラ宮殿が有名である。

　　ゴシック様式→13～14世紀頃，西ヨーロッパに広がり各地に影響を与えた建築様式。ノートルダム大聖堂などの教会建築が中心。

　　ロマネスク様式→11～12世紀頃，西ヨーロッパに広まった様式。ローマ風の建築様式を模したアーチ型と柱が特徴。

ウ 日本の伝統的な模様の一つである**七宝**_(しっ
ぽう)は，同じ円の円周1/4ずつを重ねてつなぐもの。模様は「文様」とも呼ばれ，植物や動物の形，幾何学的な図形，抽象的な形など，さまざまな物を図案化したものである。

　　巴_(とも
え)→コンマまたは勾玉_(まが
たま)のような形をした日本の伝統的な模様。

　　青海波_(せいがい
いは)→三重の半円をうろこ状に連続させて波を表した日本の伝統的な模様。

七宝　　　　巴　　　青海波

エ オランダの画家**エッシャー**(1898～1972)は，矛盾図形など視覚効果に基づいただまし絵の作品を数多く手がけた。

　　モンドリアン(1872～1944)→オランダの画家で，新造形主義を唱えるデ・スティル運動における中心的指導者。

　　ダリ(1904～1989)→スペインの画家。絵画のみでなく執筆やファッション，アニメーション作品など幅広く活躍した。

[**答**] ア－1，イ－1，ウ－3，エ－2

第 12 問　色彩に関する次の記述の ▢ 部分に，それぞれの語群の中から<u>最も適当なものを</u>選んで，解答欄の番号にマークしなさい。

1　住宅のインテリアの色彩計画では，面積の大きい壁と天井を基調色とし，カーテンなど中程度の面積のものを **ア** とするのが一般的である。

　　【**語　群**】　1．配合色　　　　　2．中間色　　　　　3．強調色

2　色のトーンによる分類は **イ** の組み合わせによるものである。

　　【**語　群**】　1．色相と彩度　　　2．色相と明度　　　3．明度と彩度

3　表色系の中で，その色立体が完全な回転体になるのは **ウ** 表色系である。

　　【**語　群**】　1．オストワルト　　2．マンセル　　　　3．PCCS

4　JISの慣用色の一つである納戸色は **エ** 系の色である。

　　【**語　群**】　1．青　　　　　　　2．茶　　　　　　　3．紫

解説 インテリア計画（色彩）に関する設問

ア　インテリアの色彩計画では，床・壁・天井など大面積を占める部分を基調色（ベースカラー）とし，家具やカーテンなど中面積で基調色に変化をつける部分を配合色（アソートカラー）にするのが一般的である。

　　　中間色→各色相の最も彩度が高い色である純色に，灰色を加えた色。

　　　強調色→アクセントカラー。インテリアの色彩計画で，アクセサリーや絵など小面積で用い，空間に目立つ変化を加え，かつ，いつでも変更可能な色。

イ　トーンは，明度と彩度を合わせた色調による分類。明度は色の明るさの度合い，彩度は色の鮮やかさの度合いを表す。

ウ　色立体の形が回転体になるオストワルト表色系は，8つの基本色相を3分割した24色相をいう。

　　　マンセル表色系→有彩色をHV／C（H：色相，V：明度，C：彩度）で表し，5つの基本色相（赤・黄・緑・青・紫）に5つの中間色相を加え，さらに10分割したもの。

　　　PCCS→日本色研配色体系。24色相を基本とし，トーンによる分類を採用している。

エ　JIS慣用色名の一つである納戸色は青系の色で，代表的なマンセル値で表すと4B 4/6になる。慣用色は一般に広く使われてきた色名をいう。

［答］ア－1，イ－3，ウ－1，エ－1

第13問　高齢者・障害者のための浴室の計画に関する次の記述の　　部分に，それぞれの語群の中から最も適当なものを選んで，解答欄の番号にマークしなさい。

1　出入口の段差（100 mm）解消と浴槽縁の高さ軽減のため，洗い場に ア を設置した。
　　【語　群】　1．すのこ　　　2．バスボード　　　3．スロープ

2　浴槽への出入りを容易にするため，浴槽内に イ を設置した。
　　【語　群】　1．式台　　　2．足台　　　3．上がり框

3　腰掛けて安定した姿勢で浴槽への出入りができるように，浴槽の縁と同じ高さの ウ を設置した。
　　【語　群】　1．すりつけ板　　　2．フットサポート　　　3．移乗台

4　出入口は，開口幅が広くとれ，下枠段差が解消できる エ を設置した。
　　【語　群】　1．引き違い戸　　　2．3枚引き戸　　　3．両開き戸

解説 インテリア計画（浴室のバリアフリー計画）に関する設問

ア　浴室の洗い場にすのこを敷き詰めるのは，出入口の段差などを解消するための最も簡易な方法で，浴槽のまたぎ深さの調整や床の滑り防止にも有効である。

バスボード→入浴台。浴槽の縁に設置し，浴槽への安全な出入りを助ける。

スロープ→階段の代わりに設けられる傾斜路。車いすの移動などに特に必要となる。

イ　浴槽への出入りを助ける足台は，踏み台としてだけでなく浴槽内でのいすの役割を兼ねたものもあり，浴槽台，バススツールなどいろいろな呼び方がある。

式台→玄関土間から一段上がる板敷きの部分。

上がり框（あがりがまち）→玄関などの上がり口の床端部に取り付ける横木。

ウ　一方の縁を浴槽の縁に掛けて，もう一方の縁を脚で支える移乗台は，浴槽と同じ高さに調節すると，座ったまま浴槽への出入りができる。

すりつけ板→和室と洋室など敷居の段差解消のために取りつける三角状の板。

フットサポート→車いすの部位の名称で，足を乗せる台。「フットレスト」ともいう。

エ　有効開口が広くとれる3枚引き戸は，開閉時に扉が邪魔になりにくく，浴室出入口の空間を有効利用しやすい。

引き違い戸→建具枠と2枚以上の引き戸で構成され，2本以上の溝やレールの上を水平移動させて，左右どちらにでも開閉できる。

両開き戸→2枚の戸が中央から左右両方に開くもの。

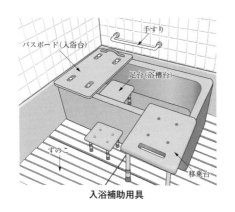

入浴補助用具

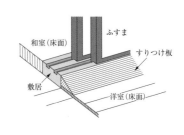

すりつけ板

［答］ア－1，イ－2，ウ－3，エ－2

第14問　住宅のリフォームに関する次のア～エの記述に対して，それぞれの下に記した語群の中から最も適当なものを選んで，解答欄の番号にマークしなさい。

ア　分譲マンションの住戸を改装する時に，移設することが可能な部分

【語　群】　　1．パイプシャフト

　　　　　　2．メーターボックス

　　　　　　3．キッチンカウンター

イ 分譲マンションの住戸を改装する時，一般的に工事できない部分
　【語　群】　1．天井の吊り木　　2．玄関ドアの鍵　　3．バルコニーの床
ウ 戸建て住宅のリフォームにおけるバリアフリー対策として，床の段差処理に工夫
　が必要な部位
　【語　群】　1．膳板　　　　　2．鴨居　　　　　　3．沓ずり
エ 建築一式工事以外の建設工事としてリフォーム工事を業者に依頼する場合におい
　て，その業者が建設業の許可を受けていなければならないとされる工事1件の請負
　代金の下限額（税込）
　【語　群】　1．300万円　　　2．500万円　　　3．1000万円

解説 インテリア計画（住宅のリフォーム）に関する設問

ア・イ 分譲マンションなどのリフォームにはさまざまな制約があるため，区分所有法に
　よる規制をしている。この法律では，建物を専有部分，共用部分および専用使用部分に
　分け，リフォームの対象を専有部分のみとしている。
　【専　有　部　分＝リフォーム○】キッチンカウンター，天井の吊り木，玄関ドアの鍵
　【共　用　部　分＝リフォーム×】パイプシャフト，メーターボックス
　【専用使用部分＝リフォーム×】バルコニーの床

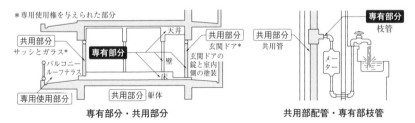

専有部分・共用部分　　　　　　　　共用部配管・専有部枝管

ウ 片開きドア枠の下部，下枠にあたる沓(くつ)ずりは，住宅のバリアフリー対策として，
　床との段差を解消するための工夫が求められる。
　　膳板(ぜんいた)→窓の室内側の枠として取り付けられる額縁のうち，下側に取り付けられる
　　　やや幅の広い水平の板。腰壁仕上げの見切り材となる。
　　鴨居(かもい)→障子や襖(ふすま)などの建具の上枠となる横木。

エ 建設業法において，リフォーム工事など規模の小さい軽微な工事のみを請け負う業者
　については，建設業許可を受けなくてもよいとしている。軽微な工事とは，工事1件の
　請負代金（税込）が500万円未満の工事（建築一式工事については，工事1件の請負代
　金が1,500万円未満の工事または延べ面積が150 m²未満の木造住宅工事）をいう。

[答] ア-3，イ-3，ウ-3，エ-2

造作部材，部品に関する次の記述の □ 部分に，それぞれの語群の中から最も適当なものを選んで，解答欄の番号にマークしなさい。

1 和室の床の間や押し入れなど，幅木を付けない板張り床と壁の見切り材を ア という。

【語 群】　1．畳寄せ　　　2．雑巾摺り　　　3．への字

2 木製階段のうち，現場の階高や階段幅に合わせて全ての部材寸法を決め，工場で精度の高い加工をして現場で組み立てるものを イ 階段という。

【語 群】　1．システム　　2．プレカット　　3．オリガミ

3 カウンター材として使われる集成材のうち，無塗装の状態で杢目がはっきり現れ，全体に赤みがかっているのは ウ 材である。

【語 群】　1．ヒバ　　　　2．スギ　　　　　3．タモ

4 造り付け収納家具などと壁や天井の隙間を埋める板状の部材に エ がある。

【語 群】　1．フィラー　　2．モールディング　3．シーリング

解 説　インテリアエレメント（造作部材，部品）に関する設問

ア　汚損を防ぐ目的で用いられる雑巾(ぞうきん)摺りは，壁と床板の接合部に打ち付ける細い見切り材である。

畳寄せ→壁と床との取合いに，畳面と上端が平らになるように取り付ける細い横木。

への字→内装で使う「へ」の字型断面の金物見切り材。カーペットなどの端部がめくれ上がらないように押さえる。

イ　現場で寸法を測定して注文するプレカット階段は，自由に寸法を決めることができる。また，工場での加工後に現場で組み立てるので，作業の省力化，迅速化が図れる。

システム階段→あらかじめ半製品として，さまざまな型式の階段部品が作成され，統一感のある色調やデザインでまとめることができる階段。

オリガミ階段→オリガミのように1枚の板を曲げたかのように見えるスチール階段。

ウ　年輪の現れ方でいろいろな杢目が出るスギは，造林樹種として最も多い針葉樹。構造材，造作材など建築用材として多用されている。

ヒバ→樹脂に殺菌性の強い精油成分を含み，特有の匂いを放つ。水湿性に優れるため，構造材，造作材など水回りで多用される。

タモ→重硬で弾力性に富む。家具材のほか，建具材，造作材，化粧用単板，内装用合板など用途は幅広い。

エ　詰め物，埋め物を指すフィラーは，システム収納家具やシステムキッチンなどにおいて天井や壁間のすき間を埋める板状の部材。もしくは，塗装において下地の凹凸をならすために用いられる塗料をいう。

モールディング→天井と壁の取合い部や窓枠などの納まりを隠すのに用いる装飾材。

シーリング→気密性や防水性のためにすき間を埋める目地材の総称。

第16問 家具に関する次の記述の ☐ 部分に，それぞれの語群の中から最も適当なものを選んで，解答欄の番号にマークしなさい。

1 デスクワークに使われる回転いすには，座面の高さ・角度などの調節のほか，メッシュ材を使用することで弾力性や ア に配慮されたものがある。

【語　群】 1．保温性 　　 2．通気性 　　 3．耐候性

2 高齢者がくつろぐためのパーソナルチェアには イ から立ち上がるために適切なひじ掛けがあると安心である。

【語　群】 1．軽い休息姿勢 　 2．作業姿勢 　 3．仮眠姿勢

3 ベッドの構造において，床板やすのこなどの非弾性ボトムの上にマットレスを組み合わせたものを ウ タイプと呼ぶ。

【語　群】 1．ダブルクッション
　　　　　 2．シングルクッション
　　　　　 3．独立クッション

4 ユニット式収納家具は，基本となる単位寸法で作られた エ を用途やスペースに対応して組み合わせ，さらに安全面から金物で連結する方式のものが多い。

【語　群】 1．箱体（ボックス）
　　　　　 2．板材（パネル）
　　　　　 3．金属枠（フレーム）

解説 インテリアエレメント（家具）に関する設問

ア 事務用回転いすには，座面の回転機構や上下昇降調節機構，移動用キャスターのほかに，通気性に配慮したメッシュ素材の使用など，長時間作業による疲労軽減のための形状や機能をもったものが多い。

イ パーソナルチェアは一人用の休息いす。座と背の角度が大きく軽い休息姿勢となるため，高齢者用には立ち上がる際にしっかり持てる肘掛けがあるとよい。

ウ ベッドのボトム（フレームの床部）には，床板やすのこ，畳などを使用した非弾性ボトムと，スプリングやコイルなどを使用した弾性ボトムがある。シングルクッションは，非弾性ボトムにマットレスを組み合わせたものをいう。

　　ダブルクッション→弾性ボトムにクッション性のあるマットレスを組み合わせたもの。

エ ユニット式収納家具は，多様な収納機能をもつ箱体（ボックス）を，金物などで簡単に連結して組み合わせたものが多い。

第 17 問 家具などに使われる衝撃吸収部材およびクッション材の用途に関する次の**ア
〜エ**の記述に対して，それぞれの下に記した語群の中から<u>最も適当なもの</u>を選
んで，解答欄の番号にマークしなさい。

ア 螺旋状に巻いた複数のコイルを鋼線に固定した衝撃吸収材

【**語　群**】 1．ガススプリング

2．ウッドスプリング

3．セットスプリング

イ 細いゴムを糸で巻いてベルト状に織った衝撃吸収材

【**語　群**】 1．ウェビングテープ

2．アンダーレイ

3．ヘッシャンクロス

ウ 波型でSバネとも言われ，椅子の下張り，ベッドやソファの底張りに用いられる
衝撃吸収材

【**語　群**】 1．S字トラップ

2．スネークスプリング

3．オイルダンパー

エ ベッドマットレスの3層構造のクッションにおいて，最下層として適切な性能ま
たは性質

【**語　群**】 1．柔らかい触感を与える

2．姿勢を保持する

3．衝撃を吸収する

解　説 インテリアエレメント（家具の衝撃吸収部材等）に関する設問

ア いすの衝撃吸収材として使われる<u>セットスプリング</u>は，螺旋(らせん)状のコイルスプリン
グを複数並べて鋼線で連結させたもの。荷重を面で支えるようなクッション性が特徴。

ガススプリング→圧縮ガスの反力を活用したスプリングで，いすなどのリクライニン
グ調節，ベッドやデスクの昇降調節，扉や窓の開閉に多用される。

ウッドスプリング→すのこ状の木の板をベースに，ラテックスなどの素材を組み合わ
せてクッション性をもたせたマットレスの土台。

イ いすの座面の下張りなどに衝撃吸収材として用いられる<u>ウェビングテープ</u>は，特殊撚
糸(ねん)を組み，ゴムを浸透させてつくった帯状のテープである。

アンダーレイ→カーペットなどを施工する際，床との間に敷き込むクッション材。

ヘッシャンクロス→いすの下張り材としても使用される，ジュート麻をざっくりと織
　　り込んだクロス。

ウ　硬いS字状の波型の鋼線バネを連結させた**スネークスプリング**は，前後または左右に
　　伸び縮みするスプリングで，ソファなどの座面内部に使われる衝撃吸収材である。

　　S字トラップ→下水管からの異臭や，屋外からの害虫侵入を防ぐために，排水設備の
　　　配管の途中に設けられる装置。

　　オイルダンパー→油の粘性と抵抗力を利用して地震の揺れや衝撃を吸収する装置。

エ　ベッドマットレスの3層構造では，一番下は**衝撃を吸収する層**，真ん中は姿勢を保持
　　する層，一番上は柔らかい触感を与える層がよいとされる。

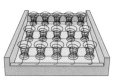
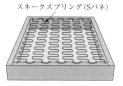

ウェビングテープ　　　　スネークスプリング（Sバネ）

| セットスプリング | ウェビングテープ | スネークスプリング |

　　　　　　　　　　　　　　　　［**答**］ア－3，イ－1，ウ－2，エ－3

第 18 問　　家具金物の丁番とキャッチに関する次の**ア～エ**の記述に対して，それぞれの
　　　　　　下に記した語群の中から**最も適当なもの**を選んで，解答欄の番号にマークしな
　　　　　　さい。

ア　扉の裏面と側板の内側に固定し，180°以上開く丁番（図1参照）

　　【語　群】　　1．スライド丁番
　　　　　　　　　　2．旗丁番
　　　　　　　　　　3．アングル丁番

図1

イ　サイズが豊富で，一般的によく使用される丁番（図2参照）

　　【語　群】　　1．ピアノ丁番
　　　　　　　　　　2．屏風丁番
　　　　　　　　　　3．平丁番

図2

ウ　自由に回転する2点で挟む構造を持ったキャッチ（図3参照）

【語　群】　1．樹脂キャッチ

　　　　　　2．ロータリーキャッチ

　　　　　　3．ボールキャッチ

図3

エ　ワンタッチ操作で開閉でき，取っ手やつまみが不要なキャッチ
（図4参照）

【語　群】　1．マグネットプッシュキャッチ

　　　　　　2．ローラーキャッチ

　　　　　　3．ナックルキャッチ

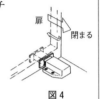

図4

解　説　インテリアエレメント（家具金物等）に関する設問

ア　図1の丁番はアングル丁番。かぶせ扉に用いるもので，表の扉の厚み部分に金物の一部が見える。

　　スライド丁番→かぶせ用に用いる丁番で，扉の調整が容易で施工性も良い。

　　旗丁番→集合住宅の玄関扉など，重い金属扉に用いられる。

イ　図2は平丁番。最も多用されている一般的なもので，大きさの種類がたくさんある。

　　ピアノ丁番→「長丁番」ともいい，ピアノの扉などにも使用される。

　　屏風(びょうぶ)丁番→左右のどちらにも180度ずつ開く。

　　　スライド丁番　　　　　旗丁番　　　　　　ピアノ丁番（長丁番）　　　　　屏風丁番

ウ　図3はボールキャッチ。扉側のボールが押し込まれるので，どの方向からでも確実にキャッチできる。キャッチとは扉を所定の位置に固定するための金物で，引っ張ると外れる，掛け金などの解除操作のないものをいう。

　　樹脂キャッチ→プラスチックの弾性を利用したもの。

　　ロータリーキャッチ→扉側の突起物が本体側のロータリーに入り込むもの。

エ　図4はマグネットプッシュキャッチ。磁石を利用してワンタッチ操作で扉の開閉ができ，ハンドルやつまみを必要としない。

　　ローラーキャッチ→金属やプラスチックの弾性を利用したもの。

ナックルキャッチ→ロータリーキャッチと同じような機能がある。

ボールキャッチ

ロータリーキャッチ

ナックルキャッチ
キャッチ

ローラーキャッチ

マグネットプッシュキャッチ

［答］ア－3，イ－3，ウ－3，エ－1

第19問 　家具の表面仕上げに関する次の記述の ☐ 部分に，それぞれの語群の中から最も適当なものを選んで，解答欄の番号にマークしなさい。

1 　スチール製の家具には，溶剤を使わず，厚く強度のある塗膜をつくり不透明に仕上がる ｱ が適している

　　【語　群】　　1．粉体塗装　　　2．電着塗装　　　3．加飾塗装

2 　適切なツヤ消し度合いに塗装する際には，塗装面の加工精度と ｲ を十分に考慮する必要がある。

　　【語　群】　　1．研磨状態　　　2．耐摩耗性　　　3．吸放湿性

3 　塗膜をつくらない表面仕上げに用いられる ｳ は，塗布しすぎると部分的に光沢が出るので注意が必要である。

　　【語　群】　　1．アルマイト　　2．ワックス　　　3．メッキ

4 　塗膜をつくらない表面仕上げに用いられる ｴ は，自然の木肌の色と質感に近い仕上がりになる。

　　【語　群】　　1．オイルフィニッシュ
　　　　　　　　　2．ミラーフィニッシュ
　　　　　　　　　3．ソープフィニッシュ

解説 　インテリアエレメント（家具の表面仕上げ）に関する設問

ア 　金属塗装の一つである粉体塗装は，静電気と空気圧を利用して粉状塗料を金属表面に付着させ，高温で焼き付ける。有害物質を含む溶剤を使用しないため，シックハウス症候群対策としても用いられる。

　　電着塗装→電気処理をして表面に塗膜を形成させる金属塗装の一つ。

　　加飾塗装→質感を再現した石目調塗装，スエード調塗装，アンティーク塗装など，さまざまな塗料や塗装方法がある。

イ 　塗料には，ツヤありとツヤ消し（7分ツヤ，5分ツヤ，3分ツヤ）などの種類がある。塗装のツヤ消し度合いは，塗装面の加工精度と研磨状態に配慮しながら決める。

ウ 塗膜をつくらないワックスは，ワックスを塗り込み，布などで拭き磨きいて光沢を出す仕上げ方法で，メンテナンスの手段として用いられる。

　　アルマイト→アルミの表面処理の一つ。その多孔質の表面を利用して染色ができ，装飾性，耐摩耗性などの機能もある。

　　メッキ→金属や非金属などの固体表面に金属を成膜させる技術の総称。

エ 塗膜をつくらないソープフィニッシュは，木製家具を石鹸水で磨く表面仕上げ方法。木本来の風合いを生かすことができる。

　　オイルフィニッシュ→ツヤの少ない落ち着いた仕上げが得られ，木製家具の仕上げ塗装に適した塗料。

　　ミラーフィニッシュ→「鏡面仕上げ」ともいわれ，金属表面を平滑にし，ツヤを出す表面仕上げ加工。

〔答〕ア−1，イ−1，ウ−2，エ−3

第20問 戸建て住宅のウインドートリートメントなどの選定に関する次のア〜エの記述に対して，それぞれの下に記した語群の中から最も不適当なものを選んで，解答欄の番号にマークしなさい。

ア リビングルームのテラス窓に設置し，太陽光や風を通しつつ，外からの視線も若干さえぎるウインドートリートメント

　　【語　群】　1．ケースメント　　2．ベルベット　　3．ボイル

イ ダイニングルームの出窓に設置し，前庭の花壇を眺められるよう上下に昇降できるウインドートリートメント

　　【語　群】　1．ハニカムスクリーン

　　　　　　　2．ローマンシェード

　　　　　　　3．カフェカーテン

ウ 寝室の一角に設けた書斎コーナーを必要に応じ，左右方向に開閉することで軽く間仕切るもの

　　【語　群】　1．バランス

　　　　　　　2．パネルスクリーン

　　　　　　　3．バーチカルブラインド

エ 浴室の腰窓に設置し，夏の日差しの調節と入浴時の人影を隠すウインドートリートメント

　　【語　群】　1．ロールスクリーン

　　　　　　　2．ベネシャンブラインド

　　　　　　　3．プリーツスクリーン

解説 インテリアエレメント（ウインドートリートメント）に関する設問

ア 完全な遮へいを必要としないリビングルームのテラス窓には，レースより太い糸で織られた透過性のある**ケースメント**や，透明性の高い薄地の織物**ボイル**など，透明感を生かしたシアーカーテンが適している。

ベルベット→パイル織物の一つ。重厚で光沢感と滑らかな肌触りが特徴。

イ 外の景色を眺めたいダイニングルームの出窓には，スクリーンの断面が蜂の巣（ハニカム）構造で上下に昇降する**ハニカムスクリーン**や，1枚の布を折りたたみながら上下に昇降させる**ローマンシェード**が適している。

カフェカーテン→窓の中間部分を目隠しするためのカーテン。

ウ 室内空間を必要に応じて間仕切りたいときは，布地スクリーンを数枚レールに吊るして左右に移動させる**パネルスクリーン**や，ルーバーを縦方向に吊った縦型の**バーチカルブラインド**が適している。

バランス→カーテンレールやブラインド上部のヘッドボックスを隠す意匠的な上飾りあるいはカバー。

エ 採光や視界の調整が必要な浴室の腰窓には，スプリング内蔵のローラーパイプでスクリーンを上下に移動させる**ロールスクリーン**や，スラット（羽根）の角度調節ができる横型の**ベネシャンブラインド**が適している。

プリーツスクリーン→1枚のスクリーンをジグザグにたたみ上げ，上下に開閉する。

[**答**] ア－2，イ－3，ウ－1，エ－3

第21問 家事コーナーのインテリアコーディネートに関する次の記述の ☐ 部分に，それぞれの語群の中から**最も適当なもの**を選んで，解答欄の番号にマークしなさい。

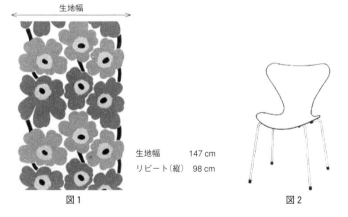

生地幅

生地幅　　147 cm
リピート（縦）　98 cm

図1　　　　　　　　　　　図2

依頼主が気に入っている北欧のプリント生地（図1参照）をウインドートリートメントに用い，家事コーナーのインテリアイメージの具体化をすすめた。

ウインドートリートメントは，プリントの大柄が映えるようにヒダのない ア とし，木質系の装飾レールと組み合わせた。テラス窓（高さ2m×幅1.8m）における要尺（丈）は約 イ mとなり，これをもとに概算費用を算出した。

造り付け作業デスクには，アルネ・ヤコブセンがデザインした ウ のセブンチェア（図2参照）を組み合わせ，ともに白色とした。アクセントカラーには，カーテン生地に使われている高明度・中彩度である エ のライムグリーン色を選定した。

【アの語群】	1．ギャザーカーテン
	2．プレーンシェード
	3．フラットカーテン

【イの語群】	1．4	2．5	3．6
【ウの語群】	1．強化プラスチック	2．成型合板	3．曲木
【エの語群】	1．ペールトーン	2．ダルトーン	3．ライトトーン

解説 インテリア総合（インテリアコーディネート）に関する設問

ア カーテン上部にヒダをとらないフラットカーテンは，圧迫感が少なくスッキリとした印象で，大柄の生地にも適している。

ギャザーカーテン→細かい寄せヒダでボリューム感を出したもの。

プレーンシェード→自然な形で生地を平行にたたみ上げていく，ローマンシェードの中で最も一般的なもの。

イ 図1の柄ありフラットカーテン（ひだ倍率は1.2倍前後）の要尺は，下記算定により6mとなる。要尺とは生地の使用数量（幅×丈）を指す。

①使用幅数

180cm(仕上がり幅寸法)×1.2(ひだ倍率)+20cm(左右の折り返し分)=236cm

236cm(幅)÷147cm(生地幅)≒1.6 ⇨ 繰り上げて2幅

②使用丈寸法

200cm(仕上がり丈寸法)+40cm(上下の折り返し分)=240cm

240cm(丈)÷98cm(柄リピート)≒2.5 ⇨ 繰り上げて3リピート

98cm(柄リピート)×3(必要リピート数)=294cm ⇨ 繰り上げて300cm

③要尺

2(使用幅数)×300cm(使用丈寸法)=600cm=6m

ウ 図2のセブンチェアは成型合板を使った椅子で，デンマークの建築家アルネ・ヤコブセン(1902〜1971)がデザインした。

強化プラスチックでは，デンマークの建築家ヴェルナー・パントン(1926〜1998)がデ

ザインした，強化プラスチックによる一体成形のパントンチェアが代表的。**曲木**（まげき）では，ドイツとオーストリアの家具デザイナーであるミハエル・トーネット（1796〜1871）が考案した曲木椅子が代表的。

エ　アクセントカラーに選定されたライムグリーンは，トーン分類におけるライトトーン（lt）に相当する高明度，中彩度の色調。なお，図1のカーテン生地は，フィンランド企業マリメッコの定番柄であるウニッコ（ケシの花）である。

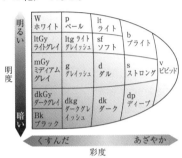

トーンの分類

パントンチェア　　曲木椅子

［答］アー3，イー3，ウー2，エー3

第22問　床敷き物の標準寸法に関する次の**ア〜エ**の記述に対して，それぞれの下に記した語群の中から最も適当なものを選んで，解答欄の番号にマークしなさい。

ア　オフィスなど公共スペースに多く使われるタイルカーペットの寸法（mm）（図1参照）

【語　群】　1．300 × 300
　　　　　　2．400 × 400
　　　　　　3．500 × 500

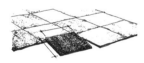

図1

イ　和室以外に敷くフリーカット用ロールカーペットの一般的なロール幅（mm）（図2参照）

【語　群】　1．2610
　　　　　　2．3640
　　　　　　3．4770

図2

ウ　ラグマットをソファーセットの中敷きにする時に選ぶ既製寸法（mm）（図3参照）

【語　群】　1．1800 × 900
　　　　　　2．2000 × 1400
　　　　　　3．2100 × 1100

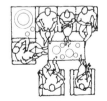

図3

エ　ニードルパンチカーペットのロール物の最小幅

　　寸法（mm）（図4参照）

　　【語　群】　　1．910

　　　　　　　　2．1820

　　　　　　　　3．2730

図4

解　説　インテリアエレメント（カーペット）に関する設問

ア　タイルカーペットは，公共空間などに使われる業務用と家庭用に分類される。図1の業務用の寸法は500 × 500 mm，家庭用の寸法は400 × 400 mmが一般的である。

イ　図2の要望に応じたサイズにカットできるフリーカット用ロールカーペットのロール幅は，3,640 mmが一般的である。

ウ　ラグマットの既製寸法（mm）は，おもに1,400 × 1,000，2,000 × 1,400，2,000 × 2,000，2,500 × 2,000。一般的なソファセットの寸法（mm）は，1人用ソファの座面幅600，肘掛け幅100で，ソファとテーブルの間は400程度。図3のソファセットにラグマットを中敷きするときの空間（mm）は，横：3人用ソファ幅（幅600 × 3人＋左右の肘掛け幅200）＝ 2,000程度，縦：1人用ソファ幅（幅600 ＋左右の肘掛け幅200 ＝ 800）＋通路空間（400 ×左右2箇所 ＝ 800）＝1,600程度である。よって，既製寸法2,000 × 1,400 mmのラグマットを選択するとよい。

エ　図4のニードルパンチカーペットのロール物の最小幅は910 mm。このカーペットは機械で圧縮してフェルト状にしたもので，自由に切ることができ施工が容易である。

〔答〕ア－3，イ－2，ウ－2，エ－1

第23問　インテリアアートに関する次の記述の　□　部分に，下に記した語群の中から最も適当なものを選んで，解答欄の番号にマークしなさい。

　アートをインテリアに取り入れる場合は，作品の価値を損なわないように，飾る場所や保管方法に注意する必要がある。鉛筆で描かれた　ア　は，水彩画と同じように自然光によって退色しやすいので，採光に注意する。リトグラフや　イ　など版画の額装のマットには　ウ　を選び，長期保存による劣化を防ぐ。アートとして注目されている写真は，高温にも注意し，　エ　カットのアクリルやガラスで表面をカバーして退色を防ぐ。

【アの語群】　　1．ドローイング　　2．エッチング　　3．エングレーヴィング

【イの語群】　　1．グワッシュ　　2．コラージュ　　3．ドライポイント

【ウの語群】　　1．タック紙　　2．印画紙　　3．無酸紙

【エの語群】　　1．紫外線　　2．可視光線　　3．赤外線

解 説 インテリアエレメント（インテリアアート）に関する設問

ア 「素描」や「デッサン」とも呼ばれるドローイングは，単色の鉛筆やペン，木炭など
を使って線だけで描く絵である。

 エッチング→版画の技法で，凹版の腐食法（間接法）の一つ。銅が酸に溶ける性質を
  使ってくぼみをつくる。

 エングレーヴィング→版画の技法で，凹版の直刻法（直接法）の一つ。鋭利な刃物で
  直接銅版を彫って版をつくる。

イ・ウ 凹版の直刻法（直接法）のドライポイントや平版のリトグラフ（石版画）など，
版画の額装の紙にはカビや染みを防ぐために無酸紙（中性紙）のマットを用いる。

 グワッシュ→不透明水彩絵の具の一つ。

 コラージュ→画面に印刷物，写真，布，木などさまざまなものを貼り付けて構成する
  現代絵画の技法の一つ。

 タック紙→裏面に粘着剤が塗布されているシールの材料。

 印画紙→写真の焼付けや引き伸ばしに使う感光紙。

エ 太陽光のうち，紫外線は波長が可視光線より短い（380 nm 以下）不可視の電磁波。
人の肌だけでなく写真の退色にも影響するため，専用のガラスなどでカバーする。

 可視光線→太陽光のうち人の目に見える光で，波長の範囲は電磁波の 380～780 nm。

 赤外線→太陽光のうち波長が可視光線より長い（780 nm 以上）不可視の電磁波。

           ［答］ア－1，イ－3，ウ－3，エ－1

第 24 問 食卓に使用される道具や器に関する記述の □ 部分に，それぞれの語群の
   中から最も適当なものを選んで，解答欄の番号にマークしなさい。

1 箸には，使用目的に合わせ様々な材質や形状のものがある。杉材などで，両端が
細く作られたものは ┃ア┃ 箸と呼ばれる。

 【語 群】 1．天削   2．利休   3．小判

2 日本の磁器には，重厚で独特の絵付けと色合いを持つものがあり，石川県加賀地
方の ┃イ┃ が有名である。

 【語 群】 1．織部焼   2．九谷焼   3．信楽焼

3 日本の漆器のうち，木目の美しさを生かした透明感のある褐色の塗りものに
┃ウ┃ がある。

 【語 群】 1．秀衡塗   2．春慶塗   3．津軽塗

4 陶器の製法の一つに，褐色の素地の上に白色土をかけ，透明の釉薬を施す ┃エ┃
がある。

 【語 群】 1．粉引   2．天目   3．灰釉

ア 両端を細く削った利休箸は，面を取った中太両細型の両口箸。千利休が吉野杉の材で一膳ずつ削って来客をもてなしたと伝えられる。懐石用であるが客膳にも用いられる。

天削(てんそぎ)箸→箸の天の部分を鋭角的に削ぎ落とし，スギやヒノキといった木目の美しさを強調した箸。

小判箸→4つの角を削って面取り加工した箸。天の部分の切口が小判型に見えることから命名された。

イ 石川県加賀地方の九谷(くたに)焼は，色絵磁器の代表的な一つ。五色の五彩手(ごさいで)と呼ばれる重厚で豪華な絵付けと色合いの美しさが特徴である。

織部焼→美濃の古陶窯でつくられる，茶人古田織部の好みにしたがった陶器。緑釉の絵付けが特徴で，形，文様の斬新さで知られる。

信楽(しがらき)焼→滋賀県信楽町周辺でつくられる素朴で温かみのある焼物で，耐火性と粗い土質が特徴。一般的には狸の置物が有名だが，大物陶器が多く作られている。

ウ 日本各地に産地がある春慶(しゅんけい)塗は，木地の上に「春慶漆」と呼ばれる特に透明度の高い透漆(すきうるし)を塗り上げ，表面の漆を通して木目の美しさが見えるように仕上げる漆器である。

秀衡(ひでひら)塗→岩手県平泉周辺で採れた金箔などをあしらい，漆器としては数少ない鮮やかな模様が特徴の漆器。

津軽塗→ヒバの木地に何重にも漆を塗り重ね，その漆を研ぐことで模様を生み出す。青森県弘前市を中心につくられる漆器。

エ 温かみのある，やわらかな色合いの白が特徴の粉引(こひき)は，ベースの粘土の上に白化粧という白い泥をかけ，釉薬をかけて焼いた陶器である。

天目(てんもく)→黒い鉄釉がかかった陶器。黒，褐色，べっこう色などを発色する。

灰釉(かいゆう，はいゆう)→植物を焼いた灰を水に溶き，釉薬としてかけて焼いた素朴な陶器。

[答] ア－2，イ－2，ウ－2，エ－1

第25問 枕に関する次の記述の ⬚ 部分に，下に記した語群の中から<u>最も適当なもの</u>を選んで，解答欄の番号にマークしなさい。

枕には，頭部から ア ・首までにできる隙間を埋め，脊柱のS字カーブを維持する役目がある。感触の好みや使い方，個人の体型や寝姿勢に合わせ選択する。

詰め物の素材には，そば殻やヒノキチップなど硬めのものから，羽根など柔らかめのもの，頭部の形状にフィットする イ などがある。また，頭部からの発汗による不快なムレを減らすよう通気性を備え家庭で手軽に洗濯しやすい ウ などがあり，これらの複数の素材を組み合わせたものもある。

形状には，端部と中央部に高低差をつけ　エ　に適した形状のもの，背中上部までを支えることで肩への負担を減少させるものなどバリエーションがあり，素材の選択も含めオーダーメイドも可能である。

【アの語群】	1．頸椎	2．肩甲骨	3．胸椎
【イの語群】	1．天然発泡ゴム	2．低反発ウレタン	3．高反発ウレタン
【ウの語群】	1．ポリスチレンビーズ		
	2．ヒノキチップ		
	3．ポリエチレンパイプ		
【エの語群】	1．寝返り	2．うつぶせ寝	3．入眠

解説　インテリアエレメント（枕）に関する設問

ア　寝たときに体への負担が少ない姿勢をつくるうえで枕の役割は重要である。後頭部から首すじの頸椎(※)にかけてのすき間を埋め，全体で頭部を支えることで首や肩に負担がかかりにくくなる。

イ・ウ　枕の詰め物素材のうち，低反発ウレタンは頭の形などにフィットするため寝心地は良いが，水洗いや天日干しができず，夏場に熱がこもりやすい。ポリエチレンパイプは通気性が抜群で耐久性が高く水で洗えるが，フィット感に欠け，パイプのガサガサという音が気になる。

　　天然発泡ゴム→柔軟性のある反発力が特徴。通気性が高く，天然素材のため抗菌作用があるが，ゴム特有の臭いもある。「ラテックス」ともいう。

　　高反発ウレタン→適度な硬さやフィット感があり，首から肩をしっかりと支え，安定した睡眠が期待できる。通気性が若干悪い。

　　ポリスチレンビーズ→発泡スチロールを超極小にしたもの。ビーズ特有の触り心地で頭の形に合わせて自在に形を変えられる。

　　ヒノキチップ→安定感のある硬めの寝心地とヒノキの香りが特徴。防湿，防カビ効果が高く，頭部の熱を分散し不快感を解消してくれる。

エ　枕の形状には，中心部ほどボリュームがある標準型，枕の中を分割し中央部より端部を高くして寝返りをしやすくした分割型，中央部分がくぼんだドーナツ型，横から見ると流曲線になっている波型など多様なものがある。

［答］アー1，イー2，ウー3，エー1

鉄筋コンクリート構造に関する次の記述の □ 部分に，それぞれの語群の中から最も適当なものを選んで，解答欄の番号にマークしなさい。

1 鉄筋コンクリートに用いられるコンクリートは ア 強度が特に大きい。

【語　群】　1．圧縮　　　　2．引張り　　　　3．曲げ

2 鉄筋コンクリート構造の建物で多く用いられる，傾斜がほとんどない平らな屋根を イ 屋根という。

【語　群】　1．切妻　　　　2．陸　　　　3．方形

3 鉄筋コンクリートのラーメン構造の梁せいは，スパンが6mの場合，一般的には約 ウ cmとなる。

【語　群】　1．30　　　　2．60　　　　3．120

4 壁式鉄筋コンクリート造の建築物は，地階を除く階数が エ 階以下とすることが国による技術的基準に定められている。

【語　群】　1．4　　　　2．5　　　　3．6

解 説　建築の構造（鉄筋コンクリート構造）に関する設問

ア　鉄筋コンクリートの複合材料のうち，コンクリートは圧縮強度が大きく，鉄筋は引張り強度が大きい。

イ　平屋根ともいわれる陸（ろく，りく）屋根は，屋根の勾配が水勾配程度のほとんど平らな屋根。一般に鉄筋コンクリート造建築に用いられる。屋根全面には防水処理が必要。

　　切妻（きりづま）屋根→1枚の板を中央で折ったような山形の屋根。

　　方形（ほうぎょう）屋根→寄棟屋根の一種で，隅木が一つの頂点に集まる形のもの。一般住宅より仏寺建築や東屋（あずまや）などで見られる。

陸屋根　　　　　切妻屋根　　　　方形屋根

ウ　鉄筋コンクリート造の梁せいは，スパンの1/10〜1/12なので，スパンが6mの場合は約60cmとなる。梁せいとは，梁の上面から下面までの高さを指す。

エ　壁式鉄筋コンクリート造の建築物は，地階を除く階数が5階以下で，かつ，軒高20m以下，階高は3.5m以下と定められている（平成13年国土交通省告示第1026号）。

〔答〕ア−1，イ−2，ウ−2，エ−2

第 27 問 機能材料と構法に関する次の記述の ☐ 部分に，それぞれの語群の中から最も適当なものを選んで，解答欄の番号にマークしなさい。

1 グラスウールの熱伝導率は，木材の約 $\boxed{ア}$ である。

【語 群】 1．1/20 2．1/10 3．1/3

2 木造住宅の外周壁にグラスウールを充填する場合，防湿層はグラスウールの $\boxed{イ}$ に設置しなければならない。

【語 群】 1．室内側 2．両側 3．室外側

3 多孔質型の吸音材料は，主として細孔中の $\boxed{ウ}$ 抵抗により音エネルギーの一部を熱エネルギーに変換する材料である。

【語 群】 1．摩擦 2．電気 3．電磁

4 ペースト状のものを流し込む不定形のシール材は $\boxed{エ}$ ともいう。

【語 群】 1．ガスケット 2．マスキング 3．コーキング

解 説 インテリア構法（機能材料と構法）に関する設問

ア 熱伝導率は1つの物質の熱の伝わりやすさをいい，単位は[W/m・K]。グラスウールの熱伝導率（0.041～0.051）は，木材（0.12～0.18）の約1/3，コンクリート（1.3）の約1/30である。

イ グラスウールはガラスを溶融した短繊維で，断熱材，遮音材，吸音材などに使われる。木造住宅の外周壁に繊維系断熱材のグラスウールを使う場合，室内の水蒸気が壁体内に侵入するのを防ぐための防湿層をグラスウールの室内側に設置する。

ウ ロックウールやグラスウールなど多孔質の材料を透過する音波は，材料中の空気が振動する際の摩擦抵抗や粘性抵抗によって音のエネルギーの一部が熱エネルギーに変換され，吸音効果が生じる。

エ サッシや水回りなどの防水処理に使われるコーキングは，ジョイント部分，継目のすき間などをペースト状の目地材などでふさぐシール材。「シーリング」ともいう。

ガスケット→構造に気密性，液密性をもたせるために用いる固定用シール材。

マスキング→ある素材に塗装などをするとき，素材の中で塗装が不要な部分を粘着テープなどで覆い隠すこと。

[答] ア－3，イ－1，ウ－1，エ－3

第 28 問 日本家屋に関する次の記述の ☐ 部分に，下に記した語群の中から最も適当なものを選んで，解答欄の番号にマークしなさい。

図1の写真に示す日本家屋の例では，$\boxed{ア}$ を内外に露出させ，壁が少なく，建具は $\boxed{イ}$ の間に取り付けられていた。

また，このような和室においては， ウ のデザインでインテリアが決められていた感さえある。これらの特徴をよく表しているこの建物は，数寄屋造りの代表的な建築物として挙げられる エ である。

図1

【アの語群】　1．構造体　　　　　2．配管　　　　　3．断熱材
【イの語群】　1．垂木と垂木　　　2．柱と柱　　　　3．梁と梁
【ウの語群】　1．障子と襖　　　　2．床と天井　　　3．鴨居と長押
【エの語群】　1．東求堂同仁斎　　2．待庵　　　　　3．桂離宮

解 説 インテリア総合（日本家屋）に関する設問

ア・イ・ウ　図1の日本家屋は，建物の柱や梁などの構造体に木材を用いた木造建築で，これらを内外に露出させているため壁が非常に少ない。建具は柱と柱の間に取り付けられており，空間意匠は障子と襖（ふすま）が決め手となっている。

　　垂木（たるき）→屋根の勾配に沿ってかける小角材で，野地板を受けるための斜め材。

　　梁→建物の柱や壁と直角に交わる水平構造部材で，おもに曲げ作用を受ける材。

　　鴨居（かもい）→障子や襖などの建具の上枠となる横木。

　　長押（なげし）→柱と鴨居の上に取り付ける幅の広い横木。

エ　図1の日本家屋は，数寄屋（すきや）造の代表的な建築物である桂離宮。17世紀初期に宮家の別荘として創建。ドイツの建築家ブルーノ・タウトは，簡素さの中に美と深い精神性を表現した庭園や建築であると高く評価した。

　　東求堂同仁斎（とうぐどうどうじんさい）→慈照寺（銀閣寺）の一角にある書院造の代表的な建築物。四畳半に付け書院と違い棚を備える。

　　待庵（たいあん）→京都にある妙喜庵の茶室。千利休好みの典型的な草庵茶室で，現存最古の茶室といわれる。

　　　　　　　　　　　　　　　　　　　　　　　　　［答］ア－1，イ－2，ウ－1，エ－3

第29問　建具の機能と名称に関する次の記述の ☐ 部分に，下に記した語群の中から最も適当なものを選んで，解答欄の番号にマークしなさい。

部屋のドアの下端に，モヘア等の部材を用いて ア を向上させることがある。

一方，シックハウス対策では，24時間換気が必要となるため，ドアに イ を設ける場合もある。

外部開口部には，位置や形状によって固有の名称がある。床面に接した位置にある窓を ウ ，壁面の天井に近いところに設けた窓を エ という。

【アの語群】　1．気密性　　　2．防火性　　　3．耐候性

【イの語群】　1．コールドドラフト

　　　　　　　2．ドアクローザー

　　　　　　　3．アンダーカット

【ウの語群】　1．下地窓　　　2．肘掛窓　　　3．地窓

【エの語群】　1．天窓　　　　2．掃出し窓　　3．高窓

解説　インテリア構法（建具の機能と名称）に関する設問

ア　室内ドアの下部には，気密性の改善やすき間風防止，防音のために，モヘアやウレタンなどのテープを用いることがある。

イ　24時間換気への対処方法として用いられるアンダーカットは，廊下を経由して居室の空気を換気設備へ導くために，ドアなどの建具を10mm程度切り欠くこと，または切り欠いた部分をいう。

　　　コールドドラフト→冷たい窓辺から発生する，部屋の下方にある冷たい空気の流れ。

　　　ドアクローザー→開き戸の上部に取り付け，油圧でドアをゆっくり自動的に閉めることができる装置。

ウ・エ　開口位置による窓の種類のうち，地窓は床面に接した位置にある窓，高窓は天井面に近い壁面に設けられる窓で，いずれも主として採光と換気のために設けられる。

　　　下地窓→土壁の一部を塗り残して，竹を縦横に縄で編んだ壁下地の木舞（こまい）を見せた窓。おもに茶室などで用いられる。

　　　肘掛（ひじかけ）窓→床に座ったときに肘がかけられるくらいの高さの窓。

　　　天窓→建物の屋根や天井に設けられた窓。採光や換気を目的とする。

　　　掃出し窓→窓の下枠が床と同じ高さで，窓から外に出入りができる窓。

［答］ア－1，イ－3，ウ－3，エ－3

石こうボードに関する次の記述の □ 部分に，下に記した語群の中から最も適当なものを選んで，解答欄の番号にマークしなさい。

　石こうボードはインテリアの壁や天井仕上げの下地材として広く使われている。日本における石こうボードの規格は ア に定められていて，大きさや厚さが決められている。住宅工事の場合，もっとも一般的な大きさは イ mmのもので，厚さは12.5 mmと9.5 mmのものが使われることが多い。マンションなどで軽量鉄骨下地に石こうボードを張る場合は，専用の ウ を用いる。設計図書などでは，英語名の頭文字を取って エ と略記することがある。

　　　【アの語群】　1．JIS　　　　　　　2．JAS　　　　　　　3．ISO
　　　【イの語群】　1．900 × 1800　　　2．910 × 1820　　　3．1000 × 2000
　　　【ウの語群】　1．ビス　　　　　　2．釘　　　　　　　　3．接着剤
　　　【エの語群】　1．MDF　　　　　　2．PB　　　　　　　　3．OSB

解 説　インテリア構法（石こうボード）に関する設問

ア　石こうボードの規格はJIS（日本産業規格）により定められている。

　　JAS→日本農林規格。建築関係では，製材品，各種合板，集成材，フローリング類などの規格を設けている。

　　ISO→国際標準化機構。国際的にさまざまな分野の国際規格の作成を行っている。

イ・ウ　石こうボードの一般的な大きさは910 × 1,820 mm（3尺×6尺）で，そのほか910 × 2,420 mm（3尺×8尺），910 × 2,730 mm（3尺×9尺）などある。厚さは不燃材料の12.5 mm，準不燃材料の9.5 mmが多用される。また，軽量鉄骨下地に石こうボードを張るときは，留付けを強固にするため軽鉄用のビスを用いる。

エ　石こうボードは，石こうを芯材としたプラスターボード。設計図書などではPB（plaster board），もしくは日本産業規格における記号であるGB-R（gypsum boardsの標準的なもの）で略記することがある。

　　MDF（medium density fiberboard）→中密度繊維板。家具の基材として多用される。

　　OSB（oriented strand board）→配向性ボード。薄くて細長い木片に方向性を加えて直交させ，接着剤によって固めた面材。家具や内装材として使われる。

［答］ア－1，イ－2，ウ－1，エ－2

第 31 問　インテリアの仕上げに関する次のア～エの記述に対して，それぞれの下に記した語群の中から最も関係のないものを選んで，解答欄の番号にマークしなさい。

　ア　大理石の表面仕上げ
　　　【語 群】　1．割肌　　　　　2．本磨き　　　　3．水磨き

　イ　ステンレス板の表面仕上げ
　　　【語　群】　１．鏡面　　　　　２．ヘアーライン　　　３．ビシャン
　ウ　スギ丸太の床柱の表面処理
　　　【語　群】　１．磨き　　　　　２．こぶ出し　　　　　３．絞り
　エ　モルタルの仕上げ
　　　【語　群】　１．こて押さえ　　２．小たたき　　　　　３．刷毛引き

解説　インテリア構法（インテリアの仕上げ）に関する設問

ア　大理石の表面仕上げには，石材表面をつやが出るまで研磨した**本磨き**や，石材表面を光沢のない程度に磨いてつやのない状態にした**水磨き**などが適している。
　　割肌→原石を人為的に割った面をそのまま使用した石の表面仕上げ。

イ　ステンレス板の表面仕上げには，金属の表面を光が均一に反射するように研磨する**鏡面**や，単一方向に髪の毛ほどの細かい傷をつける**ヘアーライン**などが適している。
　　ビシャン→粗削りの石材をびしゃん（専用金づち）で叩いて平滑にする表面仕上げ。

ウ　スギ丸太の床柱(とこばしら)には，皮をむいて磨き上げられた**磨き丸太**や，表面に縦じわのついた**絞り丸太**などがある。床柱とは床の間に設ける化粧柱をいう。
　　こぶ出し→石材表面の凹凸を最も粗くした仕上げで，御影(みかげ)石などに用いる。

磨き柱　　絞り柱

エ　モルタルの仕上げには，塗りつけた材料をこてで押さえる**こて押さえ**や，表面が柔らかいうちに刷毛ではけ目をつける**刷毛引き**などがある。
　　小たたき→びしゃん叩きの上に，石ノミで細密な刻み目を付けた石の表面仕上げ。

　　　　　　　　　　　　　　　　　　　［答］ア－1，イ－3，ウ－2，エ－2

第32問　住宅の床仕上げおよび施工に関する次の**ア～エ**の記述に対して，それぞれの下に記した語群の中から**最も適当なもの**を選んで，解答欄の番号にマークしなさい。

　ア　木造の床仕上げの下地として多用されている構造用合板の一般的な厚さ
　　　【語　群】　１．9 mm　　　　　２．12 mm　　　　　３．15 mm
　イ　床下地の合板を現場で切断するのに使われる一般的な電動工具
　　　【語　群】　１．バンドソー　　２．ジグソー　　　　３．丸鋸
　ウ　一般的なフローリングの板の継ぎ目の接合方法
　　　【語　群】　１．雇い実継ぎ　　２．本実継ぎ　　　　３．蟻継ぎ
　エ　平面が長方形の部屋にコルクタイル（300 mm × 300 mm）を貼る場合の一般的な

貼り始めの位置

　　【語　群】　１．部屋の中央　　２．長手方向の壁際　　３．短手方向の壁際

■ **解 説** ■　インテリア構法（住宅の床仕上げ・施工）に関する設問

ア　下地に使う構造用合板の厚さは12 mmが一般的。構造用合板はおもに木造建築物の床，壁，屋根の下地材に使用される。厚さはJAS規格で9 mm，12 mm，15 mmが主流。

イ　床下地の合板の切断では，円盤状ののこ刃を電動で回転させて材料を直線に切断する丸鋸（まる のこ）が多用される。

　　バンドソー→帯状ののこ刃を回転させて金属などを切断する電動工具。

　　ジグソー→ミシンのようにのこ刃を上下させて材料を切断する電動工具。直線切りや曲線切り，切抜きまで可能で，切断できる材料も多様である。

ウ　フローリング板の接合方法として一般的な本実（ほん ざね）継ぎは，片方の板に凸形の突起をつくり，他方の板に凹形の溝をほって継ぎ合わせる。

　　雇い実（やとい ざね）**継ぎ**→両方の板に溝をほり，細い棒（雇い実）を差し込む接合方法。

　　蟻（あり）**継ぎ**→一方の材端に台形の蟻形，他材の端に同形のほぞ穴をほってはめ込む接合方法。

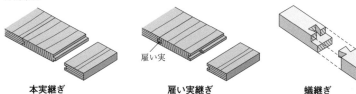

本実継ぎ　　　　　　　　雇い実継ぎ　　　　　　　蟻継ぎ

エ　一般的な300角のコルクタイルを長方形の部屋に貼るときは，壁際に極端に細い材料がこないようにバランスをとって墨出しをを行い，部屋の中央から貼り始める。

　　　　　　　　　　　　　　　　　　　　　　[**答**] アー2，イー3，ウー2，エー1

第33問　建築の基礎工事に関する次の記述の ☐ 部分に，それぞれの語群の中から最も適当なものを選んで，解答欄の番号にマークしなさい。

1　建物の基礎が接する地盤を整備することを ☐**ア** という。
　　【語　群】　１．地業　　２．山留め　　３．根切り

2　基礎と地盤をつなぎ，定着させるために用いる割栗石は，☐**イ** に敷き詰めて突き固める。
　　【語　群】　１．斜め　　２．平　　３．小端立て

3　割栗石のすき間は ☐**ウ** と呼ばれる砂利で埋める。
　　【語　群】　１．目つぶし砂利　　２．敷き砂利　　３．玉砂利

4 割栗石と基礎の間には エ を打設する。

　【語　群】　　1．防水コンクリート

　　　　　　　2．捨てコンクリート

　　　　　　　3．高強度コンクリート

解　説　建築の構造（建築の基礎工事）に関する設問

ア　建築物の沈下や傾斜が生じるのを防ぐ地業(じ ぎょう)は，基礎からの荷重を伝えるために地
盤の改良や補強を施す作業。代表的なものに，割栗(わりぐり)地業や杭打ち地業などがある。

　　山留め→根切りをする際，地盤面の崩壊や周辺の沈下障害を防止するため，掘削の側
　　面に仮設の壁などを築いて土をせき止めること。

　　根切り→基礎工事の際，基礎や地下室をつくるため，地盤面下の土を掘削すること。

イ　割栗石は，建築物の基礎などに使う10〜20cmほどの砕石。これを基礎のベース下に
敷く際は，小端を上，つまり縦長にして並べる小端立てに敷き詰める。

ウ　建築物の基礎工事や道路工事などで用いる目つぶし砂利は，割栗石の間のすき間を埋
めるための切込み砂利をいう。

　　敷き砂利→2〜5cm程度の石や小石に砂が混ざったもの。庭や外構に多用される。

　　玉砂利→丸く小さな石粒。植込みや玄関先，庭のアプローチ，雑草対策，和風庭園の
　　演出などに用いられる。

エ　割栗石と基礎の間に打設する捨てコンクリートは，基礎の中心線や型枠の位置を墨出
しするために敷きならす。基礎となる部分ではないため強度は必要としない。

[**答**]　ア−1，イ−3，ウ−1，エ−2

第34問　高齢者の居住する住宅に関する次の1〜5の記述のうち，最も不適当なもの
を2つ選んで解答欄の番号にマークしなさい。（1行に2つの番号をマークしな
いこと）

1　トイレでの介護者のスペースとして便器の両脇に500mmのスペースを設けた。

2　加齢による握力低下を考慮して，洗面所の混合水栓をシングルレバーではなくツ
ーハンドルとした。

3　階段の手すりの段鼻からの高さを，一般的な高さより低い900mmとした。

4　冬季のヒートショックの危険を避けるため，浴室と洗面脱衣室に暖房器具を設置
した。

5　転倒時の安全性を考慮して，リビングの床をコルクタイル仕上げとした。

2 加齢とともに皮膚感覚や握力の低下が生じるので，洗面所の混合水栓金具は<u>ツーハンドルよりシングルレバーのほうが使いやすい</u>。シングルレバーは，ひとつのハンドル操作で湯水の混合および吐水・止水ができる。

3 階段の手すりの高さに法的規定はないが，一般的な高さは段鼻（踏面の先端）から800〜900 mm。高齢者は前傾姿勢で握力も弱くなっているので，<u>一般的な高さより100 mm程度低い700〜800 mm程度とするとよい</u>。

[答] 2，3

第 35 問 木材と木質材料に関する次の記述の ▢ 部分に，それぞれの語群の中から<u>最も適当なもの</u>を選んで，解答欄の番号にマークしなさい。

1 木材には，大別して針葉樹材と広葉樹材の2種類がある。針葉樹材は国産材ではスギ，マツ，ｱ などが主に構造材として用いられる。

【語　群】 1．サクラ 2．ヒノキ 3．ケヤキ

2 天然木材の短所を補うため様々な木質材料がある。そのなかで ｲ は，単板を相互に繊維方向に直交させて重ね合わせ接着剤で圧着したものである。

【語　群】 1．単板積層材（LVL） 2．合板 3．パーティクルボード

3 木材の断面が大きいと，中心部が未乾燥のまま表面が乾燥収縮して割れが生じやすい。それを防ぐため，床柱などの化粧で用いられる柱には，ｳ を施す。

【語　群】 1．すいつき桟 2．背割り 3．小面取り

4 木材の可燃性への対処として，薬剤により木材そのものを燃えにくくする方法や，ｴ を加えた大断面にする工夫がある。

【語　群】 1．突き板 2．燃え代 3．ロックウール

解説 建築の構造（木材と木質材料）に関する設問

ｱ 針葉樹材の<u>ヒノキ</u>は，水に強く光沢があり，狂いが少なく加工性が良い。用途は建材や内装材，家具など。ヒノキやスギなどの針葉樹は直材を取りやすいため，日本の木造建築の柱などに多用される。

　　サクラ→広葉樹。高級木材として，建具や和家具に使用される。

　　ケヤキ→広葉樹。強度があり曲木(まげ)に適している。用途は建築用材や家具などで，産地は日本，中国，台湾など。

ｲ 木質材料の一つである<u>合板</u>は，単板（ベニヤ）を奇数枚，繊維方向を直交させて重ね接着剤で圧着したもので，「プライウッド」ともいう。無垢材より変形が少なく，汚れや傷も付きにくく安価である。

　　単板積層材→単板の繊維方向を並行にそろえて接着剤で貼り合わせた木質材料。略称
　　　はLVL（laminated veneer lumber）。
　　パーティクルボード→木材の小片（パーティクル）を接着して熱圧成形したもの。
ウ　柱などの表面に入れる背割りは，乾燥収縮による割れを防ぐための切れ込みである。
　　すいつき桟（ざん）→比較的厚い板の反りや分離を防ぐために板裏に横に取り付ける桟。
　　　片側を鳩尾状につくり，板にほった蟻穴にはめる。「蟻桟」ともいう。
　　小面取り→面取りの程度が約3〜5mmの少し削った面取り。面取りは，木材角形断
　　　面の出隅角を保護や装飾などの目的で削り取り加工したもの。

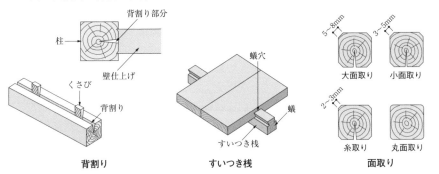

背割り　　　　　　**すいつき桟**　　　　　　**面取り**

エ　想定される火災で消失する木材の部分を燃え代といい，あらかじめ燃え代を想定して
　柱や梁の断面寸法を検討することを燃え代設計という。
　　突き板→木材を薄くそいだ板。集成材などの建材や家具の表面化粧材に使われる。
　　ロックウール→岩綿。岩石を溶かして細かい繊維状にしたもので，断熱材，吸音材，
　　　耐火材などに加工される。

　　　　　　　　　　　　　　　　　［答］ア−2，イ−2，ウ−2，エ−2

第36問　木造住宅の小屋組に関する次の記述の □ 部分に，下に記した語群の中か
　　　　ら最も適当なものを選んで，解答欄の番号にマークしなさい。

　小屋裏空間を含んだリフォームの際には，小屋組に関する知識も必要となることがあ
る。
　一般的に，木造の建物には勾配屋根が多く用いられる。勾配屋根は，小屋組の最上部
に ア を配し，下地を敷いた上に屋根仕上げを行う。日本古来の小屋組である和小屋
では軒桁の上に イ をかけ，束を立てて組む。
　一方，近代化の時代に西洋からもたらされた洋小屋では， ウ および合掌，束，方
づえなどから成る三角形を組み合わせた骨組を形成する。このような骨組を エ と
呼ぶ。

【アの語群】	1．垂木	2．母屋	3．火打ち梁
【イの語群】	1．敷き梁	2．小屋梁	3．棟木
【ウの語群】	1．二重梁	2．陸梁	3．臥梁
【エの語群】	1．シェル	2．トラス	3．ドーム

解 説　建築の構造（木造住宅の小屋組）に関する設問

ア　屋根荷重を支える骨組の一つである垂木(たる)は，棟木，母屋の上に，屋根の勾配に沿って取り付ける斜め部材である。

　　母屋(もや)→垂木を支える桁。棟および軒桁(のきげた)に平行にかけられる。

　　火打ち梁→小屋組などの隅角部に用いられる水平補強材。

イ　和小屋組は，軒桁の上に水平に渡す丸い木材の小屋梁をかけ，屋根勾配に応じた小屋束(こやづか)をのせ，棟木と母屋をかけ渡して垂木を取り付ける日本古来の小屋組である。

　　敷き梁→和小屋組で，小屋梁を中間で受ける大梁。

　　棟木(むなぎ)→小屋組の頂部で桁行方向に取り付ける横木。

ウ・エ　洋小屋組は，荷重を支える水平部材の陸(ろく、り)梁のほか，合掌，真束(しんづか)，方づえなどの部材を三角形に組んでトラスを構成し，水平方向の力に対して強い構造とした小屋組である。

　　二重梁→和小屋組の水平部材の一つで，大小の梁が上下二重にかけ渡してある梁組。

　　臥梁(がりょう)→補強コンクリートブロック造や組積造(そせき)において，構造耐力を出すために各階の壁体頂部を一体化する鉄筋コンクリート製の梁。

　　シェル→シェル構造は，貝殻のような曲面状の薄い板を用いた建築構造。

　　ドーム→半球形をした屋根。「丸屋根」ともいう。

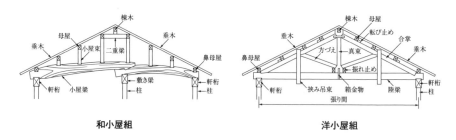

和小屋組　　　　　　　　　　　　　　洋小屋組

［答］アー1，イー2，ウー2，エー2

第37問 換気に関する次の1〜5の記述のうち，<u>最も不適当なものを2つ選んで</u>解答
欄の番号にマークしなさい。（1行に2つの番号をマークしないこと）

1 建築基準法では，住宅を新築する場合，換気回数0.5回/h以上の機械換気設備の
設置が義務づけられている。

2 半密閉式燃焼器具は，燃焼用空気を室外から給気する。

3 換気用機器に使われるシロッコファンは，軸流ファンの一種である。

4 第二種換気方式は，給気用に機械給気ファンを使用し，排気用には排気口を設け
る。

5 全熱交換器は，換気をしながら排気の持っている顕熱と潜熱を給気に移行させて
熱ロスを少なくする。

■ **解説** ■ 環境工学（換気）に関する設問

2 半密閉式燃焼器具は，<u>屋内の空気を使って燃焼</u>し，煙突などの排気筒を使って燃焼排
ガスを屋外に出す。

3 <u>シロッコファンは，遠心力ファンの一種</u>。「多翼ファン」とも呼ばれ，レンジフード
などに使用される，細長い前傾きの羽根が筒状に取り付けられたファン。風量は少ない
が，静圧が最も高く，風が強くダクトも長いマンションなどで多用される。<u>軸流ファン
の一種は，プロペラファン</u>である。

[答] 2，3

第38問 熱と湿気に関する次の**ア〜エ**の記述に対して，それぞれの下に記した語群の
中から<u>最も適当なもの</u>を選んで，解答欄の番号にマークしなさい。

ア 壁表面と空気間に温度差があるとき，その間の熱移動のメカニズム
　【語　群】　1．伝導　　　2．対流　　　3．放射

イ 壁を挟んで内外に1Kの温度差があるとき，壁1m²当たりに流れる伝熱量
　【語　群】　1．熱伝導率　　2．熱伝達率　　3．熱貫流率

ウ 飽和水蒸気圧に対する現在の水蒸気圧の割合
　【語　群】　1．相対湿度　　2．絶対湿度　　3．比較湿度

エ 湿り空気が結露する温度
　【語　群】　1．沸点　　　2．露点　　　3．凝固点

■ **解説** ■ 環境工学（熱と湿気）に関する設問

ア 空気や液体など流体の熱が移動する<u>対流</u>は，熱せられた流体が上部へ移動し，周囲の
低温の流体が流れ込むことを繰り返す現象である。

伝導→物質の移動なしに固体内部を熱が移動する現象。

放射→「ふく射」ともいい，熱が電磁波の形で物体から物体へ直接伝えられる現象。

イ　床，壁，天井などの熱の通しやすさを表す**熱貫流率**（U値）は，室内と室外の温度差 1 K（＝1℃）に対して，1時間に壁 1 m² 当たりで通過する熱量の大きさを示す。値が小さいほど断熱性能が高い。単位は[W/m²·K]。

熱伝導率→1つの物質の熱の伝わりやすさ。単位は[W/m·K]。

熱伝達率→壁と空気など，2つの物質間での熱の伝わりやすさ。単位は[W/m²·K]。

ウ　一般的に湿度といわれる**相対湿度**は，空気中に含まれる水蒸気量と飽和水蒸気量（1 m³の空気中に含むことができる最大の水蒸気量）との比率をいう。単位は[%]。

絶対湿度→乾燥した空気 1 kg に含まれる水蒸気の質量を表す。単位は[kg/kg']。

比較湿度→「飽和度」ともいう。その気温における飽和湿り空気の絶対湿度に対する，実際の絶対湿度の比。単位は[%]。

エ　露点温度とも呼ばれる**露点**は，空気中の水蒸気が冷えて，結露となって現れるときの温度で，空気中の水蒸気量が飽和水蒸気量と等しくなる。

沸点→液体が沸騰するときの温度で，液体の飽和蒸気圧が外圧と等しくなる。

凝固点→水が氷になるなど，液体や気体が固体に変わる現象（凝固）が生じる温度。

［**答**］ア－2，イ－3，ウ－1，エ－2

第 39 問　光環境に関する次の記述の ▢ 部分に，それぞれの語群の中から<u>最も適当</u>なものを選んで，解答欄の番号にマークしなさい。

1　視対象の見やすさを明視といい，照明によって明視を確保するためには ア が最も必要とされる。

【語　群】　1．適度な暗さ　　2．光と闇の使い分け　　3．十分な明るさ

2　同一照度の受光面でも，反射率が変われば，面としての明るさは異なる。これを表すのが イ で，単位はラドルクスである。

【語　群】　1．光束発散度　　2．立体角　　3．光束

3　視野内の ウ 差によって対象物が見えにくくなる現象を総称してグレアという。

【語　群】　1．光度　　2．輝度　　3．照度

4　全天空照度に対する室内の受照点における水平面照度の割合を エ といい，採光計画の目安となる。

【語　群】　1．採光率　　2．昼光率　　3．立体角投射率

解 説 環境工学（光環境）に関する設問

ア 視作業を効率的にする明視照明は，十分な明るさが最も重要である。物がよく見える
ための明視の条件は，明るさ，大きさ，対比，時間，色で，色を除く4つともいわれる。

イ 人の眼に感じられる明るさを表す度合いの光束発散度は，机上面や壁から反射した光
束値をいう。単位はラドルクス[rlx]。

　　立体角→3次元空間における立体的な広がりを表す。

　　光束→光のエネルギー量を表す。単位はルーメン[lm]。

ウ グレアとは，視野内に極端な輝度の差があるときに不快を感じたり，対象物が見えに
くくなる現象をいう。輝度は人が感じる物の輝きの度合いを表す。単位は[cd/m²]。

　　光度→光源の明るさの度合を表す。単位はカンデラ[cd]。

　　照度→光によって照らされている面の明るさを表す。単位はルクス[lx]。

エ 採光計画の目安となる昼光率は，採光による部屋の明るさを示す度合いで，全天空照
度と室内受照点の照度の割合をいう。全天空照度とは，障害物のない屋外で計測される
天空光だけの水平面照度。

　　採光率→有効採光率は，部屋の中に取り込まれる光の量。

　　立体角投射率→直射光を除いた空からの光である全天空と光源の面積比。

　　　　　　　　　　　　　　　　　　　　　　[答] ア－3，イ－1，ウ－2，エ－2

第40問 音環境に関する次の記述の ☐ 部分に，それぞれの語群の中から最も適当
なものを選んで，解答欄の番号にマークしなさい。

1　人間の耳の感度は，音の周波数によって異なり ア Hz付近の音に対する感度
が最も良い。

　　【語 群】　　1．500〜1000　　　2．3500〜4000　　　3．6000〜8000

2　壁は，単位面積当たりの質量が大きいほど，すなわち重くて緻密な壁ほど，よく
音を遮る。この単位面積当たりの質量のことを イ という。

　　【語 群】　　1．線密度　　　　2．面密度　　　　3．体積密度

3　室内騒音の許容値に関する提案（日本建築学会）では，住宅の寝室における騒音
レベルの許容値は ウ dBとされている。

　　【語 群】　　1．40　　　　　　2．50　　　　　　3．60

4　室内の残響時間は，一般に エ ほど，長くなる。

　　【語 群】　　　1．部屋の容積が大きく，かつ，室内に吸音材が少ない
　　　　　　　　　　　2．部屋の容積が大きく，かつ，室内に吸音材が多い
　　　　　　　　　　　3．部屋の容積が小さく，かつ，室内に吸音材が多い

ア　人間の耳は周波数が3,500〜4,000 Hz付近の音の感度が最良で，それより低い音や高い音は感度が低下し，音圧レベルが同じでも音の大きさは小さく感じられる。

イ　壁の単位面積当たりの質量である面密度が大きいほど，あるいは周波数の高い音ほど透過損失が大きく，遮音効果が高い。

ウ　騒音レベルは騒音の大きさを表す値。単位はデシベル[dB]。室内では50 dB程度から騒音を感じるとされ，設計基準では住宅の許容騒音レベルを35〜40 dBとしている。

エ　室内の残響時間は，部屋の容積が大きく，かつ，室内に吸音材が少ないほど長くなる。残響時間とは，音が止まってから残響音の強さが60 dB下がるまでの時間のこと。

[答]　ア－2，イ－2，ウ－1，エ－1

第 41 問　排水設備に関する次の記述の ☐ 部分に，下に記した語群の中から最も適当なものを選んで，解答欄の番号にマークしなさい。

　キッチンからの排水の種類は ┃ア┃ に分類され，公共下水道が整備されていない地域に新築住宅を建てる場合は，┃イ┃ 浄化槽で処理した後に都市下水路に放流される。

　最近の公共下水道は ┃ウ┃ で整備されていることが多い。そのような地域では，キッチンからの排水は公共下水道に放流されるが，┃エ┃ は公共下水道に流すことはできない。

【アの語群】　1．汚水　　　　2．雑排水　　　　3．特殊排水
【イの語群】　1．単独処理　　2．合併処理　　　3．総合処理
【ウの語群】　1．真空式　　　2．合流式　　　　3．分流式
【エの語群】　1．水洗便器からの排水　　2．雨水　　　3．洗濯機からの排水

解 説　住宅設備（排水設備）に関する設問

ア　家庭から出る排水のうち雑排水とは，台所，洗面所，浴室などからの排水で，トイレの汚水と雨水以外の排水をいう。

　　汚水→トイレのし尿などの汚物や，工場などから出る廃液などを含んだ排水。

　　特殊排水→工場，病院，研究所などから排出される排水のうち，一般の下水処理場で処理できない有害物質を含んだもの。

イ　浄化槽の新設時には，平成13年より合併処理浄化槽の設置が原則として義務づけられた。合併処理浄化槽は，トイレの汚水だけでなく，生活雑排水も一緒に処理できる。

　　単独処理浄化槽→トイレの汚水のみを処理する。平成13年より浄化槽の定義から削除された。

　　総合処理浄化槽→事業所などから排出される汚水も含めて処理できる。

ウ・エ　近年，公共下水道で整備されている分流式では，2つの管路を埋設し，雨水用管

路は雨水を川や海に直接流し，汚水用管路は汚水（水洗便器からの排水）と雑排水（洗濯機からの排水など）を下水処理場へ流す下水道方式。

真空式→真空式汚水収集システム（真空下水）は，真空の力で汚水を収集する方式。

合流式→雨水と汚水を同一の管路系統で収集し，下水処理場へ送る下水道方式。

[**答**] ア−2，イ−2，ウ−3，エ−2

第42問 空調設備，自然エネルギーの利用に関する次の記述の ☐ 部分に，それぞれの語群の中から最も適当なものを選んで，解答欄の番号にマークしなさい。

1 太陽熱集熱器と集熱ポンプなどを設けた ア ソーラーシステムは，太陽熱を積極的に利用して暖房や給湯を行う。

【**語群**】 1．アクティブ 2．ポジティブ 3．パッシブ

2 冬季の暖房負荷とは，室内をある温度に維持するために必要な投入熱量のことで，室内損失熱としては屋根・壁・床・窓ガラスの イ 熱損失と，すき間風などの換気熱損失の2つの熱移動がある。

【**語群**】 1．伝達 2．貫流 3．日射

3 床暖房は，主に床面からの遠赤外線が直接人体に作用して暖める効果があり，住宅に適した ウ 暖房方式である。

【**語群**】 1．温水 2．温風 3．放射

4 冷媒が蒸発する際に周囲から熱を奪い，気体から液体に凝縮する際に周囲に熱を放出する性質を利用して，低温部分から高温部分へ熱を移動させる技術を エ という。

【**語群**】 1．ヒートポンプ
2．ミキシングチャンバー
3．ファンコイル

解説 住宅設備（空調設備，自然エネルギー）に関する設問

ア 機械装置を用いて太陽熱を活用するアクティブソーラーシステムには，太陽熱を集熱して給湯や暖冷房に利用する太陽熱利用システムや，太陽電池で発電を行い動力や照明に利用する太陽光発電システムなどがある。

パッシブソーラーシステム→機械的な装置を用いず，建物の構造や建材などの工夫や自然の伝熱利用で蓄熱や放熱を行い，室内を快適に保つ。

イ 室内の熱損失とは外へ単位時間でにげていく熱量のことで，壁や窓ガラスなどを伝熱して移動する貫流熱損失と，すき間風などで熱移動する換気熱損失がある。

ウ 床暖房や電気ストーブ，石油ストーブなどの放射（ふく射）暖房方式は，赤外線などに

より熱の向かった方向にある物体を暖める方式である。

温水暖房方式→ボイラーなどで加熱した温水を室内の放熱器に送って暖房する方式。

温風暖房方式→温風を利用した方式で，住宅では個別暖房を中心に利用される。現在はヒートポンプエアコンが主流。

エ　温度の低い所から高い所に熱を移動させるヒートポンプは，熱媒体や半導体を用いて少ない投入エネルギーで空気中から熱を集めて大きな熱エネルギーとして利用する技術。エアコンや冷蔵庫などにも利用される。

ミキシングチャンバー→外気と室内の還気を混合して適温にする装置。

ファンコイル→ファンコイルユニットの略称。ファン（送風機）とコイル（温度調整用熱交換器），空気ろ過器などを内蔵し，冷温水の供給を受けて冷暖房を行う小型空気調和器。

［答］ア－1，イ－2，ウ－3，エ－1

第43問　照明設備に関する次の記述の　□　部分に，それぞれの語群の中から<u>最も適当なもの</u>を選んで，解答欄の番号にマークしなさい。

1　壁面を広く照明する建築化照明を　ア　といい，壁面近くの天井にライン照明器具を設置して壁面を照らし，幕板などにより通常視野では光源が見えないようにする。

　　【語　群】　　1．コーブ照明　　　　2．コーニス照明　　　3．バランス照明

2　電気を流すと発光する半導体の一種を用いた光源に，　イ　ランプがある。

　　【語　群】　　1．蛍光　　　　　　　2．LED　　　　　　　3．HID

3　ダウンライト器具を用いる場合，空間の雰囲気を演出し，明るさを確保するためには　ウ　のデータが必要である。

　　【語　群】　　1．分光分布図　　　　2．比視感度曲線図　　3．配光曲線図

4　部屋に必要な明るさを何畳用という目安で選ぶことができる　エ　ライトは，住宅用照明器具として普及している。

　　【語　群】　　1．シーリング　　　　2．スタンド　　　　　3．スポット

解説　住宅設備（照明設備）に関する設問

ア　建築化照明の一つであるコーニス照明は，天井や壁上部の回り縁(ぶち)に光源を隠し，壁面を広く照らす間接照明。

　　コーブ照明→折り上げ天井の隅や壁天井の段差などを利用して光源を隠し，天井からの間接照明により柔らかな光を得る照明。

　　バランス照明→壁や窓の上部などに幕板を取り付け，天井方向と壁面の双方を照らす

間接照明。

コーニス照明　　　コーブ照明　　　バランス照明

イ　直流電気を通して光る半導体を用いたLEDランプは，「発光ダイオード」ともいわれる。青色LEDに加えて白色LEDも開発され，一般照明への実用化も進み，省電力，長寿命の光源として次世代照明の最有力候補である。

> **蛍光ランプ**→蛍光灯。低圧水銀灯のガラス管内側に蛍光塗料を塗ったもの。白熱灯に比べてランプの寿命が長く，消費電力も小さいため，一般に広く使われている。
>
> **HIDランプ**→高輝度放電ランプ。メタルハライドランプ，高圧ナトリウムランプ，高圧水銀ランプなどの総称。白熱電球より高効率，高輝度，長寿命である。

ウ　適切なダウンライト器具を選ぶ際に参考となる配光曲線図は，光源や照明器具から出る光が空間に広がるときの光の形や強さをデータ化したものである。

> **分光分布図**→光源の光の中に重なり合う青紫から赤までの光が，どのような割合で含まれているかを表した図。
>
> **比視感度曲線図**→光のエネルギーに対して人の目が感じる明るさの程度を示した図。

エ　室内全体を明るくするシーリングライトは，天井に直接取り付ける照明器具で，住宅の居室などの主照明として用いられることが多い。

> **スタンドライト**→床や机などの上に置いて局部的に明るくする照明器具。コンセントが近くにあれば配線工事が不要なため，手軽に使える。
>
> **スポットライト**→ある部分を集中的に照らす局部照明用の電灯。明暗の差を生じさせることで対象物への注視度を高める効果がある。

[答]　アー2，イー2，ウー3，エー1

第44問　電気設備に関する次の1～5の記述のうち，最も不適当なものを2つ選んで解答欄の番号にマークしなさい。(1行に2つの番号をマークしないこと)

1　屋内の分岐回路の配線は，木造建築などではビニル絶縁外装ケーブル（略してVV）を使用した工事となる。

2　住宅用分電盤の設置位置は幹線に近く，電力負荷の中心に近く，美観上人目に付きにくいが保守点検のしやすい位置が良い。

3　単相3線式100/200Vの電気方式は，柱上変圧器の高圧側コイルの両外側線と中央点からとった中性線の3本で配電する方式である。

4　居室における照明の点滅スイッチの取り付け位置は，原則として室の内側とし，出入り口がドアの場合は取っ手側が良い。
　　5　住宅用火災報知器の感知方式には，煙検知式と熱検知式などがある。煙検知式はおもに台所に適した方式である。

解説　住宅設備（電気設備）に関する設問

3　単相3線式100V/200Vの電気方式は，200V用変圧器の低圧側コイルの両外側線と中央点からとった中性線3本で配線する。最近の住宅は，エアコン，IH調理器具など200V家電の普及によりこの方式の採用が多い。

5　火災初期の煙を早期検出できる煙検知式は，廊下や階段，居間，食堂，子ども部屋，寝室などに適する。大量の湯気や煙が出るおそれのある台所は熱検知式が基本で，煙検知式も推奨されている。なお，住宅用火災報知器の一つに住宅用火災警報器がある。

[答] 3，5

第45問　各種設備機器に関する次の**ア〜エ**の記述に対して，それぞれの下に記した語群の中から**最も適当なもの**を選んで，解答欄の番号にマークしなさい。

ア　食器洗い乾燥機の高温の洗浄・乾燥によって最も傷みやすい食器
　　【語　群】　1．陶磁器　　　　2．漆器　　　　3．ステンレス食器

イ　キッチンで用いられるガスこんろの給排気方式による区分
　　【語　群】　1．開放式燃焼器具
　　　　　　　2．半密閉式燃焼器具
　　　　　　　3．密閉式燃焼器具

ウ　浴槽の各種材質のうち，最も耐久性に劣る材質
　　【語　群】　1．人工大理石　　2．ヒノキ　　3．FRP

エ　便器の洗浄方式のうち，洗浄音が最も静かな方式
　　【語　群】　1．ブローアウト式
　　　　　　　2．サイホンボルテックス式
　　　　　　　3．サイホンゼット式

解説　住宅設備（設備機器）に関する設問

ア　表面が柔らかく，高温にも強くない漆器は，食器洗い乾燥機の高温洗浄・乾燥で最も傷みやすい器である。

イ　台所のガスコンロは開放式燃焼機具。屋内の空気を使って燃焼し，屋内に燃焼排ガスを出す燃焼器具である。

半密閉式燃焼器具→屋内の空気を使って燃焼し，煙突などの排気筒を使って燃焼排ガスを屋外に出す。

密閉式燃焼器具→給気筒や排気筒を使って屋外の空気を直接吸収して排出する。

ウ　浴槽材質の中で耐久性が最も低いヒノキは，乾燥性や耐腐朽性，強度には優れているが，非木製の材に比べてカビや変色が起こりやすく，相当な手入れが必要となる。

人工大理石→やわらかく温かみがある樹脂素材。耐久性や耐衝撃性，保温性があり，滑らかな質感のため汚れを落としやすい。

FRP（fiberglass reinforced plastics）→繊維強化プラスチック。耐久性は良いほうであるが汚れやすい。強度，耐水性，成形性が優れているので浴槽に広く使われる。

エ　腰掛け便器のうち，洗浄音が最も静かなサイホンボルテックス式は，サイホン作用とうず巻き作用を併用した洗浄方式である。

ブローアウト式→ゼット穴から洗浄水を強力に噴射させ水勢で排出する洗浄方式で，洗浄音は大きい。

サイホンゼット式→ゼット穴から噴き出す水で強いサイホン作用を起こして汚物を吸い込み排出する洗浄方式。

［答］ア－2，イ－1，ウ－2，エ－2

第46問　透視図法に関する次の記述の ☐ 部分に，それぞれの語群の中から最も適当なものを選んで，解答欄の番号にマークしなさい。

1　図1の部屋の天井高が2400 mmのとき，透視図の視点の高さは，約 ☐ア☐ mmである。

【語　群】　　1．400
　　　　　　　2．800
　　　　　　　3．2100

図1

2　図2の作図に用いた図法は，☐イ☐ である。

【語　群】　　1．有角透視図法
　　　　　　　2．平行透視図法
　　　　　　　3．斜透視図法

図2

3 現在一般的に使われている透視図法が確立したのは，| ウ |の初頭である。

【語　群】　1．5世紀　　　2．10世紀　　　3．15世紀

4 レオナルド・ダ・ヴィンチが描いた最後の晩餐は，| エ |に基づいた画である。

【語　群】　1．1消点透視図法
　　　　　　2．2消点透視図法
　　　　　　3．3消点透視図法

解説 インテリアコーディネーションの表現（透視図法）に関する設問

ア 図1の透視図の視点の高さは，いすの座のアイレベルに近い約800 mm。遠近法による透視図法は，ある一点を視点とし，対象物を人間の目に映るのと同様に，近くを大きく，遠くを小さく描く画法。視点の高さは人の見る位置を表す。

イ 図2で用いられた有角透視図法（2消点透視図法）は，物体の奥行を2方向に表現する画法。対象物を斜め方向から見たり，室内のコーナーを見た場合の表現に効果的。

　　平行透視図法→1消点透視図法。平面図を基に水平線を決め，消点を1つ求めて描くもので，対象物を正面から表現する。

　　斜透視図法→3消点透視図法。見下ろしたような俯瞰（鳥瞰図）や，見上げるようなあおりで表現する。

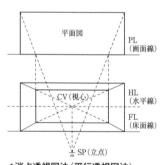

1消点透視図法（平行透視図法）

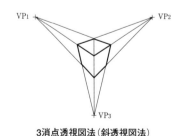

3消点透視図法（斜透視図法）

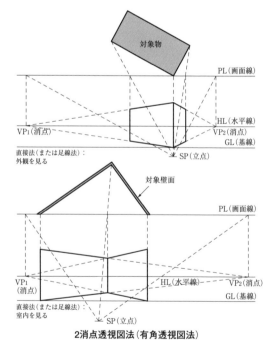

2消点透視図法（有角透視図法）

ウ　透視図法は，15世紀初頭のルネサンス期に確立されたといわれ，「パースペクティブ（perspective）」を省略して「パース」とも呼ばれる。

エ　1495～1498年に制作されたとされるレオナルド・ダ・ヴィンチ作の「最後の晩餐」は，1消点透視図法（平行透視図法）による遠近法で描かれている。

[答] ア－2，イ－1，ウ－3，エ－1

第47問　プレゼンテーション用のアニメーションに関する次の記述の ▢ 部分に，下に記した語群の中から最も適当なものを選んで，解答欄の番号にマークしなさい。

　CADを用いたプレゼンテーションの方法の一つにアニメーションがある。静止画と異なり，視点が移動するので ア を伝えやすい。類似した機能に イ がある。（イ）は体験者が自由に移動できるが，アニメーションの場合は予定されたルートに沿って動く。アニメーションは空間を理解しやすいようにつくることが重要である。動きのスピードは室内では ウ 程度とし，視点の方向を急激に変えないことである。

　また，狭い空間で視野角を エ すると空間が歪んで見えるので，正確に空間の広がりを伝えることができない。

【アの語群】　1．プロポーション　　2．時間の流れ　　3．空間の連続性

【イの語群】　1．ウォークスルー
　　　　　　　2．フォロースルー
　　　　　　　3．オーバーラップ

【ウの語群】　1．人が歩く　　2．人が走る　　3．自転車が走る

【エの語群】　1．平行に　　2．小さく　　3．大きく

解説　インテリアコーディネーションの表現（アニメーション）に関する設問

ア・イ　CADを用いたプレゼンテーション用のアニメーションは，時間軸に沿った視点の移動によって空間の連続性を伝達しやすく，仮想空間を動き回るような表現のウォークスルー機能と似ている。

　　　フォロースルー→根本の動きの元となる部分がすでに止まっていても，まだ先端が動き続けていること。アニメーション用語。

　　　オーバーラップ→元となる動きに対して，それに付いてくる部分で，動きやタイミングにずれが生じること。アニメーション用語。

ウ・エ　アニメーションを仕上げるときは，動きがわかりやすいように人が歩くようなスピードにしたり，視野角を大きくすると狭い空間が歪んで見えることに注意するなど，カメラワークを工夫するとよい。

第 48 問　建物の昇降装置の法令に関する次の記述の 　　 部分に，それぞれの語群の
中から最も適当なものを選んで，解答欄の番号にマークしなさい。

1　建築基準法施行令では，戸建て住宅の屋内階段は高さ ア m以内ごとに踊場を
設けなければならないと定めている。

【語　群】　1．3　　　2．4　　　3．5

2　戸建て小規模住宅の階段（図1の断面図）の幅を，
建築基準法令で定める最小の寸法にする場合，図1
の寸法Aは イ mmになる。

【語　群】　1．690
　　　　　　2．740
　　　　　　3．790

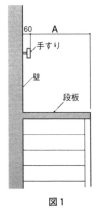

図1

3　バリアフリー関連法令では，高さ16 cmを超える屋内の車椅子用傾斜路（スロー
プ）にあっては，その勾配は ウ を超えないことと定めている。

【語　群】　1．1／10　　2．1／12　　3．1／15

4　建築基準法施行令で定める歩行用の傾斜路（スロープ）の勾配は エ を超えな
いことと定めている。

【語　群】　1．1／6　　2．1／8　　3．1／10

解　説　インテリア関連の法規・制度（建物の昇降装置の法令）に関する設問

ア　建築基準法では，住宅（共同住宅の共用階段を除く）の階段は，高さ4 m以内ごとに
踊場を設けなければならないと規定している（令第24条1項）。

イ　建築基準法では，住宅（共同住宅の共用階段を除く）の階段とその踊場の幅は750 mm
以上で，手すりの幅は100 mmを限度としてないものとみなして算定すると規定してい
る（令第23条）。よって，図1の寸法Aは，750 mm－60 mm＝690 mm。

ウ　バリアフリー法に基づく建築物移動等円滑化基準では，屋内の傾斜路（スロープ）の
傾斜の勾配は，1/12（高さが16 cm以下のものは1/8）を超えないこととしている（令
第18条）。

エ　建築基準法では，階段に替わる傾斜路（スロープ）は，勾配は1/8を超えず，表面は粗面としてすべりにくい材料で仕上げることと規定している（令第26条）。

[答] ア－2，イ－1，ウ－2，エ－2

第49問　建築基準法令に関する次の1～5の記述のうち，最も不適当なものを2つ選んで解答欄の番号にマークしなさい。（1行に2つの番号をマークしないこと）

1　2階建て，延べ面積150 m²の戸建て木造住宅をリフォームする場合，主要構造部の過半に達する工事のときは建築確認申請を必要とする。

2　共同住宅の住戸内の内装仕上げのリフォーム工事は，建築確認申請を必要としない。

3　法令用語として「100 m²を超える」とある場合，100 m²は含まない。

4　用途地域，防火地域，高さ制限，容積率など，都市計画区域内だけに適応される規定は単体規定と呼ばれている。

5　建築物の構造，防災・防火，居室の採光・換気などに関する規定は，全国的に適用され，インテリア関連の規定は主にこの規定に相当する。

解説　インテリア関連の法規・制度（建築基準法令）に関する設問

1　2階建て以下，延べ面積500 m²以下，高さ13 m以下，軒の高さ9 m以下の木造建築物でリフォーム工事を行う場合は，主要構造部の過半の工事であっても基本的に確認申請は不要である（法第6条）。

4　都市計画区域内だけに適用される集団規定は，建築物の集団である街や都市において安全で合理的な秩序を確保するための規定（法第41条の2～第68条の9）。単体規定は個々の建築物の構造耐力，防火や避難施設，衛生設備などに関する安全確保についての規定である（法第19条～第41条）。

[答] 1，4

第50問　建築基準法令に関する次の記述の　□　部分に，それぞれの語群の中から最も適当なものを選んで，解答欄の番号にマークしなさい。

1　一般的な木造（在来軸組構法）で外壁モルタル塗仕上げの住宅は　ア　に該当する。

【語　群】　　1．耐火構造　　　2．準耐火構造　　　3．防火構造

2　建築基準法で定める建ぺい率は，　イ　の敷地面積に対する割合のことである。

【語　群】　　1．1階の床面積　　2．建築面積　　　3．延べ面積

3　天井高や換気などが規定される「居室」には　ウ　が含まれる。

【語　群】　　1．浴室　　　　　2．納戸　　　　　3．台所

181

4　隣地に接して設ける居室の採光窓の面積が同じで，窓の高さの中心線が低い位置にある場合，縦長（図A）の窓は横長（図B）に対して，法規上の有効採光面積の確保は　エ　。

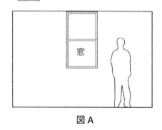

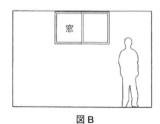

図A　　　　　　　　　　　　　　　　図B

【語　群】　　1．有利になる　　　　2．不利になる　　　　3．変わらない

■**解　説**■　インテリア関連の法規・制度（建築基準法令）に関する設問

ア　建物の周囲で火災が起きたとき，当該建物が火災に巻き込まれないために必要とされる外壁や軒裏の構造を防火構造という。木造住宅では，外壁の屋外側を鉄網モルタル塗りとし，屋内側を石膏ボード張りとする方法などがある（法第2条八号）。

耐火構造→壁や床などが一定の耐火性能（通常の火災が終了するまでの間，建築物の倒壊および延焼を防止するために必要な性能）を備えた構造（法第2条七号）。

準耐火構造→通常の火災による延焼を抑制するために必要な構造。階数が低く，延べ床面積が小さめの建物に該当する基準（法第2条七号の二）。

イ　建ぺい率は建築面積を敷地面積で割って算出する（法第53条）。建築面積とは，建物の外壁やそれに代わる柱の中心線で囲まれた部分の水平投影面積（令第2条1項二号）。

延べ面積→建物の各階の床面積の合計（令第2条1項四号）。一般に「延床面積」と呼ばれることが多い。

ウ　居室とは，居住，作業，娯楽などの目的のために継続的に使用する室で，居間，寝室，台所が含まれる（法第2条四号）。なお，**浴室**，**納戸**，玄関，廊下，洗面所，便所などは居室に該当しない。

エ　有効採光面積とは，居室内などの採光を確保するため自然光を取り入れるのに有効な面積のこと。有効採光面積は，窓の面積×採光補正係数によって算定する。採光補正係数の算定式は，隣地境界線から建物の軒先までの水平距離をD，建物の軒先から窓の高さの中心線までの距離をHとすると，住居系地域の場合は$D/H×6-1.4$となる（令第20条）。つまり，窓の面積が同じケースでは，窓の位置が建物の下部にあるほど採光補正係数が小さくなるため，有効採光面積を確保するには不利になる。

　　　　　　　　　　　　　　　　　　[答]　ア-3，イ-2，ウ-3，エ-2

第37回

インテリアコーディネーター
資格試験

2019年度

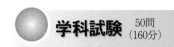
第1問　工業化住宅とインテリアエレメントに関する次の記述の ☐ 部分に，下に記した語群の中から最も適当なものを選んで，解答欄の番号にマークしなさい。

　第二次世界大戦後の住宅建築は，合理的な生産を目指して工業化が進められた。工業化により現場工事だと複数の業種が錯綜し煩雑であった作業がまとめられ，かつ，性能・精度の高い部品を造ることが可能となった。その結果，工場生産した ア ユニットが誕生した。さらに，アルミ押し出し材で造られ気密性や イ などを高めた ウ なども製造されるようになった。

　また，間仕切り・建具システムは，家族の成長やライフスタイルの変化に対応できる エ 住宅と関連が深い。

　　【アの語群】　　1．浴室　　　　　2．玄関収納　　　3．木製階段
　　【イの語群】　　1．断熱性　　　　2．耐熱性　　　　3．防汚性
　　【ウの語群】　　1．シャッター　　2．窓サッシ　　　3．屋根材
　　【エの語群】　　1．プレハブ
　　　　　　　　　　2．スケルトン・インフィル
　　　　　　　　　　3．パッシブソーラー

解説　誕生と背景（工業化住宅）に関する設問

ア・イ・ウ　1960年代，標準化や規格化による工業化住宅が誕生した。工場生産された部品や部材を使うことで，浴室ユニットや気密性・断熱性に優れた窓サッシなども製造され，部分的な取替えや変更等の互換性も可能になった。

エ　工業化住宅は，建物の構造体（スケルトン）と住宅内の内装や設備（インフィル）を分離して家族の変化に対応できるスケルトン・インフィル住宅や，工場生産で部材が組み立てられるプレハブ住宅へと発展した。

　　パッシブソーラー住宅→機械や動力をできるだけ使わずに自然光や太陽光を取り入れ，快適に暮らせるように設計された住宅。

［**答**］ア－1，イ－1，ウ－2，エ－2

第2問　カウンセリングを終え，イメージを具体化する段階でのインテリアコーディ
ネーターの実務に関する次の**ア**〜**エ**の記述に対して，それぞれの下に記した語
群の中から<u>最も適当なもの</u>を選んで，解答欄の番号にマークしなさい。

ア　依頼主のライフスタイルに合わせたエレメントの配置計画
　　【語　群】　　1．カラースキーム　　2．生活動線　　3．仕様書

イ　平面プランの他にインテリアエレメントの高さ方向の要素を説明するための資料作成
　　【語　群】　　1．天井伏図　　　　2．建具表　　　　3．立・断面図

ウ　おおまかな予算計画において，複数の製品のグレードや性能などを比較検討する
ための資料
　　【語　群】　　1．プレゼンボード　　2．新製品プレスリリース
　　　　　　　　　3．製品カタログ

エ　内装仕上げ材の選定および依頼主への確認
　　【語　群】　　1．インテリア雑誌　　2．ショールーム　　3．ウォークスルー

解 説　インテリアコーディネーターの仕事（実務）に関する設問

ア　エレメントの配置計画は，依頼主のライフスタイルや家庭内での日常生活の動きや移
動を表した生活動線を考えながらまとめていくとよい。
　　カラースキーム→色彩計画。色のもつ心理的，生理的，物理的な性質を利用して，目
　　　的に合った配色をするための計画。
　　仕様書→図面に表示していない事項を施工者用に記載した書類。

イ　インテリアエレメントの高さ関係を表す立・断面図は，室内中央部で室内を縦に切断
して，4方の空間構成（壁面・インテリアエレメント）を描き込む図面である。
　　天井伏図→天井を上から見て平面的に描いた図面。
　　建具表→建物の開口部に取り付けるサッシや戸など建具の形状，寸法，材料，仕様等
　　　を表にまとめて示した図面。

ウ　複数の商品を比較検討する資料には，各社の商品内容を一覧化してとりまとめた製品
カタログを活用するとよい。
　　プレゼンボード→フロアプランやインテリアエレメントなどについて，依頼主に具体
　　　的かつ視覚的に示すための提案ボード。
　　新製品プレスリリース→企業や団体が新商品の情報をメディアに向けて広く発表する
　　　公式文書。

エ　内装仕上材などを選ぶ際は，ショールームに依頼主を案内して，機能や性能，形状や
寸法，色，テクスチャーなどを実物で確認してもらう。
　　ウォークスルー→3D CADに搭載された，仮想空間を動き回るような表現の機能。

［**答**］　ア−2，イ−3，ウ−3，エ−2

インテリアショップで商品販売を担当するインテリアコーディネーターの役割に関する次の記述の ___ 部分に，下に記した語群の中から最も適当なものを選んで，解答欄の番号にマークしなさい。

接客時には，客の目的に応えるだけでなく，相手の身になって話を聞きながら，さらに生活に対する希望を引き出すような ア を心掛ける。

客との会話を通じて得た商品への要望や感想は，社内の イ に伝える。また，市場全体の動向やトレンド情報を社内外から得るようにする。商品情報の他，販売方法，サービスなど総合的なレベルアップには， ウ を訪問体験することも役に立つ。

店頭では，商品の機能性やバリエーションのわかりやすい陳列，季節感や暮らしを楽しむコーディネーションを，ゾーン毎に視覚的に表現する エ などにも知見が求められる。

【アの語群】　1．専門用語の使用
　　　　　　　2．トレンド情報の紹介
　　　　　　　3．提案型のアプローチ
【イの語群】　1．経理担当者
　　　　　　　2．仕入れ担当者
　　　　　　　3．製造担当者
【ウの語群】　1．競合店
　　　　　　　2．ホテルや旅館
　　　　　　　3．ショールーム
【エの語群】　1．VP（ビジュアルプレゼンテーション）
　　　　　　　2．IP（アイテムプレゼンテーション）
　　　　　　　3．VMD（ビジュアルマーチャンダイジング）

解説 インテリアコーディネーターの仕事（職域）に関する設問

ア 接客時に心掛ける提案型のアプローチとは，客の声から生活への潜在的ニーズや願望を見極め，自社商品を通して価値やメリット，解決策などを提案する営業手法である。

イ・ウ 市場動向や客から得た商品への要望などについては，常に仕入れ担当者と情報交換をする。また，競合店への訪問体験などにより，商品販売における総合的なレベルアップを図ることもできる。

エ 店頭では視覚的要素を駆使して，店舗や商品のイメージを客にわかりやすく伝え，入店や購買を促すVP（ビジュアルプレゼンテーション）も必要となる。

　　IP（アイテムプレゼンテーション）→商品陳列やPOPによって，商品の種類やカラーバリエーション，サイズなどをわかりやすく伝えること。

　　VMD（ビジュアルマーチャンダイジング）→商品化計画（MD：マーチャンダイジン

グ）を目に見えるように視覚化（V）すること。

第 4 問　　日本建築の開口部と建具などに関する次のア〜エの記述に対して，それぞれの下に記した語群の中から<u>最も適当なもの</u>を選んで，解答欄の番号にマークしなさい。

ア　主に茶室に用いられる開口部で，壁の小舞組を露出した窓
（図1参照）

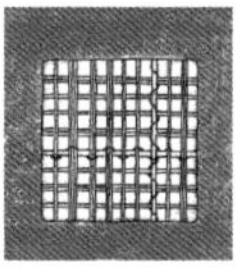

　　【語　群】　　1．嵌め殺し窓
　　　　　　　　　2．武者窓
　　　　　　　　　3．下地窓

図1

イ　板戸の一種で，鏡板の上に細い横桟を等間隔に付けた建具
（図2参照）

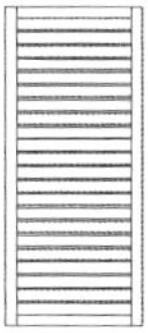

　　【語　群】　　1．蔀戸
　　　　　　　　　2．唐戸
　　　　　　　　　3．舞良戸

図2

ウ　中央部に明かり障子を付けた襖（図3参照）

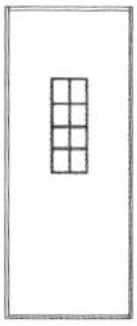

　　【語　群】　　1．太鼓襖
　　　　　　　　　2．源氏襖
　　　　　　　　　3．戸襖

図3

エ　建具や開口部に用いられ，格子の桟を正方形に組んだ組格子（図4参照）

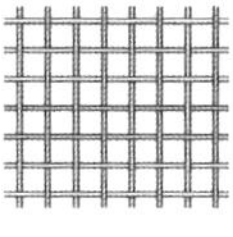

　　【語　群】　　1．吹き寄せ格子
　　　　　　　　　2．連子格子
　　　　　　　　　3．木連格子

図4

解 説　インテリアの歴史（日本建築の開口部・建具）に関する設問

ア　図1は，おもに茶室などで用いられる<u>下地窓</u>。土壁の一部を塗り残して，竹を縦横に縄で編んだ壁下地の木舞（こまい）を見せた窓。

嵌（は）め殺し窓→窓枠に固定され開閉ができない窓。採光用に用いられることが多い。

武者窓→太い縦または横格子の入った窓。城や武家屋敷の長屋門の壁に用いられた。

イ 図2は，書院造に設けられた舞良戸(まいら)。細い桟を水平に等間隔で並べた，引き戸方式の板張り建具である。

　蔀戸(しとみ)→寝殿造の家屋の外周に用いられた，はね上げ式の建具。

　唐戸(からど)→古くは神社や寺院などに用いられた木製の開き戸の一種。現在は一般住宅でも使われている。

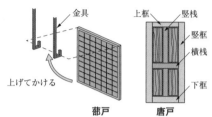

蔀戸　　唐戸

ウ 図3は源氏襖(げんじぶすま)。数寄屋造においては，襖の中ほどに明かり障子をはめ込んだ襖が現れた。

　太鼓襖(たいこぶすま)→茶室の襖に用いられる，縁のない襖。

　戸襖(とぶすま)→片面に合板などの板を張り，他面を襖紙で仕上げた両面襖。和室と廊下，和室と洋室の取合いに設ける。

エ 図4は木連(きづれ)格子。細い組子を縦横等間隔で組んだ格子で，建具や入母屋破風(いりもややぶ)（入母屋造の屋根の妻側にある三角形の部分）の下の格子などに用いられる。

　吹き寄せ格子→障子の組子などを数本程度，細かい間隔で寄せ，両脇の間隔を広くあけて配置した格子。

　連子(れんじ)**格子**→格子の組子の間隔が，組子見付け幅の2〜3倍以上広くとられた格子。細い組子を並べた格子をいうこともある。

〔**答**〕ア−3，イ−3，ウ−2，エ−3

第5問　　第2次世界大戦後の家具デザインに関する次の記述の 　　 部分に，下に記した語群の中から最も適当なものを選んで，解答欄の番号にマークしなさい。

1940年代後半から50年代にかけて活躍したデンマークの ア は，新素材を使ったユニークな家具をデザインしたことで知られる。

アメリカでは，1950年代に イ が，強化プラスチックの座とアルミ脚の「チューリップチェア」をデザインした。また，ハーマン・ミラー社やノル社なども関わり，ウ の開発がジョージ・ネルソンらによって推進された。

一方，イタリアの家具デザインはアメリカとは異なり，独特な遊び心のあるデザインが特徴で，初期には エ が超軽量のいす「スーパー・レジェーラ」をデザインした。

【アの語群】　1．ミハエル・トーネット
　　　　　　　2．ハンス・ウェグナー
　　　　　　　3．アルネ・ヤコブセン
【イの語群】　1．チャールズ・イームズ
　　　　　　　2．エーロ・サーリネン
　　　　　　　3．ハリー・ベルトイア
【ウの語群】　1．オーダー家具
　　　　　　　2．システム家具
　　　　　　　3．クラフト家具
【エの語群】　1．ジオ・ポンティ
　　　　　　　2．ヴィコ・マジストレッティ
　　　　　　　3．マリオ・ベリーニ

解説 インテリアの歴史（第2次世界大戦後の家具デザイン）に関する設問

ア　デンマークの建築家アルネ・ヤコブセン(1902〜1971)は，硬質発泡プラスチックのシェル構造による「エッグチェア」をはじめ，家具，建物，照明など機能主義でモダンなデザインを多く手がけた。

　　ミハエル・トーネット(1796〜1871)→ドイツとオーストリアの家具デザイナー，実業家。「曲木(まげき)椅子」を考案。

　　ハンス・ウェグナー(1914〜2007)→デンマークの家具デザイナー。「ピーコックチェア」や「Yチェア」など多くのいすをデザイン。

エッグチェア　　曲木椅子　　ピーコックチェア　　Yチェア

イ　アメリカの建築家，プロダクトデザイナーのエーロ・サーリネン(1910〜1961)は，強化プラスチックの座とアルミ脚の「チューリップチェア」をはじめ，多くの家具や建築を手がけた。

　　チャールズ・イームズ(1907〜1978)→アメリカモダンを代表する家具デザイナー。強化プラスチックなど新技術を使った家具や「ワイヤーチェア」など数多くの家具をデザイン。

　　ハリー・ベルトイア(1915〜1978)→アメリカの家具デザイナー，アーティストで，サウンドアートの彫刻家でもある。スチールワイヤーを使った「ダイヤモンドチェア」が代表作。

チューリップチェア

ワイヤーチェア

ダイヤモンドチェア

ウ ジョージ・ネルソン(1908〜1986)らが開発を推進したシステム家具は，アメリカ企業
との関わりから生まれた優れた量産家具である。

エ 超軽量いす「スーパーレジェーラ」をデザインしたジオ・ポンティ(1891〜1979)はイ
タリアの建築家，デザイナーで，戦後のイタリアデザイン界を牽引した。

　　ヴィコ・マジストレッティ(1920〜2006)→イタリアの家具・工業デザイナー，建築
　　家。「セリーナ」と呼ばれるFRPのいすが代表作。

　　マリオ・ベリーニ(1935〜)→イタリアの建築家およびデザイナー。代表作の「キャ
　　ブ」は，簡素な鉄パイプ構造と厚い革で仕上げたいす。

スーパーレジェーラ

セリーナチェア

キャブチェア

[**答**] ア−3，イ−2，ウ−2，エ−1

第6問 　家具の選定と人体寸法に関する次の記述の 　　 部分に，下に記した語群の
　　　　中から最も適当なものを選んで，解答欄の番号にマークしなさい。

　60歳代後半の夫婦から，住宅リフォームに合わせてダイニングやキッチンの家具等
を買い替えたいとの希望を伺った。希望のダイニングチェアは ア がデザインしたカ
ンティレバーのチェスカチェアである。この椅子の座面高はカタログによれば450 mm
であり，夫の身長が165 cm，妻の身長が158 cmである。一般的に，作業用椅子の適切
な座面高は身長× イ 程度と言われており，この夫婦が住宅内で使用するには若干
高い。そこで，別の椅子を提案した。また，希望したダイニングテーブルの高さは
720 mmであったので，テーブル高さの目安である身長× ウ になるようなテーブル
を検討した。また，システムキッチンではワークトップの高さを，妻の身長や作業内容
を目安に エ mmに設定し，作業しやすいことを確認した。

```
【アの語群】    1．マルセル・ブロイヤー
              2．トーマス・リートフェルト
              3．ヴェルナー・パントン
【イの語群】    1．0.2        2．0.25       3．0.3
【ウの語群】    1．0.4        2．0.5        3．0.6
【エの語群】    1．750        2．850        3．950
```

解　説　インテリア計画（家具選定と人体寸法）に関する設問

ア　チェスカチェアは，バウハウスを代表するデザイナーであるマルセル・ブロイヤー（1902〜1981）の代表作。カンティレバーとは，4本脚ではなく，座面の片側だけで座面を支える片持ち式の構造をいう。

　　トーマス・リートフェルト（1888〜1964）→オランダの建築家。画家モンドリアンの影響を受け，新造形運動デ・スティルに参画した。

　　ヴェルナー・パントン（1926〜1998）→デンマークの建築家，デザイナー。強化プラスチックによる一体成形のパントンチェアが代表作。

チェスカ　　　パントン
チェア　　　　チェア

イ　作業用椅子の座面高の目安は，身長（H）× 0.25（H）程度。

ウ　テーブル高さ（机面高）の目安は，身長（H）× 0.4（H）程度。

身長　　上肢拳上高　　眼高　　肩峰高　　指先点高　　座高　　下腿高　　机面高

人体寸法の略算値

エ　キッチンのワークトップの高さは，JISで800 mm，850 mm，900 mm，950 mmの4種類に定められているが，妻の身長（158 cm）に適したワークトップの高さは850 mmである。

［答］ア－1，イ－2，ウ－1，エ－2

第7問　集合住宅に関する次のア〜エの記述に対して，それぞれの下に記した語群の中から最も適当なものを選んで，解答欄の番号にマークしなさい。

ア　関東大震災後の住宅難を解消するために建てられた鉄筋コンクリート造で，新しい時代感覚による生活スタイルが取り入れられた集合住宅

【語　群】　　1．同潤会アパート

　　　　　　　2．中銀カプセルタワー

　　　　　　　3．桜台コートビレジ

イ　集合住宅のアクセス形式の一つで，居室が通路と接していないため，各住戸の採
　光・通風・プライバシーという点では居住性が高いが，高層になるとエレベーター
　の運用効率が悪い形式

　　【語　群】　　1．階段室型　　　　2．中廊下型　　　　3．集中型

ウ　軽費老人ホームのうち，食事や生活・介護などのサービスを受けられる施設

　　【語　群】　　1．シルバーハウジング

　　　　　　　2．グループホーム

　　　　　　　3．ケアハウス

エ　分譲マンションなどの区分所有建物の登記簿上の床面積

　　【語　群】　　1．建築基準法上の床面積より小さい

　　　　　　　2．建築基準法上の床面積と等しい

　　　　　　　3．建築基準法上の床面積より大きい

解説　　インテリア計画（集合住宅）に関する設問

ア　大正時代末期から昭和時代初期にかけて建設した同潤会アパートは，日本最初期の鉄
筋コンクリート造の集合住宅。耐震・耐火性を高め，当時はめずらしかった水洗トイレ
やエレベーターも取り入れた。

　中銀カプセルタワー(1972)→黒川紀章が設計し，世界で初めて実用化されたカプセル
　　型の集合住宅。

　桜台コートビレジ(1969)→内井昭蔵設計。傾斜地に住棟を配置し，各戸の採光とプラ
　　イバシーを両立させたジグザグなデザインの集合住宅。

イ　集合住宅のアクセス形式のうち，階段室型は居室が通路と接していないため居住性は
高いが，高層ではエレベーターの運用効率が悪くなる。

　中廊下型→エレベーターの運用効率は良いが，廊下の方向しだいで各住戸の日照条件
　　が不均一となり，中廊下の閉鎖性や通路側の部屋の環境が悪くなる。

　集中型→設備の集中化や共有面積の縮小化ができるが，各住戸の日照条件が不均一で

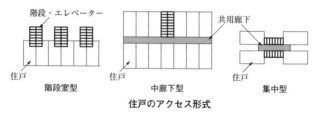

住戸のアクセス形式

通風が妨げられやすく，火災時の避難にも問題がある。

ウ　家庭での生活が困難な60歳以上の高齢者が利用できるケアハウスは，軽費で食事や洗濯などの介護サービスを受けられる老人福祉施設である。

　　シルバーハウジング→バリアフリー化された高齢者向け公的賃貸住宅。

　　グループホーム→認知症の高齢者や障害者などが，援助や介護を受けながら共同で生活する施設。

エ　分譲マンションなどの区分所有建物の登記簿床面積は，各階の壁の内側部分を測定した「内法(うちのり)床面積」が基準となるので，外壁等の中心線で囲まれた部分の面積をいう建築基準法上の床面積より小さい。

[答]　ア−1，イ−1，ウ−3，エ−1

第8問　造形に関する次のア〜エの記述に対して，それぞれの下に記した語群の中から最も関係のないものを選んで，解答欄の番号にマークしなさい。

ア　ドーム
　【語群】　1．ローマのパンテオン
　　　　　2．バチカンのサン・ピエトロ大聖堂
　　　　　3．アテネのパルテノン神殿

イ　黄金比
　【語群】　1．ルート長方形
　　　　　2．フィボナッチ数列
　　　　　3．ル・コルビュジエのモデュロール

ウ　アラベスク模様
　【語群】　1．市松模様　　　2．草模様　　　3．幾何学模様

エ　正多面体を構成する面の形状
　【語群】　1．正三角形　　　2．正五角形　　　3．正六角形

■**解説**■　インテリア計画（造形）に関する設問

ア　ドームは半円球の天井や屋根のこと。半球形ドームが載った**ローマのパンテオン**，中央に大きなドームをもつ**バチカンのサン・ピエトロ大聖堂**などが代表的な建物である。

　　アテネのパルテノン神殿→大理石による石造建築。ギリシャ・ローマ建築に用いられた円柱と梁による「オーダー」と呼ばれる構成で，プロポーションと柱頭に特徴がある。

イ　**ル・コルビュジエのモデュロール**は，1:2:3:5:8…のように，二項の比が限りなく黄金比（1:1.618…）に近づく**フィボナッチ数列**を採用している。

ルート長方形→長方形の1辺を1として，長辺を$\sqrt{2}$，$\sqrt{3}$，$\sqrt{5}$などの無理数を用いた長方形。特に$\sqrt{2}$長方形は2等分しても元と同じ$1:\sqrt{2}$の比率が保たれることから，A判やB判の用紙の規格として適用されている。

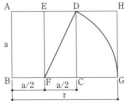

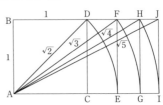

一辺aの正方形の1/2長方形の対角線を半径としてGを求めるとき，〔AB/BG＝a/τ＝1/1.618〕の黄金比長方形となる。

黄金比　　　　　　　　　　　**ルート長方形**

ウ　イスラムの代表的な装飾模様である**アラベスク模様**は，文字，**草模様**，**幾何学模様**などを左右相称に図案化したもの。

市松模様→色の違う2種類の正方形または長方形を交互に並べた日本の伝統的な模様。

アラベスク　　**市松**

エ　正多面体は，すべての面が同じ大きさの正多角形（**正三角形・正方形・正五角形**）で構成された立体で，その種類は5つしかない。

正六角形→辺の長さが等しく，角の大きさも等しい正多角形の一つ。

正四面体　　　　　正六面体　　　　　正八面体　　　　　正十二面体　　　　　正二十面体

凸正多面体

〔答〕 ア－3，イ－1，ウ－1，エ－3

第9問　色の原理に関する次の記述の ▢ 部分に，それぞれの語群の中から最も適当なものを選んで，解答欄の番号にマークしなさい。

1　りんごが赤く見えるのは，主に赤の領域の波長の光のみを ア するからである。

【語　群】　1．吸収　　　2．透過　　　3．反射

2　アメリカ人のマンセルにより考案された表色系は イ の主要色相から成り立っている。

【語　群】　1．3つ　　　2．7つ　　　3．10

3 日本の慣用色の利休ねずみを代表的なマンセル値で表すと $\boxed{ウ}$ である。
　【語　群】　　1．2.5G 5/1　　　2．4R 3.5/11　　　3．7RP 7.5/8
4 単色光の赤，緑，青を混合すると $\boxed{エ}$ になる。
　【語　群】　　1．白い光　　　　2．赤い光　　　　3．灰色の光

解説 インテリア計画（色の原理）に関する設問

ア りんごが赤く見えるのは，りんごに光が当たり，赤以外のすべての色を**吸収**し，赤の みを**反射**しているからである。

イ マンセル表色系は，5つの基本色相（赤，黄，緑，青，紫）に，5つの中間色相を加 えた10の主要色相を，さらに10分割したもの。

ウ 慣用色は一般に広く使われてきた色名。日本の慣用色の利休ねずみを代表的なマンセ ル値HV／C（H：色相，V：明度，C：彩度）で表すと2.5G 5/1である。

　　4R 3.5/11→あかね色（日本の慣用色）の代表的なマンセル値。

　　7RP 7.5/8→とき色（日本の慣用色）の代表的なマンセル値。

エ 色光の3原色は赤，緑，青で，それらを混合すると白い光になる。

〔答〕ア－3，イ－3，ウ－1，エ－1

第10問 加齢による身体機能の低下とインテリア計画上の配慮に関する次の記述の $\boxed{}$ 部分に，それぞれの語群の中から最も適当なものを選んで，解答欄の番 号にマークしなさい。

1 階段には，安全のため段鼻に $\boxed{ア}$ を設ける。
　【語　群】　　1．段板　　　　　2．ノンスリップ　　　3．側板
2 高齢者は加齢による水晶体の黄変化などにより，青や緑は $\boxed{イ}$ 見える。
　【語　群】　　1．黄緑色っぽく　　2．黄色っぽく　　　3．黒っぽく
3 夜間や暗い室内の照明計画では，視認性の低下を考慮して $\boxed{ウ}$ スイッチを設置 することが有効である。
　【語　群】　　1．三路　　　　　　2．タイマー付き　　3．ほたる
4 高齢者は視機能が低下するので，照明設計に際してはJIS規格に示された推奨 $\boxed{エ}$ の数倍の明るさにするのが望ましい。
　【語　群】　　1．明度　　　　　　2．輝度　　　　　　3．照度

解説 インテリア計画（高齢者の身体機能低下）に関する設問

ア 安全上の滑り止めであるノンスリップは，階段の踏面(ふみづら)先端部の段鼻(だんばな)に取り付 ける。

195

段板→階段の踏面に張った板。「踏み板」ともいう。

側板(がわいた)→階段の側面に取り付ける板。

イ 加齢に伴って水晶体が黄色味を帯びてくるため，青や緑は黒っぽく見えるようになり，黄色の識別は難しくなる。

ウ 視機能の低下に考慮し，消灯時に小さな緑のパイロットランプが点灯するほたるスイッチを設けるとよい。

三路スイッチ→1つの照明器具の点灯・消灯を離れた2箇所のスイッチから操作できるもので，階段の照明器具などに用いられる。

エ 視機能が低下する高齢者の照明計画は，JIS規格に示された作業に必要な明るさを確保するための推奨照度の数倍の明るさにするとよい。

［答］ア－2，イ－3，ウ－3，エ－3

第11問 住宅計画に関する次の記述の □ 部分に，それぞれの語群の中から最も適当なものを選んで，解答欄の番号にマークしなさい。

1 建築家のル・コルビュジエが，近代建築の重要な要点として提唱した「5つの原則」とは，ピロティ，屋上庭園，水平連続窓，ア ，自由なファサードである。

【語 群】 1．規則的な平面構成
2．自由な平面構成
3．開放的な空間構成

2 ル・コルビュジエの近代建築の5原則を取り入れた代表的な作品は イ である。

【語 群】 1．サヴォア邸 2．カウフマン邸 3．シュレーダー邸

3 比例関係に基づく尺度基準は古くからあり，ウ では建築空間の統一原理「モデュルス」が，日本の木造建築では「木割」がある。

【語 群】 1．古代エジプト 2．古代ギリシャ 3．古代ローマ

4 壁面にくぼみを作り，収納や飾り棚などとして使うスペースを エ と呼ぶ。

【語 群】 1．ニッチ 2．ドーマー 3．ホワイエ

解説 インテリア計画（住宅計画）に関する設問

ア・イ 建築家ル・コルビュジエ(1887 ～ 1965)が提唱した「近代建築の五原則」は，ピロティ，屋上庭園，水平連続窓，自由な平面構成，自由なファサード。その代表的な作品としてサヴォア邸(1931)が挙げられる。

カウフマン邸(1935)→アメリカの建築家，フランク・ロイド・ライト(1867～1959)の作品。「落水荘」ともいう。

シュレーダー邸(1924)→オランダの建築家，トーマス・リートフェルト(1888〜1964)の作品。

ウ　「モデュルス」は，古代ギリシャで神殿の柱の直径を基本単位として，建物の高さや各部寸法を割り出した基準寸法をいう。日本では，書院造で柱の寸法を基準に造作部材の寸法を決める「木割(きわり)」という設計手法が始まった。

エ　壁面をへこませてつくったニッチは，小物や絵などの飾り棚や収納として利用する。

　　ドーマー→洋風住宅などの屋根に突き出している屋根裏部屋の窓。屋根裏部屋の採光を主目的とするが，外観のアクセントにもなる。

　　ホワイエ→劇場やホール，銀行や病院など出入りの激しい建物の玄関や出入口近くに広くとられた広間。

[答] ア−2，イ−1，ウ−2，エ−1

第12問　インテリアコーディネートを依頼してきた顧客との打ち合わせ内容に関する次の記述の ☐ 部分に，それぞれの語群の中から最も適当なものを選んで，解答欄の番号にマークしなさい。

1　好きな住宅として，鉄とガラスで作られている非常にシンプルな住宅（図1参照）が載っている雑誌を持ってきた。これは ア の設計によるファンズワース邸である。

図1

　　【語　群】　1．フィリップ・ジョンソン
　　　　　　　　2．ミース・ファン・デル・ローエ
　　　　　　　　3．アルバー・アアルト

2　居室の床はコルクタイル仕上げにしたいという。コルクタイルの原料になるコルク樫の生産量が最も多いのは イ である。

　　【語　群】　1．アメリカ　　2．ポルトガル　　3．ブラジル

3　玄関の土間とホールの床を正方形の石貼りにし，目地を壁に対して45度の方向にしたいという。この貼り方を ウ 貼りと呼ぶ。

　　【語　群】　1．四半目地　　2．いも目地　　3．馬踏み目地

4　ベッドルームの照明の方法について簡単な図（図2参照）を持ってきた。壁や壁際の天井に付けた遮光板の内側に照明器具を隠し，上下に光が出て，壁，天井それに床もぼんやり照らすのが好きだという。これは エ 呼ばれる間接照明の一種である。

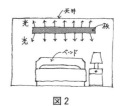

図2

解　説 インテリア総合（住まいへの要望）に関する設問

ア　図1のファンズワース邸（1951，アメリカ）は，ドイツ出身の建築家ミース・ファン・デル・ローエ（1886～1969）の作品。ガラスを使ってインテリアを外部へと解放した。

　　フィリップ・ジョンソン（1906～2005）→アメリカのモダニズムを代表する建築家。自邸でもある「ガラスの家」が代表作。

　　アルバー・アアルト（1898～1976）→フィンランドの建築家で，20世紀の北欧モダンデザインの第一人者。作品は建築，家具，照明，ガラス製品と幅広い。

イ　コルク樫のおもな生産地は**ポルトガル**で，全世界の生産量の約52％を占めている。これを原料とするコルクタイルは，断熱性や防音性，弾力性に優れた自然素材の床材である。

ウ　石やタイルの貼り方のうち，**四半目地**は4片に45°の角度をつけて対角線上に目地を付けたものをいう。

　　芒(いも)目地→縦横に目地を通す一般的なもので，「通し目地」ともいう。

　　馬踏み目地→縦目地を半枚分ずらしたもので，「破れ目地」ともいう。

四半目地　　　　　芒目地（通し目地）　　馬踏み目地（破れ目地）

石やタイルの貼り方

エ　図2の**バランス照明**は，幕板を取り付け天井方向と壁面の双方を照らす間接照明。

　　ウォールウォッシャー→壁面を明るく照らす照明器具。壁方向のみに強く配光されるダウンライトなど，天井に埋め込むタイプがよく用いられる。

　　コーニス照明→天井や壁上部の回り縁(ぶち)に光源を隠し，壁面を広く照らす間接照明。

バランス照明　　　　コーニス照明　　　　ウォールウォッシャー

[答] ア－2，イ－2，ウ－1，エ－3

第13問 オーダー家具（下図）に関する次の記述の □ 部分に，下に記した語群の中から最も適当なものを選んで，解答欄の番号にマークしなさい。

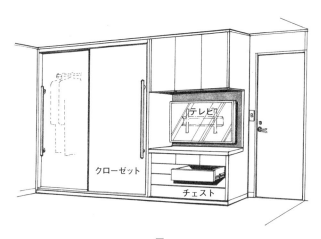

図

　ベッドルームに図のようなオーダー家具を提案することになった。サイズは幅3,600 mm，高さは天井までの2,400 mmである。安全対策も兼ねて造付けとした。

　クローゼット部分は，ドアをフルハイトのスライディングドアで軽量なフラッシュ構造とし，くるいの問題に対応するため ア も取り付ける。

　チェスト部分の引き出しのレールは，衝撃音に配慮して イ タイプとし，カウンター材は擦り傷に強いポストフォーム加工の ウ から選んだ。

　50インチ壁掛けテレビを取り付ける部分のバックパネルの芯材は，ブラケットの固定を考慮してビスの保持力がある厚手の エ とした。

　　【アの語群】　　1．3点ロック　　　　2．フラップステー　　　3．反り止め金物
　　【イの語群】　　1．フルスライド　　　2．オートクローズ　　　3．ベアリング
　　【ウの語群】　　1．メラミン化粧板　　2．ポリエステル化粧板　　3．LVL
　　【エの語群】　　1．ハニカムコア合板　　2．積層合板　　　3．MDF

解　説　インテリアエレメント（オーダー家具）に関する設問

ア　クローゼットの扉裏面に取り付ける反り止め金物は，扉の反りを防止したり，反りを矯正する部品である。

　　3点ロック→上・中・下の3箇所で同時に簡易ロックできる錠。ロッカーなど丈が高く大型の扉に使われる。

　　フラップステー→扉などが全開状態のときに，ストッパーで扉を保持する金具。

イ　引き出しのスライドレールのうち，オートクローズタイプは一定のところから自動で引き出しが静かに閉まる機能が付いたものをいう。

　　フルスライドタイプ→収縮式のスライドレールで三段引きのもの。最後まで引き出してもストッパーがはたらき，引き出しを全部出して使える。

　　ベアリングタイプ→引き出しの側面に取り付けるタイプ。ベアリングを使っているため軽い力で開閉ができ，動きがスムーズ。

ウ　ポストフォーム加工は，耐熱性，耐水性，耐久性などに優れたメラミン化粧板に熱や圧力をかけ，天板から縁まで一体成形したもの。家具の天板，出窓などに用いられる。

　　ポリエステル化粧板→合板にポリエステル樹脂を塗った後，表面をフィルムで覆い樹脂を硬化させた化粧板。

　　LVL(laminated veneer lumber)→単板積層材の略称。単板の繊維方向を並行にそろえて接着剤で貼り合わせた木質材料。

エ　強度があり歪みや反りが出にくい積層合板は，厚さ5mm以下の薄い板を繊維方向が互いに直交するように重ね，圧力をかけて貼り合わせたもの。

　　ハニカムコア合板→コア(芯)をアルミ板などで蜂の巣(ハニカム)構造にし，両面に合板を張ったもの。

　　MDF(medium density fiberboard)→中密度繊維板の略称。家具の基材に多用される。

[答]　ア-3，イ-2，ウ-1，エ-2

第14問　樹脂（プラスチック）材料に関する次の**ア〜エ**の記述に対して，それぞれの下に記した語群の中から<u>最も適当なもの</u>を選んで，解答欄の番号にマークしなさい。

ア　照明器具のグローブなどにも使用され，透明で耐熱性に優れ，衝撃にも強い樹脂
　　【語　群】　　1．エポキシ樹脂
　　　　　　　　　2．フェノール樹脂
　　　　　　　　　3．ポリカーボネート樹脂

イ　ブロー成型の家具などに使用され，最も多く生産されている樹脂で，比重が軽く水に浮く樹脂
　　【語　群】　　1．不飽和ポリエステル樹脂
　　　　　　　　　2．ポリエチレン樹脂
　　　　　　　　　3．アクリル樹脂

ウ　扉のつまみやネジなどに使用され，強度や耐熱性を向上させた，金属と従来型樹脂の中間的位置にある樹脂

【語　群】　　1．酢酸ビニル樹脂
　　　　　　　　2．ABS樹脂
　　　　　　　　3．エンジニアリングプラスチック
　エ　オフィスチェアのキャスター車輪などにも使用され，総じてナイロンと呼ばれる
　　樹脂
　　【語　群】　　1．ポリアミド樹脂
　　　　　　　　2．メラミン樹脂
　　　　　　　　3．不飽和ポリエステル樹脂

解説　インテリアエレメント（樹脂材料）に関する設問

　樹脂（プラスチック）は，軽量で成型性が高く，耐食性に優れる。熱すると軟化して冷やすと固まる「熱可塑性樹脂」と，加熱後硬化すると再加熱しても溶解しない「熱硬化性樹脂」に大別される。

ア　熱可塑性樹脂のポリカーボネート樹脂は，透明で耐熱性，耐衝撃に優れ，照明器具のカバー材や家具扉の面材などに用いられる。
　　エポキシ樹脂→熱硬化性樹脂。耐薬品性が高く，用途は接着剤，塗料，電気絶縁材など。
　　フェノール樹脂→熱硬化性樹脂。耐熱性，耐水性，電気絶縁性が高く，酸にも強い。耐水用合板の接着剤として合板いすの座面などに使用。

イ　熱可塑性樹脂のポリエチレン樹脂は，生産量が最大の樹脂。水に浮き，耐衝撃性，耐薬品性に優れる。レジ袋，ブロー成型の家具などに使われる。
　　不飽和ポリエステル樹脂→熱硬化性樹脂。おもにガラス繊維に含侵させFRP（繊維強化プラスチック）として浴槽，いすの座面などに使用。
　　アクリル樹脂→熱可塑性樹脂。高い透明性と光沢があり，耐候性にも優れる。ガラスに準ずる素材として，家電製品の部品，家具などに使用。

ウ　熱可塑性樹脂のエンジニアリングプラスチック（エンプラ）は，汎用プラスチックの弱点を克服した，耐熱性と機械的強度に優れる材料。家具部品として，事務用回転いすのベースやネジなどに使用されている。
　　酢酸ビニル樹脂→熱可塑性樹脂。透明性，柔軟性，ゴム的弾性に優れる。成型材料としては用いられず，溶液等として塗料，接着剤などに使用。
　　ABS樹脂→熱可塑性樹脂。成分はアクリロニトリル，ブタジエン，スチレン。硬く耐衝撃性に優れる。用途はテレビのキャビネットや冷暖房器など。

エ　熱可塑性樹脂のポリアミド樹脂（ナイロン）は，耐衝撃性，耐薬品性，潤滑性に優れ，家具の引き出しのレールやいすのキャスターなどに使用される。
　　メラミン樹脂→熱硬化性樹脂。表面が硬く，耐熱性，耐薬品性，耐水性に優れる。メラミン化粧板は，甲板やキッチンのワークトップに使用。

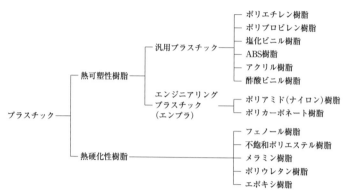

プラスチック材料の分類

［答］ア－3，イ－2，ウ－3，エ－1

　家具のクッション材に関する次の記述の 　　 部分に，それぞれの語群の中から最も適当なものを選んで，解答欄の番号にマークしなさい。

1　ベッドで使用されるクッション材で，一つずつ独立したコイルで身体を点で支える構造のものを ア マットレスという。

　【語　群】　　1．ウッドスプリング

　　　　　　　　2．ボンネルコイル

　　　　　　　　3．ポケットコイル

2　一般にソファや張りぐるみの椅子は，上張り材，クッション材， イ で構成され，これらの組み合わせ方が座り心地や外観イメージに大きく影響する。

　【語　群】　　1．衝撃吸収材　　　2．充填素材　　　　3．保温素材

3　座面の張り方で，スプリングの上をヘッシャンクロスで覆い，その上にクッション材を被せて上張りで仕上げる方法を ウ という。

　【語　群】　　1．薄張り　　　　2．厚張り　　　　3．あおり張り

4　比較的高価な事務用回転椅子のクッション材では，金型で成形される エ が使用され，三次元的な曲面のデザインが可能である。

　【語　群】　　1．ウェビングテープ

　　　　　　　　2．モールドウレタン

　　　　　　　　3．プライウッド

｜解　説｜　インテリアエレメント（家具のクッション材）に関する設問

ア　ポケットコイルは，独立式のスプリングマットレス。コイルを一つずつ袋に詰めて並

ベ，身体を点で支える。快適な寝心地で横揺れも少ない。

　　ウッドスプリング→スノコ状の木の板をベースにラテックスなどの素材を組み合わせ
　　　てクッション性をもたせたマットレスの土台。

　　ボンネルコイル→連結式のスプリングマットレス。一つずつらせん状に巻いたコイル
　　　を全面に配列して連結させ，身体を面で支える。

イ　一般にソファや張りぐるみの椅子は，上張材（繊維織物，天然皮革，合成皮革な
　　ど），クッション材（ポリウレタンフォーム，合成繊維わたなど），衝撃吸収材（スプリ
　　ング，ウェビングなど）で構成される。

ウ　椅子張り工法のうち，あおり張りは座枠の上に衝撃を吸収するための小巻のスプリン
　　グを付けてヘッシャンクロスで覆い，クション材を被せて上張りしたクッション性の高
　　い工法。比較的高級な椅子に用いられる。

　　薄張り→わたやウレタンフォームなどの薄いクッション材に上布をかぶせて薄く張る
　　　工法。厚さは20 mm程度で，作業用小椅子などに使われる。

　　厚張り→構造部に直接張り込む工法で，厚さは50 mm以上。クッション材の選択肢
　　　が幅広く，用途に応じた張り方ができる。リビングのソファや椅子などに使用され
　　　る。

エ　クッション材などに使われるモールドウレタンは，自由な形状の金型に入れて発泡さ
　　せたウレタンフォーム。複雑なデザインの製品でも再現性が高い。

　　ウェビングテープ→特殊撚糸(ねん)を組み，ゴムを浸透させてつくった帯状のテープ。
　　　衝撃吸収材として椅子座面の下張りなどに用いる。

　　プライウッド→合板。特に曲面に成形加工したもの（成形合板）で，椅子の座面など
　　　に用いられる。

　　　　　　　　　　　　　　　　　　　[答] ア－3，イ－1，ウ－3，エ－2

第16問　家具の手入れに関する次の1〜5の記述のうち，最も不適当なものを2つ選
　　　　んで解答欄の番号にマークしなさい。（1行に2つの番号をマークしないこと）

1　桐箪笥は乾いた柔らかい布で乾拭きをし，水分がついた時には，紙や布でそっと
　　吸い取るようにする。

2　屋外用の家具素材のうちチーク材は，腐朽に強い樹脂や油分を多く含むので，特
　　に手入れは必要ないが，食物の油分などはただちに拭き取らないとシミになるので
　　注意する。

3　大理石天板は，通常油性のワックスを塗りこみ乾拭きするが，汚れがついた時
　　は，先に強めのアルカリ性洗剤を用いブラッシング洗いを行うとよい。

4　ソファの張地が皮革の場合，柔らかい布で乾拭きし，手垢などの汚れが目立つ場

合には水性タイプの皮革クリーナーを使用する。スウェード革は，薄めの逆性石鹸液で時々布拭きする。

5　メラミン化粧板の食器棚の扉は，中性洗剤を薄めた液で布拭きし，その後良く水拭き，さらに乾拭きを行う。研磨剤は擦り傷がつくので使わない。

解　説　インテリアエレメント（家具の手入れ）に関する設問

3　大理石は天然石なので天板の表面に汚れが染み込みやすく，また酸やアルカリにも弱いため取扱いに注意する。

4　ソファの張地がスウェード革の場合，水洗いや水性クリームの使用はシミや傷みの原因となるため，こまめにブラシをかけてほこりを取り除く。

[答] 3，4

第 17 問　階段（下図）の構造・部材に関する次の**ア～エ**の記述に対して，それぞれの下に記した語群の中から**最も適当なもの**を選んで，解答欄の番号にマークしなさい。

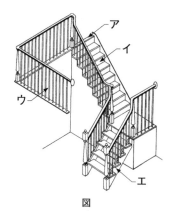

図

ア　階段の最上部を収める部材（図中アの箇所）
　【語　群】　1．回り縁　　　2．式台　　　3．上段框

イ　踏み板を支え，側板に固定されている部材（図中イの箇所）
　【語　群】　1．蹴込み板　　2．隅木　　　3．蹴上げ

ウ　手すりを支持する柱で，一般的に親柱よりも細い部材（図中ウの箇所）
　【語　群】　1．組子　　　　2．笠木　　　3．手すり子

エ　桁材により踏み板を支える構造で，通気性や開放感が特徴（図中エの箇所）
　【語　群】　1．力桁　　　　2．側桁　　　3．ささら桁

ア 図アの**上段框**($^{かま}_{ち}$)は，階段から上段に上がる床の際に設ける横木である。

回り縁($^{ぶ}_{ち}$)→壁と天井の接する部分に取り付ける見切り材。

式台→玄関の土間と床の段差が大きい場合に設ける板敷きの部分。

イ 図イの**蹴込み板**は，階段の段板と段板との間に垂直に取り付ける奥まった板のこと。

隅木($^{すみ}_{ぎ}$)→寄棟屋根などの小屋組で，隅棟を支え45°方向に架ける垂木($^{たる}_{き}$)の一つ。

蹴上げ→階段の踏面($^{ふみ}_{づら}$)から次の踏面までの一段の高さ。建築基準法では，住宅の階段寸法として蹴上げ23 cm以内，踏面15 cm以上と規定している（令第23条1項）。

ウ 図ウの**手すり子**は，側壁がない部分で手すりを支えるために段板に立てられる棒。落下防止のための重要な部材である。

組子→格子，障子，欄間などの骨組として縦横に組んだ細い部材。

笠木($^{かさ}_{ぎ}$)→腰壁や手すりの上部に取り付ける横木。

エ 図エの**力桁**($^{ちから}_{げた}$)は，階段の段板を下方から支持する桁で，「中桁」ともう。通常は1本で支えるが，複数にすることもある。蹴込み板がないため見た目の軽やかさは増す。

ささら桁→階段の段板をのせるため，上端を段形に切り込んだ形状にして側面に張る登り桁。

側桁→階段の両側に取り付け，段板や蹴込み板を挟み込むように支える厚手の桁。

[**答**] ア−3，イ−1，ウ−3，エ−1

第18問 ウインドートリートメントに関する次の記述の ⬚ 部分に，下に記した語群の中から最も適当なものを選んで，解答欄の番号にマークしなさい。

「睡眠時に部屋を出来るだけ暗くしたい」と言う顧客には遮光カーテンを提案するとよい。遮光カーテン生地には，経糸に黒糸を織り込んだもの，生地裏に アしたものなどがある。また，遮光専用の生地でなくても，ドレープカーテンのフックを利用して遮光裏地を取り付け，カーテンに イ やサイドクリップで固定して容易に脱着を可能にする方法もある。

また，両開きカーテンの中央部からの光漏れには中央部に重なりをつくる交差レールなどを使用し，両サイドからの光漏れには ウ を設けるなど配慮する。

プリーツスクリーンの場合には，窓枠との隙間や エ からも光が漏れることを伝える。

【アの語群】	1．ラミネート加工	2．バッキング	3．オパール加工
【イの語群】	1．ファスナー	2．マジックテープ	3．スナップボタン
【ウの語群】	1．リターン	2．ホルダー	3．バランス
【エの語群】	1．昇降コード穴	2．ヘッドボックス	3．操作コード

解説 インテリアエレメント（ウインドートリートメント）に関する設問

ア 遮光カーテン生地には，生地裏に樹脂フィルムをラミネート加工したもの，芯や裏に黒糸を織り込んだもの，バックコーティングで遮光に仕上げたものなどがある。

オパール加工→化学処理により織物に透かして模様を付ける加工法。

イ 遮光専用生地の代わりに，カーテンフックで遮光裏地を取り付け，マジックテープなどで固定して簡単に脱着できる遮光方法もある。

ウ 横からの光漏れを防止するリターンとは，カーテンの左右を延ばして，リターンストップが付いているレールにコの字型にカーテンを掛けること。

ホルダー→カーテンホルダーは，タッセルなどを使わずにカーテンの布を引っ掛けておく装飾的な金具。

バランス→カーテンレールやブラインド上部のヘッドボックスを隠す意匠的な上飾りあるいはカバー。

エ スクリーンをジグザグにたたみ上げるプリーツスクリーンの場合は，窓枠とのすき間や昇降コード穴からも光が漏れることに留意する。

ヘッドボックス→ブラインドを昇降させる機械部分で，本体の最上部に付いている。

操作コード→ブラインドの昇降操作をするコード。

〔**答**〕ア－1，イ－2，ウ－1，エ－1

第19問 カーテンの見積もりに関する次の記述の ▢ 部分に，下に記した語群の中から最も適当なものを選んで，解答欄の番号にマークしなさい。

カーテンの見積もりにおいては，要尺が生地代や ▢ア▢ の算出根拠となる。これらに加え，オプション費，取付け加工費，諸経費等で構成される。要尺計算における幅寸法は，プリーツの種類と ▢イ▢ によって異なる。丈は窓との関係や吊元などによって異なるが，いずれも端部の ▢ウ▢ 分を加える。また，生地に ▢エ▢ がある場合は，その分をプラスする必要がある。共生地でタッセルを作る場合は，その分を加えておく。

【アの語群】	1．現地調査費	2．縫製加工費	3．採寸費
【イの語群】	1．ボトムヘム	2．芯地	3．間隔
【ウの語群】	1．カーテンバトン	2．折り返し	3．シャーリング
【エの語群】	1．ペルメット	2．ドレープ	3．リピート

解説 インテリアエレメント（カーテンの見積もり）に関する設問

ア カーテンの見積もりにおいて，生地代や縫製加工費は，必要な生地の使用数量（幅×丈）である要尺（ようじゃく）によって算出される。

イ・ウ 要尺計算における幅はプリーツの種類と間隔によって，丈は窓や吊元によって異

なるが，ともに端部の折り返し分を加える。

　　カーテンバトン→カーテンの開閉をスムーズに行うための棒状や紐状のもの。カーテ
　　　ンレールのランナーに金具を引っ掛けて使う。

　　シャーリング→細かいギャザーを寄せて模様や変化を出す技法。

エ　カーテン生地に**リピート**（柄の繰り返し）がある場合は，柄合せが必要となるので，
　要尺に柄合せ分のロスをプラスする。

　　ペルメット→カーテンの上部に取り付けるバランス（上飾り）のうち，木製などの硬
　　　い素材でつくられたもの。

　　ドレープ→遮光・遮蔽(しゃへい)・吸音・保温性に優れている厚手のカーテンの総称。

［**答**］ ア－2，イ－3，ウ－2，エ－3

第 20 問　カーペットの製法による分類の呼称と組織部材の呼称に関する次の**ア～エ**の
　　　記述に対して，それぞれの下に記した語群の中から<u>最も適当なもの</u>を選んで，
　　　解答欄の番号にマークしなさい。

ア　断面図（図1参照）に示すカーペットの織り方

　【**語　群**】　　1．ウィルトン

　　　　　　　　2．ボンデッド

　　　　　　　　3．ラッセル

イ　カーペットの表面に出てくる繊維の束（図1イの部
　　分参照）

　【**語　群**】　　1．フィラメント

　　　　　　　　2．パイル

　　　　　　　　3．フェルト

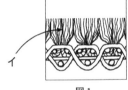

図1

ウ　断面図（図2参照）に示すカーペットの織り方

　【**語　群**】　　1．タフテッド

　　　　　　　　2．アキスミンスター

　　　　　　　　3．ダブルフェイス

エ　カーペット繊維の引き抜けを防ぐ為のバッキング材
　　（図2エの部分参照）

　【**語　群**】　　1．合成ゴムラテックス

　　　　　　　　2．ポリウレタンゴム

　　　　　　　　3．シリコーンゴム

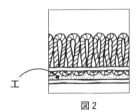

図2

ア 図1の断面図は**ウィルトン**。高級機械織りカーペットで，2〜5色の柄出しができる。

　ボンデッド→接着カーペット。接着剤を塗布した基布上にパイルを張り付ける。

　ラッセル→ラッセル機による経編みのカーペット。

イ 図1イの繊維束は**パイル**。表面に出ている繊維束の毛先をカットしてそろえたもの。

　フィラメント→天然繊維，化学繊維などで長い繊維。

　フェルト→羊毛などの獣毛繊維を圧搾して布状にしたもの。

ウ 図2の断面図は**タフテッド**。刺繍カーペットで，基布にミシン針で刺したパイル糸に裏面処理をする。織物に比べて高速で大量生産が可能。

　アキスミンスター→機械織りカーペット。複雑な柄で多色使いが可能。

　ダブルフェイス→機械織りのカーペット。表裏二重の地組織にパイル糸を交差させ，織りながら上下2枚で左右逆柄のカーペットができる。

エ 図2エのバッキング材は**合成ゴムラテックス**。タフテッド・カーペットは，パイルの引き抜けを防ぐため，裏面に合成ゴム糊ラテックスを塗り，化粧裏地を張り付けるのが一般的である。

カーペットの製法による分類

［答］ア－1，イ－2，ウ－1，エ－1

第21問 エクステリアに関する次の記述の ☐ 部分に，それぞれの語群の中から最も適当なものを選んで，解答欄の番号にマークしなさい。

1 デッキ材には，耐候性や耐久性に優れた **ア** を使用した製品もある。

　【語　群】 　1．生分解性プラスチック

　　　　　　　　2．パーティクルボード

　　　　　　　　3．エコマテリアル

2 アウトドアリビングとして要望のあるサンルームには，手軽に施工できるよう規格化された商品があり，主体構造は **イ** 製のものが多い。

　【語　群】 　1．アクリル 　　2．アルミ 　　3．鋼板

3 テラス囲いやバルコニー囲いは屋根と柱を設置するため，建築面積や ウ に算入される場合があるので注意しなければならない。

【語 群】 1．床面積 2．日影規制 3．開口面積

4 庭やテラスで使用されるいすやテーブルなどのガーデン・ファニチャーなどのうち，スチール製品は エ を施したものが安心である。

【語 群】 1．抗菌加工 2．防せい(錆)加工 3．防腐処理

解説 インテリアエレメント（エクステリア）に関する設問

ア 廃棄された木材やプラスチック材を再利用したエコマテリアルは，優れた特性や機能をもちながら，地球環境への負荷が少ない材料で，デッキ材などにも使われる。

　生分解性プラスチック→自然環境中に廃棄後，土中や水中の微生物によって分解される，環境に配慮したプラスチック。

　パーティクルボード→木材の小片（パーティクル）を接着，熱圧成形したもの。

イ アルミ製品は錆に強く屋外での使用に適しており，また施工も容易なため，規格商品のサンルームの主体構造などに使われることが多い。

ウ 屋根と柱を設置するテラス囲いなどは，建築面積や床面積に算入されることもあるので注意する必要がある（建築基準法施行令第2条）。

　日影規制→中高層建築物により生じる日影を規制するもの（建築基準法第56条の2）。

　開口面積→窓などの開口部の大きさのこと。建築基準法では，居室における採光・換気・排煙上，必要とされる開口部の面積に関する規定がある。

エ 安価で加工しやすいスチール(鉄)製品は錆びやすいので，防せい(錆)加工されたガーデン・ファニチャーを選ぶとよい。

[答] ア－3，イ－2，ウ－1，エ－2

第22問 ソファの上などに置くクッションに関する次の記述の ☐ 部分に，下に記した語群の中から最も適当なものを選んで，解答欄の番号にマークしなさい。

　クッションは，家具やウインドートリートメントとのコーディネートはもとより，色柄や素材感を活かし季節やTPOに合わせて雰囲気を気軽に変えることができるエレメントである。

　クッションの仕様を決める際には，まず中材にあたる ア を選定する。中綿は，ポリエステル綿のほか，軽くて復元力があり，へたりにくい イ やアレルギー対応の素材などがある。形状は，さまざまなサイズの正方形のほか， ウ と呼ばれる円筒形などで製作することができる。次にクッションカバーの生地をカーテン生地などから選定し，縁取りにあたる エ の仕様も併せて決定する。

【アの語群】	1．ヌードクッション	2．シートクッション	3．ピロー
【イの語群】	1．ウレタン	2．パンヤ	3．フェザー
【ウの語群】	1．ボルスター	2．チューブ	3．ドーナツ
【エの語群】	1．パイピング	2．ボーダー	3．タッセル

解説 インテリアエレメント（クッション）に関する設問

ア・イ・ウ クッションカバーの中に詰めて使用するヌードクッションの中材は，ポリエステル綿，羽軸をもつフェザーやビーズなどが主流。形状は，正方形や長方形のほかに円筒形のボルスターなどもある。

シートクッション→いすなどの座面に敷いて使うクッション。

ウレタン→軽くてクッション弾性があり，ソファの中材などに使われる。

パンヤ→天然素材の綿。近年，クッションの中材に使われることは少ない。

エ クッションカバー生地の縁取りにあたるパイピングは，裁断した布端を布テープなどで包んで装飾とすること。

ボーダー→布などのへりに施された装飾や模様。

タッセル→カーテンを束ねておくためのひもや房飾。

［答］ア－1，イ－3，ウ－1，エ－1

第23問 テーブルリネンに関する次の記述の ☐ 部分に，それぞれの語群の中から最も適当なものを選んで，解答欄の番号にマークしなさい。

1　テーブルクロスは，フォーマルなディナーでは白い麻またはコットンの ア 織のものを，セミフォーマルな場では，さまざまな素材の無地のもの，さらにカジュアルな場では柄のあるものも使用される。

【語 群】 1．ダマスク 2．ゴブラン 3．先染

2　肘無し椅子で4人が食事することができる円形テーブルに掛けるテーブルクロスのサイズは，垂れ下がり部分の長さを20cmとした場合，ほぼ直径 イ cmの円形となる。

【語 群】 1．100 2．140 3．180

3　花やキャンドル，盛り皿や鉢などをテーブルの中央部に置く場合に使用される ウ は，コーディネートにアクセントを与えるテーブルリネンである。

【語 群】 1．トップクロス 2．センターピース 3．テーブルランナー

4　プレイスマットは，日本ではランチョンマットとも呼ばれ，布製のほか，樹脂製，木製，金属製など様々な素材，質感，デザインを楽しむことができる。漆塗りの折敷を利用しディナー皿をセッティングする場合，折敷のサイズは エ cm程

度が良い。

【語　群】　　1．33 × 33　　2．45 × 33　　3．45 × 45

解説　インテリアエレメント（テーブルリネン）に関する設問

ア　テーブルクロスは，フォーマルなディナーでは白の麻が最高級とされ，次がバラなどの絵柄を織り出したダマスクである。

　　ゴブラン→ヨーロッパ産の綴れ織りの呼称。パリの国立ゴブラン工場で生産された綴れ織りのタペストリーが発展したことによる。

　　先染→布を織る前に糸や繊維を先に染色すること。

イ　4人用の円形テーブル（肘なし椅子）の直径は100 cmが標準なので，テーブルクロス（垂れ下がり長さ20 cm）は，直径140 cmが適切である。

ウ　食卓を演出するテーブルランナーは，テーブルの長手方向の中央に掛け渡す細長い布。

　　トップクロス→テーブルクロスの上に掛ける布。

　　センターピース→テーブルの中央に置く，少し高さのある装飾品。

エ　折敷(おしき)は，食器を載せる低い縁付きの角盆。直径23〜27 cmのディナー皿をセッティングする場合，折敷のサイズは45 × 33 cmが適する。

［答］ア－1，イ－2，ウ－3，エ－2

第24問　鉄筋コンクリート構造とコンクリートに関する次の記述の　□　部分に，それぞれの語群の中から最も適当なものを選んで，解答欄の番号にマークしなさい。

1　鉄筋コンクリート構造では，構造的に重要な部分の鉄筋には，表面の形状に凹凸があり，コンクリートとの付着性のよい　ア　が用いられる。

【語　群】　　1．異形鉄筋　　2．丸鋼　　　　3．形鋼

2　PC鋼を用いてコンクリートに圧縮力を与え，引張強度の小さいコンクリートの弱点を補う　イ　コンクリートは，橋梁などの大スパン用の部材に用いられることが多い。

【語　群】　　1．プレキャスト　　2．プレストレスト　　3．レディーミクスト

3　高温高圧蒸気養生された　ウ　コンクリートでできた建材であるALC板は，断熱性，寸法安定性に優れ，鉄骨造の壁体などに多く使われている。

【語　群】　　1．高強度　　　2．高流動　　　3．軽量気泡

4　梁の鉄筋の端部を柱に埋め込み，床スラブの鉄筋を梁に埋め込み接合部を強固にすることを　エ　という。

【語　群】　　1．定着　　　　2．圧接　　　　3．面取り

解説 建築の構造（鉄筋コンクリート構造・コンクリート）に関する設問

ア 表面にリブや節などの突起が付いた異形鉄筋は，丸鋼より引抜き力に抵抗する力が強く，鉄筋コンクリート構造において構造上重要な部分の鉄筋として使われる。

丸鋼→断面が円形の棒鋼。鉄筋コンクリートの鉄筋などに用いられる。

形鋼→山形や溝形，H形，I形など断面が一定の形に成形された棒状鋼材の総称。

イ 橋梁工事などで幅広く採用されているプレストレストコンクリートは，高張力鋼（PC鋼）を用いて緊張を与えた，強い耐圧縮力と耐引張り力をもつコンクリートである。

プレキャストコンクリート→あらかじめ工場で製品化されたコンクリート建築部材。

レディーミクストコンクリート→工場から生コン車により固まらない状態で工事現場に供給されるコンクリート。「生コン」「レミコン」ともいう。

ウ ALC板は，高温高圧の蒸気によりオートクレーブ養生された軽量気泡コンクリートでできた建材。断熱性，耐火性，施工性に優れている。

高強度コンクリート→一般のコンクリートに比べて強度が高いコンクリート。

高流動コンクリート→材料分離を起こすことなく流動性を高め，振動・締固めをしなくても充填が可能な自己充填性を備えたコンクリート。

エ 鉄筋やアンカーボルト，鉄骨が引き抜けないように，規定の長さを確保して接合部のコンクリートに固定することを定着という。

圧接→金属材料を固体の状態で加圧して接合する技術。

面取り→建材の角を削り取って面をつくること。

[答] ア－1，イ－2，ウ－3，エ－1

第25問 材料や仕上げに関する次の記述の ☐ 部分に，それぞれの語群の中から最も適当なものを選んで，解答欄の番号にマークしなさい。

1 石材は ア 強さによって，硬石，準硬石，軟石に分類される。

【語 群】 1．圧縮 2．曲げ 3．せん断

2 石こうボード，グラスウール，畳のうち，熱伝導率の値が最も小さい材料は イ である。

【語 群】 1．グラスウール 2．石こうボード 3．畳

3 バルコニーの床や屋根などの面防水で用いられる ウ 防水は，高分子化合物で作られた液体状の剤を用いて防水層を形成する工法である。

【語 群】 1．シート 2．塗膜 3．モルタル

4 ビニル床タイルのうち，塩化ビニル樹脂の含有率が30％未満の エ ビニル床タイルは，塩化ビニル樹脂の配合率が低く安価である。

【語 群】 1．複層 2．コンポジション 3．リノリウム

解説 インテリア構法（材料・仕上げ）に関する設問

ア 石材は圧縮強さによって，花崗(かこう)岩，安山岩，大理石などの「硬石」，硬質砂岩，軟質安山岩などの「準硬石」，砂岩，凝灰岩などの「軟石」に分類される。

　　曲げ強さ→材料が曲げを受けて破壊するときの強さ。

　　せん断強さ→接着面にせん断応力を加えたとき，接合部が破壊するときの強さ。せん断応力は，物体にずれを起こす力。

イ 熱伝導率は1つの物質の熱の伝わりやすさをいう。記述にある3つの材料の熱伝導率は，グラスウールが最も小さく，畳は中程度，石こうボードは最も大きい。

ウ 面防水で用いられる塗膜防水は，液状の防水材を塗り，乾燥させて防水の膜をつくる工法。ウレタン系，ポリエステル系，FRP系などの種類がある。

　　シート防水→薄いシートを接着張りして防水層を形成する工法。合成ゴム，塩化ビニルなどシート状の高分子防水材を用いる。

　　モルタル防水→モルタルを主材料とし，防水剤などを混入して施工する防水層。簡易的な防水のために使われる。

エ 塩化ビニル樹脂の配合率が30％未満のコンポジションビニル床タイルは，安価であるが，単層構造のため欠けやすい。

　　複層ビニル床タイル→塩化ビニル樹脂の配合率が30％以上で3層構造。耐摩耗性，耐薬品性，クッション性に優れ，歩行感も良い。

　　リノリウム→亜麻仁油などを主原料とした建材。抗菌効果があり有害物質も排出されない天然素材として注目されている。住宅ではトイレや洗面所の床材に使われる。

[答] ア－1，イ－1，ウ－2，エ－2

第26問 壁仕上げに関する次の記述の ◻︎ 部分に，下に記した語群の中から最も適当なものを選んで，解答欄の番号にマークしなさい。

　住宅の壁仕上げにおいて，クロス仕上げは最も一般的である。なかでも，主原料として ア を用いた製品は，量産品から高級品まで色や柄も豊富で多用される。

　施工にあたっては下貼りをせず，接着剤でボード等の基材に直接貼ることが多いので，ボード等の下地の性能との組み合わせで イ に適合する材料を選択する必要がある。

　下地の平滑性は大切で，ボードの目違いなどをパテで事前に調整する。クロスのジョイント部分の処理は2枚のクロスを重ねて貼っておいて，中央をカッターで裁断する ウ が一般的である。クロス端部の納めも重要で，クロスを先にはり，床との見切り材として上から簡便に後付けできる合成樹脂製の エ がよく使われる。

解説 インテリア構法（壁仕上げ）に関する設問

ア クロス仕上げのうち，熱可塑性樹脂の**ポリ塩化ビニル**を主原料とするビニル壁紙は施工が容易でコストも安く，色や柄も豊富で現在，最も普及している。

ポリカーボネート→熱可塑性樹脂。透明で耐熱性，耐衝撃性に優れる。

ポリウレタン→熱硬化性樹脂。弾力性に富み，ポリウレタンフォーム，塗膜防水材，塗料などに用いられる。

イ クロスの施工では，建物の内装について建築基準法が定めた**内装制限**（法第35条の2）に適合する材料を下地の性能との組合せで選択する必要がある。

防炎規制→カーテンなどの調度品について防炎対策を講じることなど，防火や防煙等に関する規制。

耐火性能→室内火災に対する材料や部材，建物などの耐久性や安全性。等級区分により性能が表示される。

ウ クロスのジョイント部分を突き合わせて処理する**突き付け**は，下地を切らずに施工できるので，ジョイントの開きやすき間ができにくい施工法。薄い材料や柄合せが必要な材料には向かない。

袋貼り→襖などを張るとき，紙の縁にだけのりを付けて貼ること。

目貼り→物の合せ目や継目に紙などを貼って密閉すること。

エ クロスと床の見切り材として使われる幅木のうち，合成樹脂製の**ソフト幅木**(はばき)は接着剤で張ることができ，施工が容易で安価なため多用されている。

平幅木→壁面と同面の幅木をいう。

入り幅木→壁面より引っ込む形の幅木。

［答］アー1，イー1，ウー3，エー3

| 第 27 問 | 外部に面する建具（下図）に関する次の記述の ▭ 部分に，下に記した語群の中から**最も適当なもの**を選んで，解答欄の番号にマークしなさい。 |

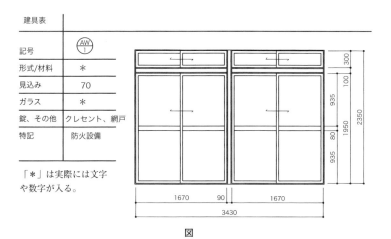

記号	(AW1)	
形式/材料	＊	
見込み	70	
ガラス	＊	
錠、その他	クレセント、網戸	
特記	防火設備	

建具表

「＊」は実際には文字や数字が入る。

寸法：300、100、935、1950、2350、80、935、1670、90、1670、3430

図

　この建具は ア と呼ばれ，閉めた時は イ 部分のクレセントにより施錠する。サッシの見込みは70 mmで，ウ の見付け寸法は90 mmである。

　ガラスについては，防火設備の必要がある場所なので エ のペアガラスとした。

【アの語群】 　1．アルミすべり出しサッシ
　　　　　　　　2．アルミ引き違いサッシ
　　　　　　　　3．木製引き違いサッシ

【イの語群】 　1．召合せ　　2．上框　　3．吊元

【ウの語群】 　1．中桟　　2．方立　　3．額縁

【エの語群】 　1．網入り　　2．線入り　　3．熱線吸収

解 説 　インテリア構法（建具）に関する設問

ア 　図の建具は，建具表と図の表示記号より**アルミ引き違いサッシ**である。

建具種別	AW	アルミ製窓
	AD	アルミ製扉（ドア）
	WW	木製窓
(AW 1)	WD	木製扉（ドア）
	SW	鋼製窓
建具番号	SD	鋼製扉（ドア）

建具表の記号

引き違い窓

すべり出し窓

サッシの表示記号

イ 　引き違いサッシの施錠は，閉めたときに2枚の建具が合わさる**召（めし）合せ**部分に取り付けた半月形締め金具（クレセント）で行う。

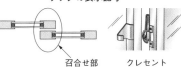
召合せ部　　　クレセント

召合せ部とクレセント

上框(うわがまち)→戸や障子などの周囲の枠のうち，上部の横木。

吊元→開き戸の丁番が付く側をいう。

ウ　窓や建具などの枠を構造的に支える垂直の補強材を方立(ほうだて)といい，設問の図より見付け(正面)寸法が90 mmと表示されている部分をいう。

中桟→建具の上框と下框の間に取り付ける横桟。アルミサッシのガラス部分中間の横方向にアルミ部分があるものを「中桟タイプ」と呼ぶ。

エ　ガラスに金網を封入した網入りガラスは，建築基準法が定めている防火設備用ガラスとして，防火地域などの建築物などの窓に利用される。

線入りガラス→ガラスに金属製の線が縦に入っているが，防火設備用ガラスとしては使用できない。

熱線吸収ガラス→ガラス原料に着色したガラス。日射を30 ～ 40%吸収し，冷暖房効果を高める。

[答]　ア－2，イ－1，ウ－2，エ－1

第28問　建具金物に関する次の記述の　□　部分に，下に記した語群の中から最も適当なものを選んで，解答欄の番号にマークしなさい。

　住宅の玄関などによく使われる片開き玄関ドアには，防犯性を重視して　ア　が使われることが多い。これはシリンダー錠による本締まり機構とラッチによる空締まり機構を共にケースに収めたものである。外部からは鍵で，内部からは　イ　により操作し，　ウ　を出し入れすることで施錠を行う。ラッチはレバーハンドルなどで操作するのが一般的である。鍵もキーの端部に刻みを入れたものから，胴部にいくつもの凹みをつけた　エ　など，より防犯性の高いものがある。

【アの語群】　1．モノロック錠　　2．箱錠　　　　3．鎌錠

【イの語群】　1．プッシュキャッチ　　2．ドアクローザー　　3．サムターン

【ウの語群】　1．アンカーボルト　　2．グレモンボルト　　3．デッドボルト

【エの語群】　1．テンキーロック　　2．マスターキー　　3．ディンプルキー

解説　インテリア構法（建具金物）に関する設問

ア　箱型ケースの中に錠機能やハンドル（ドアノブ）が内蔵された箱錠は，ハンドルと鍵穴が別のため防犯性が高く，玄関錠などに多用される。

モノロック錠→円筒型の握り玉の中に錠機能を収めた防犯性の低い錠。

鎌錠→鎌型のデッドボルトが回転して建具枠に留める引き戸用の錠。

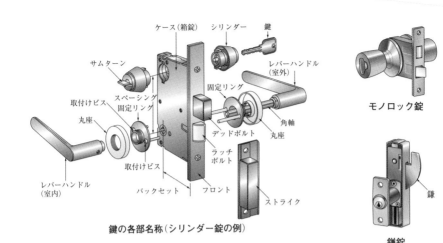

ケース（箱錠）　シリンダー　鍵

サムターン

レバーハンドル
（室外）

取付けビス　スペーシング
固定リング

固定リング

丸座

角軸

丸座

取付けビス

デッドボルト

ラッチ
ボルト

レバーハンドル
（室内）

バックセット　フロント

ストライク

鍵の各部名称（シリンダー錠の例）

モノロック錠

鎌

鎌錠

イ・ウ　箱錠の施錠は，外部からはシリンダーに差し込む鍵で，内部からはつまみをひねって施錠するサムターンで操作し，それらの回転に連動してケースから突き出る四角形のデッドボルトで行われる。

　　プッシュキャッチ→オーディオボックスのガラス扉のように，扉を軽く押すと扉が押し出されるように開く金具。

　　ドアクローザー→開き戸の上部に取り付け，油圧で扉を自動的に静かに閉める装置。

　　アンカーボルト→土台を基礎に連結するため基礎コンクリートに埋め込むボルト。

　　グレモンボルト→大型の開き窓に付ける，上下に上げ落しする形式の戸締り金物。

エ　複製が困難で防犯性が高いディンプルキーは，鍵の表面に大きさや高さの異なる複数のくぼみがある。

　　テンキーロック→0から9まで任意の暗証番号を入力して施解錠する方式の鍵。

　　マスターキー→異なったいくつもの錠を開けることができる鍵。親鍵。

　　　　　　　　　　　　　　　　　　　　　[答] アー2，イー3，ウー3，エー3

第29問　木材と木質材料に関する次の記述の □ 部分に，下に記した語群の中から最も適当なものを選んで，解答欄の番号にマークしなさい。

　天然素材である木材は，軽量で加工性はよいが □ア □ の変化によって伸縮や変形が生じたり，材が不均質であるなど扱いにくい面もある。このうち木構造用製材品について，□イ □ では目視等級区分材，機械等級区分材に分類している。

　木材の二次加工品は，天然素材の欠点やばらつきを補うため，原料である木材を薄板や小片にして，接着剤を用いて再構成した製品のことをいう。このうち合板は，複数の

単板（ベニヤ）を ウ 圧着したものである。また，挽き板や小角材を繊維方向に重ね合わせて接着した エ は，構造材として大断面材や曲線材をつくることができ，テーブルの甲板など，家具にも利用される。

- 【アの語群】　1．熱伝導率　　　2．空隙率　　　3．含水率
- 【イの語群】　1．国際標準化機構規格
  2．日本工業規格
  3．日本農林規格
- 【ウの語群】　1．繊維方向を揃えて
  2．繊維方向を直交させて
  3．繊維方向にとらわれず（ランダムに）
- 【エの語群】　1．集成材
  2．パーティクルボード
  3．ファイバーボード

■ 解 説　建築の構造（木材・木質材料）に関する設問

ア　木材の伸縮や変形の要因となる含水率は，伐採直後では全乾状態重量の50〜150％，伐採後放置すると約30％，気乾状態では約15％となる。

　　熱伝導率→1つの物質の熱の伝わりやすさ（単位：W/m・K）。

　　空隙率→岩石や土などに含まれるすき間の度合い。

イ　木構造用製材品について日本農林規格(JAS)では，合板，集成材，単板積層材，構造用パネル，フローリングの規格を設けている。

　　国際標準化機構規格→1947年に設立された国際標準化機構（ISO）が策定した国際的な工業規格。

　　日本工業規格(JIS)→日本の工業製品のレベルを確保するための規格で，法改正に伴い2019年7月1日より「日本産業規格」に改称された。建築関係では，パーティクルボード，MDFの規格を設けている。

ウ　合板は，単板（ベニヤ）を奇数枚，繊維方向を直交させて重ねて接着剤で圧着したもの。「プライウッド」ともいう。

エ　強度や安定性がある集成材は，ひき板や小角材を繊維方向に重ねて接着。自由な大きさや形をつくり出すことができるので，家具や柱，梁などに使われる。

　　パーティクルボード→木材の小片（パーティクル）を接着，熱圧成形したもの。

　　ファイバーボード→植物繊維を主原料に用いた板材料の総称。「繊維板」ともいう。

［答］ア−3，イ−3，ウ−2，エ−1

木造在来軸組構法（下図）に関する次の記述の □ 部分に，下に記した語群の中から最も適当なものを選んで，解答欄の番号にマークしなさい。なお，文中の**ア〜エ**は下図の**ア〜エ**に一致する。

　木造在来軸組構法は，垂直材と水平材を組み合わせた部材構成に特徴があるが，斜材（斜めに架けられた部材）も重要な働きをしている。

　軸組に水平力が加わったときの変形に抵抗するために水平材と柱がつくる四辺形の対角線上に入れる斜材を ア という。

　軸組最上部で軒桁と妻梁を水平につなぎ，水平面の剛性を得る斜材を イ という。この部材は2階建て住宅の場合には，2階床組高さで異方向の ウ が建物の隅部で取り合う箇所にも入る。

　また，小屋組の屋根勾配に沿って棟木，母屋，軒桁の上に渡す斜材を エ という。これは屋根にかかる鉛直荷重を下部に伝達する部材である。

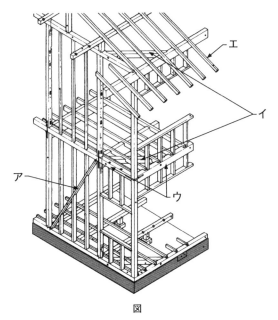

図

【アの語群】	1．方づえ	2．筋かい	3．貫
【イの語群】	1．火打ち土台	2．火打ち梁	3．側土台
【ウの語群】	1．胴差し	2．床梁	3．大引き
【エの語群】	1．垂木	2．小屋梁	3．合掌

解 説 建築の構造（木造在来軸組構法）に関する設問

ア 木造在来軸組構法では，補強材の筋かいを四辺形に組まれた軸組の対角線上に入れて歪みを防ぎ，耐震性を高めている。

　　方づえ→柱と梁下の隅部を斜め材で固める補強材。

　　貫(ぬき)→柱などを貫き通して構造を固める補強材。

イ・ウ 小屋組などの隅角部に用いる水平補強材の火打ち梁は，2階建て住宅の場合，上階と下階の間に入れる横架材である胴差しの交差部にも入る。

　　火打ち土台→土台の入隅(いりすみ)部を補強するために取り付ける横架材。

　　側土台→建物の外周部に沿って取り付ける土台。

　　床梁→床板を支える梁。

　　大引き→コンクリートスラブと根太(ねだ)の間に水平に渡される横木。

エ 屋根の勾配に沿って架ける小角材の垂木(たるき)は，棟木(むなぎ)，母屋(もや)，軒桁(のきげた)に通して固定し，野地板を受けるための斜め材である。

　　小屋梁→和小屋の部材で，水平に渡す丸い木材。

　　合掌→洋小屋組では母屋受けの斜め材をいう。一般的には2つの材を山形に組み合わせたものの総称。

〔答〕ア－2，イ－2，ウ－1，エ－1

第31問　日本の木造建築に関する次の記述の ▢ 部分に，それぞれの語群の中から最も適当なものを選んで，解答欄の番号にマークしなさい。

1　日本の伝統的な木造建築の壁は ア で，柱や横架材を内外に露出させ，壁や建具を間にはめ込む形式となっている。

　　【語群】　1．大壁　　　2．真壁　　　3．界壁

2　和室の造作に使われる樹種は，イ と同じにするのが一般的で，スギやヒノキが多い。

　　【語群】　1．敷居　　　2．床地板　　　3．柱

3　現在の和風住宅に見られる床の間などの要素は，桃山時代に完成したといわれる ウ 造りにおいて定着し，この中ででき上がっていった。

　　【語群】　1．寝殿　　　2．書院　　　3．数寄屋

4　柱と敷居，柱と鴨居が取り合うところでは，一般的に エ 納まりとすることが多い。

　　【語群】　1．面内　　　2．面一　　　3．面中

解説　インテリア構法（木造建築の造作）に関する設問

ア 日本の伝統的な木造建築に用いられる真壁(しんかべ)は，柱や梁などを見せて納める壁。壁

の仕上げ面は後退して設けられる。

　　大壁（おおかべ）→柱が外から見えないように大きな壁で隠してしまう構造の壁。

　　界壁（かいへき）→マンションやアパートなどの各住戸間を区切る壁。

イ　和室の柱には木目の美しい針葉樹が用いられ，造作材も同じ樹種であるスギやヒノキなどが使われることが多い。

　　敷居（しきい）→襖（ふすま）または障子などの建具をはめ込む下枠。

　　床地板（とこじいた）→床の間の表面仕上げの化粧材。

ウ　床の間などの要素は，桃山時代に完成した武士の住宅形式である書院造において定着し，現在に継承されている。

　　寝殿造→平安時代に完成した貴族の住宅形式。

　　数寄屋（すきや）**造**→書院造に茶室建築の手法を取り入れた建築様式。

エ　真壁において部材どうしの接合で用いられる面内（めんうち）納まりは，一方の部材の角にとった面の内側に他方の部材が納まる。

　　面一（つらいち）**納まり**→2つの部材が同一平面に納まる。

　　面中（めんなか）**納まり**→一方の部材の角にとった面の中端まで他方の部材が納まる。

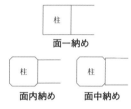

　　　　　　　　　　　　　　　　　　　[答]　アー2，イー3，ウー2，エー1

第32問　次の和室の図中の**ア〜エ**の各部分の名称について，それぞれの語群の中から最も適当なものを選んで，解答欄の番号にマークしなさい。

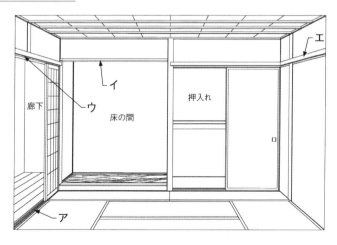

【アの語群】	1．雑巾摺り	2．敷居	3．畳寄せ
【イの語群】	1．落し掛け	2．天袋	3．床框
【ウの語群】	1．胴縁	2．竿縁	3．鴨居
【エの語群】	1．長押	2．額縁	3．吊り束

解説 インテリア構法（和室の造作部材）に関する設問

ア 図アの敷居(しきい)は，襖(ふすま)や障子などの建具をはめ込む下枠である。

  雑巾摺り(ぞうきんずり)→汚損を防ぐ目的で壁と床板との接合部に打ち付ける細い見切り材。

  畳寄せ→壁と床との取合いに，畳面と上端が平らになるよう取り付ける細い横木。

イ 図イの落し掛けは，床の間の上部に床と平行に入れる部材である。

  天袋→押入れなどの上部の天井に近い部分にある戸棚。

  床框(とこがまち)→床の間の床前端の段差部に水平に取り付ける化粧材。

ウ 図ウの鴨居(かもい)は，真壁の障子や襖などの建具の上枠となる横木をいう。

  胴縁(どうぶち)→壁に羽目(はめ)板やボードを取り付けるための水平材。

  竿縁(さおぶち)→天井材を下部から支える化粧部材。

エ 図エの長押(なげし)は，柱と鴨居の上に取り付ける幅の広い横木である。

  額縁(がくぶち)→窓や出入口の建具に取り付ける化粧枠。

  吊り束(つりづか)→鴨居を桁または梁から吊る部材。

〔答〕アー2，イー1，ウー3，エー1

第33問 木造建物の構法または構成部材に関する次の1～5の記述のうち，最も不適当なものを2つ選んで解答欄の番号にマークしなさい。（1行に2つの番号をマークしないこと）

1 構造材相互の接合部は仕口と継手に大別される。

2 丸太の根に近い方の切断面を末口という。

3 一般に天井，壁などにボード状の部材を張るときに，部材同士を突きつけてぴったりと隙間なく張る方法を目透かし張りという。

4 鴨居と同じように用いられるが，建具用の溝がない水平材を無目という。

5 木の年輪に直角に切断した時に現れる木目を柾目という。

解説 建築の構法（木造建築の構法・構成部材）に関する設問

2 丸太など木材の根に近いほうの切断面を元口，梢(こずえ)に近いほうの切断面を末口という。建物において柱として用いる場合は，元口を下にする。

3 天井や壁などにおけるボード状部材の張り方は，部材どうしをぴったり突き合わせて

接合する突き付けと，その接合部に多少すき間をあけて納める目透かし張りが一般的。

［答］2，3

第 34 問 建築の安全・健康に関する次の記述の ▢ 部分に，それぞれの語群の中から最も適当なものを選んで，解答欄の番号にマークしなさい。

1　ミスや不具合が発生しても安全側に向かうような工夫を ア といい，例えば，高齢者が転倒した場合を想定し，床の構造を弾力性のある木組み床とするなどがある。

　　【語　群】　　1．アセスメント　　　2．バリアフリー　　　3．フェイルセーフ

2　火災時の行動特性のひとつに，煙で視界が遮られたり，照明が消えた暗闇で明るい方向に向かおうとする イ が知られている。

　　【語　群】　　1．向光性　　　2．回遊性　　　3．曲進性

3　建物の中で，局部的に熱を伝えやすい部分に起こる ウ は，室内の結露の原因となり，カビの発生などによる人体への悪影響にもつながる。

　　【語　群】　　1．ヒートショック　　　2．ヒートブリッジ　　　3．ヒートポンプ

4　火気使用室であるキッチンと他の部屋が一体に使われる場合の内装制限に関わる規定は，一戸建て住宅に対しては緩和された。ただし，集合住宅では，従来通りキッチン側だけが内装制限を受けるようにするため，不燃材で仕上げた エ を設けることが必要な場合がある。

　　【語　群】　　1．垂れ壁　　　2．腰壁　　　3．そで壁

解説　総合（建築の安全・健康）に関する設問

ア　「事故は必ず起きる」に対応したフェイルセーフは，事故が起きたときの被害を最小限に留めるような機能を備えておくという代表的な安全設計手法である。

　　バリアフリー→高齢者や障害者などの日常生活や社会生活における物理的，心理的な障害や，情報にかかわる障壁などを取り除こうという考え方。

イ　火災時の行動特性には，明るい方向へ避難しようとする向光性，入ってきた経路を戻ろうとする帰巣性，煙や炎が見えない方向へ避難しようとする危険回避性などがある。

ウ　室内結露の原因となるヒートブリッジは，建物の躯体を通じて屋外の熱（冷え）が中へ伝わる現象。結露によるカビやダニの発生で，ぜん息やアレルギー性疾患にもなる。

　　ヒートショック→急激な温度変化により血圧の乱高下や脈拍の変動が起こること。

　　ヒートポンプ→熱媒体や半導体を用いて温度の低い所から高い所に移動させる方式。

エ　内装制限は，建物の火気使用室などの壁と天井の仕上材を不燃化するよう義務付けた建築基準法に基づく規定。2009年の改正で戸建住宅は内装制限が緩和されたが，集合

住宅は従来どおりの適用であり，ダイニングキッチンの場合，不燃材料仕上げの垂れ壁が天井から500 mm以上あれば，内装制限は台所側のみが対象となる。

　腰壁→腰の高さ辺りより下の部分の壁。特に壁面仕上げが上部と異なる場合にいう。

　そで壁→構造的，防火的な理由から，建物外部へ突き出して設けられた幅の狭い壁。

［答］ア－3，イ－1，ウ－2，エ－1

第35問　環境工学に関する次のア～エの記述に対して，それぞれの下に記した語群の中から最も適当なものを選んで，解答欄の番号にマークしなさい。

ア　ある地点のある期間についての外部風の風向の出現頻度を8～16方位に分けて示した図

　【語　群】　　1．風向図　　　　2．風配図　　　　3．風頻図

イ　日照時間と，日の出から日没までの時間を意味する可照時間との比

　【語　群】　　1．日照率　　　　2．天空率　　　　3．昼光率

ウ　「徒然草」において，家をつくる際に最も留意すべきとした季節

　【語　群】　　1．春　　　　　　2．夏　　　　　　3．冬

エ　高効率省エネルギー設備と太陽光発電などの創エネルギーを組み合わせて，年間のエネルギー消費量をゼロとすることを目指した住宅

　【語　群】　　1．ZEH　　　　　2．ZED　　　　　3．ZEB

解説　環境工学（環境と省エネルギー）に関する設問

ア　ある期間や時間ごとの風力別の頻度を表わした風配図は，ある地点の風向の統計的性質を示すために用いる。

イ　実際の日照時間と可照時間との比率で求める日照率は，太陽熱利用や太陽光利用の目安となる。

　天空率→ある位置から建物を見たときの全天に対する空の面積の比率。

　昼光率→室内の昼光での明るさと屋外の明るさとの比率。採光の基準に用いる。

ウ　『徒然草』によると，「家を作るときには，夏の住みやすさを優先して作るのがよい。冬はいかようにも過ごせる。」とある。

エ　ZEH（ゼッチ）は，Net Zero Energy House（ネット・ゼロ・エネルギー・ハウス）の略称。快適な室内環境と，年間で消費する住宅のエネルギー量がおおむねゼロ以下（高断熱，省エネ，創エネ）を同時に実現する住宅。

　ZEB（ゼブ）→Net-Zero Energy Building（ネット・ゼロ・エネルギー・ビル）の略称。快適な室内環境を実現しながら，建物で消費する年間の一次エネルギーの収支をゼロにすることを目指した建物。

[答] ア－2，イ－1，ウ－2，エ－1

第 36 問　換気と通風に関する次の1～5の記述のうち，最も不適当なものを2つ選ん
で解答欄の番号にマークしなさい。（1行に2つの番号をマークしないこと）

1　ガス中毒とは，一般に燃焼器具を使用している居室では二酸化炭素による中毒を
指すことが多い。

2　居室内へ供給される，あるいは排出される空気量を室の容積で割った値を，換気
回数という。

3　浴室の局所換気の設備容量は，換気回数を用いて経験的に設定されることが多い。

4　風力換気量は，風上風下の風圧差の平方根に比例する。

5　温度差による自然換気量は，内外の温度差に比例する。

解 説　環境工学（換気と通風）に関する設問

1　居室内で石油ストーブ，ガスストーブ，ファンヒーターなどの燃焼器具を使用する際
は，一酸化炭素による中毒に注意が必要である。換気対策をせずに使用すると二酸化炭
素が排出され，酸素不足になると不完全燃焼となり有害な一酸化炭素が発生する。

5　温度差による自然換気量は，開口面積のほか，給気口と排気口の高低差の平方根と，
内外の温度差の平方根に比例する。

[答] 1，5

第 37 問　光・照明環境に関する次の記述の　□　部分に，それぞれの語群の中から最
も適当なものを選んで，解答欄の番号にマークしなさい。

1　住居における日照は非常に重要であり，　ア　では，やむを得ない場合を除き，
居室には採光上有効な窓を設けなければならないと規定している。
　【語　群】　1．住生活基本法　　2．環境基本法　　3．建築基準法

2　立体物の見え方は，照明の質や方向により印象や立体感が大きく変化する。照明
によって立体物が適切に見えるようにすることを　イ　という。
　【語　群】　1．グレア　　　2．モデリング　　　3．タスクアンビエント

3　折り上げ天井を利用して蛍光ランプや照明用LEDライン器具を隠し，天井面を
広く照らすことで柔らかな間接光を得る照明方法を　ウ　という。
　【語　群】　1．ダウンライト照明　　2．光天井照明　　3．コーブ照明

4　光に照らされている面の明るさの度合いを照度といい，単位は　エ　である。
　【語　群】　1．cd（カンデラ）　　2．lx（ルクス）　　3．lm（ルーメン）

225

解説 環境工学（光・照明環境）に関する設問

ア 建築基準法では，原則として住宅，病院，学校などの居室に，採光上有効な窓や開口部を設けることを義務付けている（法第28条）。

　　住生活基本法→国の住宅政策が量の確保から質の向上へ転換したことに伴い，住宅建設計画法にかわり制定された法律。2006年施行。

　　環境基本法→新時代の環境保全の進め方を定めた法律。1993年施行。

イ 室内照明計画において，照明により立体物を適切に表すことをモデリングという。

　　グレア→不快感や物の見えづらさを生じさせるようなまぶしさのこと。

　　タスクアンビエント→周辺領域に適度な照度を与える全般照明と，作業場所の必要とする照度を確保する局部照明を併用した照明方式。

タスク・アンビエント照明

ウ 折り上げ天井などを利用して光源を隠すコーブ照明は，天井からの間接照明により柔らかな光を得る照明である。

　　ダウンライト照明→ダウンライト器具を埋め込んで器具の存在を目立たなくして，建築と一体化させた照明。

　　光天井照明→天井面を乳白アクリル板などで覆って光を拡散させた全体照明。

コーブ照明

エ 照度の単位はlx（ルクス）。光によって照らされている面の明るさを表す。

　　cd（カンデラ）→光度の単位。電球など光源の明るさを表す。

　　lm（ルーメン）→光速の単位。単位時間当たりに流れる光のエネルギー量を表す。

[答] ア-3，イ-2，ウ-3，エ-2

第38問 　換気設備に関する次の記述の ☐ 部分に，それぞれの語群の中から最も適当なものを選んで，解答欄の番号にマークしなさい。

1 シックハウス対策のため，住宅等の居室においては換気回数 ア の機械換気設備の設置が建築基準法により義務付けられている。

　【語　群】　1．0.3回／h　　2．0.5回／h　　3．1.0回／h

2 厨房，トイレなどに設置する，室内の空気圧が負圧となる機械換気設備を イ 換気設備という。

　【語　群】　1．第1種　　2．第2種　　3．第3種

3 換気による熱ロスを少なくし，省エネルギーを図っている換気用機器を ウ 交換器という。

　【語　群】　1．全熱　　2．排熱　　3．吸熱

4　キッチンなどに使用され，壁の孔に設置されることが多い軸流ファンのことを
  エ という。
  【語　群】　1．シロッコファン　　2．ターボファン　　3．プロペラファン

解　説　環境工学（換気設備）に関する設問

ア　建築基準法では，住宅等の居室を対象としたシックハウス対策として，換気回数0.5
回/hの24時間換気システムの設置が義務付けられている（法第28条の2，令第20条の
7）。

イ　機械換気方式のうち，第3種換気設備は換気のみに機械換気（換気ファン）を利用する
る方式。臭いなどがほかの部屋に伝わりにくいので，台所やトイレなどに多用される。
　第1種換気設備→給気も換気も機械換気（給気ファン，換気ファン）を利用する方式
　　で，大容量の換気に適している。
　第2種換気設備→給気のみに機械換気（給気ファン）を利用する方式。手術室などほ
　　こりや臭いなどを防ぎたい部屋に適する。

ウ　ビルや住宅の空調換気に使用される全熱交換器は，排気する空気から熱と湿気を給気
する空気に戻すため，換気による熱のロスが少なく省エネに有効な装置である。

エ　軸流式のプロペラファンは，扇風機の羽根のような形状。風量が大きいわりに音は静
かであるが，静圧（空気を送り出す力）は低い。台所や便所など，屋外に直接排気でき
る戸建住宅などに適する。
　シロッコファン→遠心力式。「多翼ファン」とも呼ばれ，風量は少ないが，静圧が最
　　も高い。風が強くダクトも長いマンションなどで多用される。
　ターボファン→遠心力式。後ろ向きの羽根で抵抗を減らすもので，ファンの中では最
　　も効率が良い。高速ダクト方式の送風機に用いられる。

プロペラファン　　　シロッコファン　　　ターボファン
ファンの種類

　　　　　　　　　　　　　　　　［答］ア－2，イ－3，ウ－1，エ－3

第39問 　給湯設備に関する次の記述の ☐ 部分に，それぞれの語群の中から最も適当なものを選んで，解答欄の番号にマークしなさい。

1　用途別の湯の使用温度で，最も高い給湯温度が必要な用途は ア である。

　　【語　群】　1．洗濯用　　　2．浴用　　　3．飲料用

2　住宅の給湯負荷のうち，最も大きいのは イ である。

　　【語　群】　1．厨房用　　　2．洗面用　　　3．風呂用

3　ガス瞬間式給湯器の能力は， ウ 表示されている。

　　【語　群】　1．等級　　　2．同時使用できる給湯箇所数　　　3．号数

4　発電と給湯ができる省エネルギー型給湯機器が， エ である。

　　【語　群】　1．エコジョーズ　　　2．エネファーム　　　3．エコキュート

解説　環境工学（給湯設備）に関する設問

ア　住宅の給湯温度のうち，飲料用は90〜95℃と最も高い給湯温度が必要。次に浴用，厨房用，洗濯用の順に低い給湯温度となる。

イ　給湯負荷とは建物内に供給する温水の必要湯量をいい，住宅の給湯負荷は風呂用が最も大きい。

ウ　ガス瞬間式給湯器の給湯能力は号数で表示される。号数が大きいほど，一度に大量の湯を使うことができる。

エ　省エネルギー型給湯機器のエネファームは，都市ガスなどから水素を取り出し，空気中の酸素と反応させる。発電と給湯ができ，発電時の排熱も給湯に利用することができるコージェネレーション（熱電併給）システムでもある。

　　エコジョーズ→排熱を再利用する高効率の瞬間式ガス給湯器の通称。

　　エコキュート→外気熱を利用する自然冷媒ヒートポンプ式給湯器。

　　　　　　　　　　　　　　　　　　　　　　　　　　　　　［答］ア－3，イ－3，ウ－3，エ－2

第40問 　排水設備に関する次の記述の ☐ 部分に，下に記した語群の中から最も適当なものを選んで，解答欄の番号にマークしなさい。

　水洗便器からの排水の種類は ア に分類され，新築住宅の場合，公共下水道が整備されていない地域では イ 浄化槽で処理したのち，都市下水路に放流される。

　下水道，下水路より排水管の位置が高い場合には，排水を ウ によって流すことが多い。

　一般的な衛生器具の排水管の口径は， エ の口径以上とし，排水横枝管は接続する器具排水管の最大管径以上を必要とする。

【アの語群】	1．雑排水	2．汚水	3．特殊排水
【イの語群】	1．屎尿	2．単独処理	3．合併処理
【ウの語群】	1．重力	2．電力	3．動力
【エの語群】	1．給水管	2．通気管	3．トラップ

解　説　環境工学（排水設備）に関する設問

ア　排水は，トイレなどからの**汚水**，台所，浴室などからの**雑排水**，雨水などからの雨水排水，工場などからの**特殊排水**などの種類がある。

イ　トイレの汚水と雑排水をまとめて処理する**合併処理浄化槽**は，従来の浄化槽に比べて河川などの公共水域の汚濁を軽減する効果がある。公共下水道未整備地域の新築住宅などで用いられる。

　　単独処理浄化槽→トイレなどからの汚水のみを処理して浄化する浄化槽。

ウ　排水管の位置が公共下水道より高所にある場合は，**重力**によって建物内の排水を自然に流す重力式排水方式（自然排水方式）をとる。

エ　衛生器具排水管の口径は**トラップ**の口径以上とする。トラップは，排水管からの悪臭の逆流を防ぐため，衛生器具や排水系統に設置する器具である。

［**答**］ア－2，イ－3，ウ－1，エ－3

第37回

第41問　空調設備，自然エネルギーの利用に関する次の記述の　　部分に，それぞれの語群の中から<u>最も適当なもの</u>を選んで，解答欄の番号にマークしなさい。

1　住宅などの個別暖房を中心に広く利用される　**ア**　暖房方式は，かつてはFF式暖房機が代表的な方式であった。

　　【語　群】　　1．温風　　　2．温水　　　3．放射

2　冷暖房の設定温度を維持するために，外部からの侵入熱量や内部で発生する機器発熱などの取り除かなければいけない熱量を　**イ**　負荷という。

　　【語　群】　　1．暖房　　　2．冷房　　　3．換気

3　化石燃料の使用により多量に排出されてきた　**ウ**　は，地球温暖化の原因の一つと言われている。現在では（ウ）を排出しない自然エネルギーの利用が推進されている。

　　【語　群】　　1．二酸化硫黄　　　2．一酸化炭素　　　3．二酸化炭素

4　地中熱とは，地表から地下200m程までの比較的低温の熱であり，安定した自然エネルギーの一つである。10m以深では年間を通してほぼ一定の値となり，その地域の年間　**エ**　に相当するといわれている。

　　【語　群】　　1．最低気温　　　2．平均気温　　　3．最高気温

環境工学（空調設備，自然エネルギー）に関する設問

ア　温風を利用した**温風暖房方式**は，住宅では個別暖房を中心に利用され，現在はヒートポンプエアコンが主流となっている。

　　温水暖房方式→ボイラーなどの熱源機で加熱した温水を建物室内の放熱器に送って暖房する方式。

　　放射（ふく射）**暖房方式**→赤外線などにより熱の向かった方向にある物体を暖める方式で，床暖房，電気ストーブ，石油ストーブなどが代表的。

イ　設定温度を維持するときに侵入する熱量を**冷房負荷**という。屋根，壁，床，窓から侵入する貫流熱量，窓を透過する侵入日射熱量などのほか，内部で発生する照明発熱，人体発熱，機器発熱等の内部負荷も含まれる。

　　暖房負荷→設定温度を維持するときに損失する熱量。

　　換気負荷→換気のため室内に取り入れる外気の保有熱量（温度・湿度）。外気負荷。

ウ　石炭，石油，天然ガスなどを使った火力発電の増加で**二酸化炭素**（CO_2）が多量に排出され，地球温暖化が起こったといわれる。現在は，太陽熱，太陽光，地中熱などを利用した自然エネルギーの利用が進められている。

　　二酸化硫黄（SO_2）→無色で刺激臭のある気体。呼吸器を刺激してぜん息を起こしたり，酸性雨のもとになるなど公害の原因物質。

　　一酸化炭素（CO）→無色，無臭で空気よりやや軽い有害な気体。

エ　深さ10 m以深の地中温度は，年間を通してほぼ一定で，地域の**年間平均気温**とほぼ同じ。この安定した自然エネルギーである地中熱を利用し，夏は放熱，冬は採熱をして効率的な冷暖房を行うことができる。

〔答〕ア-1，イ-2，ウ-3，エ-2

第 42 問　電気設備に関する次の**ア～エ**の記述に対して，それぞれの下に記した語群の中から最も適当なものを選んで，解答欄の番号にマークしなさい。

ア　4Kの高画質を4Kテレビジョン受信機（専用チューナ内蔵）と対応アンテナのみで無料で見ることができるデジタル放送（ただし，NHKおよび一部有料放送を除く）

　　【語　群】　　1．CATV　　　　　2．BS　　　　　3．CS

イ　感知部内に侵入した煙の粒子による散乱光を利用して火災を感知し，警報を発する住宅用防災警報器

　　【語　群】　　1．イオン化式　　　2．紫外線式　　　3．光電式

ウ　パソコンやタブレットなどのネットワーク対応端末を無線通信でネットワークに接続できる製品

【語　群】　　1．Wi-Fiルーター
　　　　　　　2．ファイヤーウォール
　　　　　　　3．ハードディスク
エ　検知エリア内に人が入ると，自動的に明かりが点くスイッチ
【語　群】　　1．赤外線スイッチ
　　　　　　　2．タイマースイッチ
　　　　　　　3．光電式自動点滅器

解 説　住宅設備（電気設備）に関する設問

ア　放送衛生を利用したBS（broadcasting satellites）放送は，一般家庭で視聴されること
を目的としている。
　　CATV（cable television）→同軸ケーブルや光ファイバーケーブルを用いたテレビ放送。
　　CS（communication satellites）→通信事業を目的とした通信衛星を利用した放送。放送
　　法が改正され，一般の家庭でも視聴が可能となった。

イ　住宅用防災警報器の感知方法のうち，光電式は日本で主流となっている煙検知方式
で，寝室や廊下，階段に設置されることが多い。
　　イオン化式→費用対策効果に優れ，海外で主流の煙検知方式。
　　紫外線式→紫外線によって火災を感知する煙検知方式。

ウ　Wi-Fiルーターは，パソコン，スマートフォン，タブレットなどネットワーク接続対
応機器を，無線で光回線などの外部ネットワークに接続できる製品。
　　ファイヤーウォール→防火壁のことだが，コンピュータネットワーク関連では，イン
　　ターネットからの不正侵入を防ぐシステムを指す。
　　ハードディスク→一般的にコンピュータのデータを保存する装置。

エ　赤外線スイッチは，センサー検知エリア内で人体から放出される赤外線の動きを検知
して照明などに電気信号を送り，スイッチが入る仕組み。
　　光電式自動点滅器→外部の明るさの変化を感知し，半導体スイッチなどによって街路
　　灯や防犯灯などの器具を自動的に点灯・消灯する装置。

［答］ア－2，イ－3，ウ－1，エ－1

第43問　照明器具の配光分類に関する次の記述の　　　部分に，それぞれの語群の中
から最も適当なものを選んで，解答欄の番号にマークしなさい。
1　照明器具はランプ中心から上方向と下方向に出る　ア　の割合で5つの形に国際
分類されている。
【語　群】　　1．輝度　　　　2．光度　　　　3．光束

2　照明器具の配光例（図1参照）の配光を持つ照明器具を部屋の中央に配置すると，<u>　イ　</u>面方向に効率の良い照明が得られる。

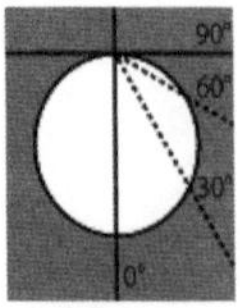

【語　群】　　1．床
　　　　　　　2．壁
　　　　　　　3．天井

図1

3　照明器具の配光例（図2参照）の配光に最も近いのは<u>　ウ　</u>器具である。

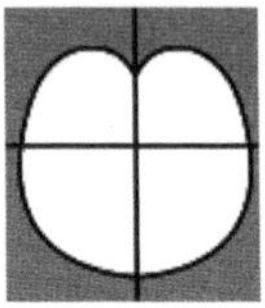

【語　群】　　1．アッパーライトスタンド（図A参照）
　　　　　　　2．乳白ガラスグローブペンダント（図B参照）
　　　　　　　3．金属シェードペンダント（図C参照）

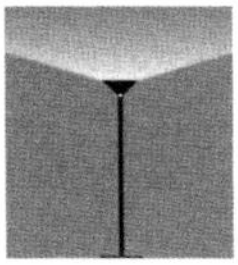

図2

図A

図B

図C

4　照明器具の配光例（図3参照）は<u>　エ　</u>配光に分類され，この形の配光をもつ器具はまぶしさが生じにくいので落ち着いた雰囲気を求める空間に適している。

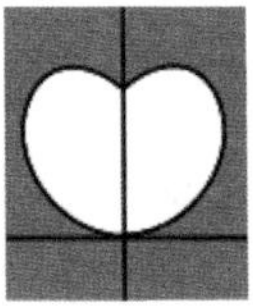

【語　群】　　1．間接照明形
　　　　　　　2．全般拡散照明形
　　　　　　　3．直接照明形

図3

解　説　住宅設備（照明器具）に関する設問

ア　配光による照明器具は，ランプ中心から上下方向に出る光束の割合で5つ（直接／間接型は全般拡散型に所属）に分類される。光束は光のエネルギー量を表す。単位はlm（ルーメン）。

　　輝度→人が感じる物の輝きの度合いを表す（単位：cd/m²）。

　　光度→光源の明るさの度合を表す。単位はcd（カンデラ）。

イ　図1の照明器具は直接型配光に分類される。ランプ中心から床面方向を効率的に照明でき，高い照明率が得られやすい。**金属シェードペンダント**（図C）などがある。

ウ　図2の照明器具は全般拡散型配光に分類される。代表的な乳白ガラスグローブペンダント（図B）は，空間に光が拡散するため明るい印象になる。

エ　図3の照明器具は間接照明形（間接型）配光に分類される。上方向への光束の比率が多く，照明率は低くなりやすい。**アッパーライトスタンド**（図A）などがある。

配光による照明器具の分類

配光	直接型	半直接型	全般拡散型	直接/間接型	半間接型	間接型
配光曲線		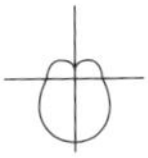	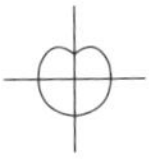	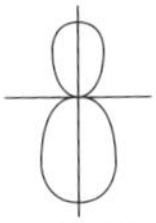		
器具	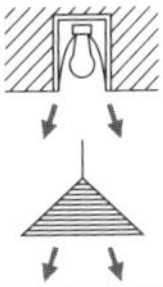	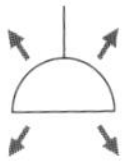	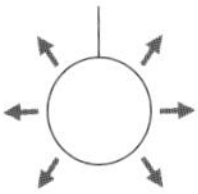	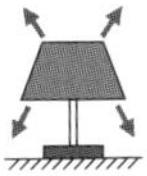		

[答] ア-3, イ-1, ウ-2, エ-1

第44問 　建築, インテリアの設計図書に関する次の**ア〜エ**の記述に対して, それぞれの下に記した語群の中から<u>最も適当なもの</u>を選んで, 解答欄の番号にマークしなさい。

ア 建具表や展開図で, 図1の表示がされている建具の名称
【語　群】　　1. 突き出し窓
　　　　　　　2. 内倒し窓
　　　　　　　3. 辷出し窓

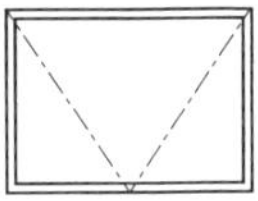

図1

イ 矩計図で, 壁と天井の取り合い部に付けられている図2の部材の名称
【語　群】　　1. コーナービード
　　　　　　　2. ジョイナー
　　　　　　　3. モールディング

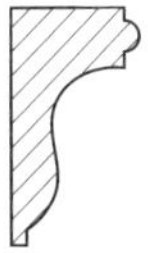

図2

ウ 仕上げ表の外壁の欄に, 二丁掛と書かれているタイルの標準寸法
【語　群】　　1. 200 × 100
　　　　　　　2. 108 × 60
　　　　　　　3. 227 × 60

エ 開口部周りの詳細図（図3）のAの部分の寸法の名称
【語　群】　　1. ちり寸法
　　　　　　　2. ほぞ寸法
　　　　　　　3. 見付寸法

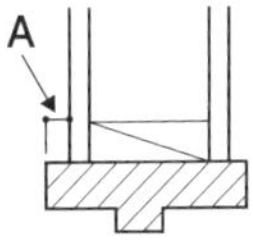

図3

解説 　インテリアコーディネーションの表現（設計図書）に関する設問

ア 　図1の建具は内倒し窓。下部と窓枠を丁番で連結して軸とし, 上部を室内側に倒して

開ける窓である。

突き出し窓→上部をヒンジで吊って固定し，下部を室外側に押し出して開ける回転式の窓。

辷(すべ)り出し窓→上部に付けたヒンジにより，吊元が下方に移動しながら，下部が室外側にすべり出して開く窓。

内倒し窓　　　　突き出し窓　　　　辷り出し窓

イ　図2の部材は**モールディング**。建築や家具などで，部材の機能が切り替わる部分に連続して施される帯状の縁どり。部材の接合部を美的に処理し，壁面を保護する。

コーナービード→壁や柱などの出隅部分を保護するための棒状の金物。

ジョイナー→ボード仕上げなどの際，目地部分に用いる細い棒状の化粧部材。

ウ　外壁に用いられるタイルの標準寸法は，二丁掛タイルが227 × 60 mm，小口平タイルは108 × 60 mmである。

エ　図3のA部分は**ちり寸法**。ちり（散り）とは，壁面から建具枠端部など2つの部材の表面までの段差寸法をいう。

ほぞ寸法→木材などを接合するときに，片方の部材にくり抜いた穴に合わせて，他方の部材につくり出した突起の寸法。

見付寸法→部材の見え掛かり部分の正面に見える面またはその幅寸法。

［答］ア－2，イ－3，ウ－3，エ－1

第45問　インテリアのリフォームの工事監理の際に使われる用語に関する次の**ア～エ**の記述に対して，それぞれの下に記した語群の中から<u>最も関係のあるもの</u>を選んで，解答欄の番号にマークしなさい。

ア　埋め込み引掛けローゼット

　【語　群】　1．給排水設備工事　　2．照明設備工事　　3．換気設備工事

イ　プライマー

　【語　群】　1．塗装工事　　2．仮設工事　　3．断熱工事

ウ　バックセット

　【語　群】　1．ガス工事　　2．建具工事　　3．家具工事

エ　眠り目地

　【語　群】　1．左官工事　　2．床石張り工事　　3．壁装工事

解説 インテリアコーディネーションの表現（工事監理関連用語）に関する設問

ア　埋め込み引掛けローゼットは照明設備工事で用いられる器具。照明器具を天井に設置する際，電源供給と器具の支持固定を担う配線器具を天井の躯体などに埋め込んで固定するタイプである。

イ　プライマーは塗装工事で行われる塗料材。外装塗装をするときに最初に塗る下塗り塗料の一つで，上塗り塗料をしっかりと密着させる役割がある。

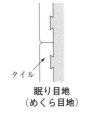

タイル

眠り目地
（めくら目地）

ウ　バックセットは建具工事で用いられる寸法。ドアの端からレバーハンドル（ノブ）やシリンダーの中心までの水平寸法を指す。

エ　眠り目地は床石張り工事で用いられる張り方。タイルを密着させてすき間なく張ること。「めくら目地」ともいう。

[答] ア－2，イ－1，ウ－2，エ－2

第46問　デジタルプレゼンテーションに関する次の記述の　　部分に，下に記した語群の中から最も適当なものを選んで，解答欄の番号にマークしなさい。

　最近では，CADソフトなどを使ってプレゼンテーションボードを作ることが多くなってきた。ボードのスタイルもインテリアをコーディネートしたスタイルに合わせることが重要であり，それにあった色や　ア　を選ぶ。図面やパースの画像を拡大縮小する場合，　イ　を変えないように気をつけ，印刷では用途に適した　ウ　を指定する。また，イメージ画像を扱う場合，インターネット上から安易に借用せず　エ　に配慮することなどが重要である。

【アの語群】　1．フォント　　　　2．トリミング　　3．インターフェース
【イの語群】　1．アスペクト比　　2．面積　　　　　3．ポリゴン数
【ウの語群】　1．フレームレート　2．解像度　　　　3．IPアドレス
【エの語群】　1．OCR　　　2．バイオメトリクス認証　　　3．著作権

解説 インテリアコーディネーションの表現（デジタルプレゼンテーション）に関する設問

ア　プレゼンテーションボード作成時は，インテリアスタイルに合わせて，書体データであるフォントの文字デザインや色を統一するとよい。

　　トリミング→画像の周囲や映像の前後を切り取って画面を整えること。

　　インターフェース→コンピュータと周辺機器を接続する規格や仕様。

イ・ウ　画像を拡大，縮小する際は，画面や画像の縦横比であるアスペクト比を変えないよう注意し，印刷のときは用途に応じて，画像の精密さを表す解像度を指示する。

ポリゴン数→3Dグラフィックで立体形状を描画するときに用いられる多角形のことで，画面を構成する最小単位。

フレームレート→CGや動画などで，映像を1秒間に何コマ（フレーム）書き換えられるかを表した数値。

IPアドレス→インターネットに接続した機器に割り振られた識別のための個別数字列。インターネット上の住所のような役割を担う。

エ　知的財産権の一つである著作権は，著作物を保護するための権利。インターネット上を含む著作物の文章や写真などの画像を扱う場合は，著作権侵害にならないよう細心の注意をはらう必要がある。

OCR(optical character reader)→光学式文字読み取り装置。手書きや印刷物の文字を光に当てることで読み取り，テキストデータに変換する。

バイオメトリクス認証→指紋認証など身体的特徴により本人確認をする技術。「生体認証」ともいう。

〔**答**〕ア－1，イ－1，ウ－2，エ－3

第47問　インテリアにおける安全や健康についての法規に関する次の**ア〜エ**の記述に対して，それぞれの下に記した語群の中から最も関係のないものを選んで，解答欄の番号にマークしなさい。

ア　建築基準法によるシックハウス対策として規制する化学物質
　　【**語　群**】　1．ホルムアルデヒド　　2．クロルピリホス　　3．キシレン

イ　消防法による防炎物品の対象となる物品
　　【**語　群**】　1．カーテン　　2．壁紙　　　3．カーペット

ウ　消防法だけでなく地方公共団体の火災予防条例においても，煙によって感知する住宅用火災警報器の設置を義務付けている場所
　　【**語　群**】　1．寝室　　2．キッチン　　3．階段

エ　建築基準法で定めている木造住宅内で火を使う室に対する内装制限の対象部位
　　【**語　群**】　1．壁　　　2．床　　　3．天井

■**解説**　インテリア関連の法規・制度（安全・健康関連法規）に関する設問

ア　建築基準法におけるシックハウス対策では，**ホルムアルデヒド**および**クロルピリホス**が規制対象物質となっている。ホルムアルデヒドは内装仕上げの制限，換気設備の義務付け，天井裏などの制限があり，クロルピリホスを添加した建築材料は居室がある建築物への使用が禁止されている。

　キシレン→塗料や接着剤などに含まれる有機溶剤。VOC（揮発性有機化合物）の一つ

で，揮発することにより空気を汚染する有害物質。建材業界では，キシレンのほか
トルエン，エチルベンゼン，スチレンを4VOCとして自主基準を設けている。

イ　消防法による防炎規制では，不特定多数が出入りする施設や建物で使われる**カーテン**，**カーペット**，布製ブラインド，暗幕・どん帳などの防炎対象物品に，防炎性能基準を満たす製品の使用を義務付けている。なお，壁紙は防炎対象物品ではない。

ウ　消防法により，2006年からすべての新築住宅に火災警報器の設置が義務付けられ，既存住宅においても各自治体が設置義務を定めている。設置場所は**寝室**（子ども部屋を含む）と**階段**。自治体によっては**キッチン**も含まれる。

エ　内装制限は，建築物の初期火災の広がりを防ぐため，火気使用室などの**壁**と**天井**に燃えやすい材料の使用を規制しているが，床の規制はない。

　　　　　　　　　　　　　　　　[答] ア－3，イ－2，ウ－2，エ－2

第48問　建築・インテリアの法規に関する次の1〜5の記述のうち，最も不適当なものを2つ選んで解答欄の番号にマークしなさい。（1行に2つの番号をマークしないこと）

1　PSCマークは，さまざまな商品（製品およびサービス）の中で，「生産」から「廃棄」にわたるライフサイクル全体を通して環境への負荷が少なく，環境保全に役立つと認められた商品につけられる。

2　「バリアフリー法（略称）」は，高齢者だけを対象としている。

3　「PL法（略称）」は，製造物の欠陥により，人の生命，身体，又は財産に係る被害が生じた場合における製造業者等の損害賠償の責任について定めた法律である。

4　「住生活基本法」は社会的情勢の変化を受けて，それまでの1世帯1住宅の確保などを目標とした住宅建設計画法に変わり公布・施行された。

5　「品確法（略称）」に基づく住宅性能表示制度では，「高齢者等への配慮に関すること」という区分を設け，高齢者等に配慮した建物の工夫や改善を示している。

解説　インテリア関連の法規・制度（表示マーク・法令）に関する設問

1　PSCマークは，消費生活用製品安全法で義務付けられた制度に基づき，危険性のある家庭用品が安全基準に適合していることを示すもの。特定製品と特に安全性が強く求められる特別特定製品がある。なお，設問の記述内容はエコマークである。

特定製品

特別特定製品

PSCマーク

エコマーク

2　バリアフリー法（高齢者，障害者等の移動等の円滑化の促進に関する法律）は，<u>高齢者や障害者</u>が気軽に移動できるよう階段や段差の解消を目的とした法律。2006年施行。

［答］1，2

<hr>

第49問　建築基準法令に関する次の記述の □ 部分に，それぞれの語群の中から<u>最も適当なもの</u>を選んで，解答欄の番号にマークしなさい。

1　はね出し形式のバルコニーが，建築面積に参入されない図の寸法Aの最大値は ア cmである。

【語　群】　　1．90　　　2．100　　　3．120

図

2　バルコニーや屋上に設けられる墜落防止のための手すりの高さは， イ cm以上と決められている。

【語　群】　　1．90　　　2．100　　　3．110

3　まわり階段の踏面の寸法は，踏面の狭いほうの端から ウ cmの位置で計測する。

【語　群】　　1．20　　　2．30　　　3．40

4　防火地域や準防火地域以外で増築や改築を行う場合， エ m²以内であれば建築確認申請を行わなくてよい。

【語　群】　　1．10　　　2．15　　　3．20

解説　インテリア関連の法規・制度（建築基準法）に関する設問

ア　住宅のはね出し形式のバルコニーや軒，庇は，はね出しの距離（図の寸法A）が100cm以内であれば，その部分は建築面積に算入されない（令第2条1項二号）。

イ　バルコニーや屋上など外部に設置される手すりの高さは，110cm以上と定められている（令第126条）。

ウ　回り階段の踏面（ふみづら）の寸法は，狭いほうの端から30cmの位置で測らなければならない（令第23条）。

回り階段の踏面

エ　防火地域・準防火地域以外における10 m²以内の増築や改築は，建築確認申請の対象に含まれない（法第6条）。

［答］ア−2，イ−3，ウ−2，エ−1

第50問	住宅のリフォームに関する次の記述の [　] 部分に，それぞれの語群の中から最も適当なものを選んで，解答欄の番号にマークしなさい。

1　分譲マンションの住戸内リフォームの場合，[ア] で定める諸規定だけでなく，建物の管理規約などもよく調べて工事範囲を決めることが大切である。

　　【語 群】　1．環境基本法　　2．区分所有法（略称）　　3．借地借家法

2　鉄筋コンクリート造のリフォームの際，入手した設計図書の中に，壁や天井の下地が軽量形鋼であることを意味する [イ] 下地という表記があった。

　　【語 群】　1．LPG　　2．LCC　　3．LGS

3　木造在来軸組構法の戸建住宅の耐震改修に際しては，保管されている資料のうち着工後に発生した設計変更などを正確に反映した [ウ] が参考となる。

　　【語 群】　1．仕上表　　2．見積書　　3．竣工図

4　集合住宅などの各住戸間の壁は，建築基準法令でその [エ] 性能に関する技術的基準が定められている。

　　【語 群】　1．吸音　　2．遮音　　3．消音

解 説　総合（住宅リフォーム関連法規等）に関する設問

ア　分譲マンションなど集合住宅の住戸内リフォームにはさまざまな制約があるため，区分所有法（「建物の区分所有等に関する法律」の略称）や，建物の管理規約などの諸規定を十分に把握する必要がある。

　　環境基本法→新時代の環境保全の進め方を定めた法律。1993年施行。

　　借地借家法→建物の所有を目的とする地上権，土地の賃貸借（借地），建物の賃貸借（借家）について定めた法律。1992年施行。

イ　軽量形鋼とも呼ばれるLGS(light gauge steel)は，鉄筋コンクリート造や鉄骨造などで壁・天井の下地材として用いられる。断面形状による名称には，リップ溝形鋼やハット形鋼，軽山形鋼などがある。

　　LPG(liquefied petroleum gas)→液化石油ガス。家庭用，工業用燃料，自動車用燃料，火力発電用燃料など幅広く利用される。

　　LCC(life cycle cost)→建物の企画から施工，保全・改修，解体までにかかる全費用。イニシャルコストとランニングコストで構成される。

ウ　リフォームの際に重要な資料となる竣工図は，工事中に発生した設計変更などをもとに設計図を修正し，工事完了後の建物を正確に表した図面である。

　　仕上表→建物外部の仕上げや内部の各部屋の仕上げを一覧表にまとめた図面や書類。

　　見積書→積算を行ったうえで，材料費の単価や手間代などを乗じて建物の建築費用の見積りを記した書類。

エ　共同住宅などの各戸の界壁は，遮音性能についての技術的基準が建築基準法に定めら

れている。遮音性能は，隣接する住戸からの日常生活に伴って生ずる音を低減するために界壁に必要とされる性能である。

　吸音性能→建物の部位別性能項目の一つで，音を吸収する程度の目安。

[**答**] ア－2，イ－3，ウ－3，エ－2

第36回

インテリアコーディネーター
資格試験

2018年度

第1問　住宅の変遷とインテリアに関する表中の**ア～エ**の各部分について，それぞれの語群の中から<u>最も適当なもの</u>を選んで，解答欄の番号にマークしなさい。

年　代	人々のライフスタイルと住宅のタイプおよびインテリア産業の役割
1950 年代	DK 型間取りの住宅は，「　ア　」の考え方を取り入れたもので，更に n ＋ <u>LDK 型</u>住宅に発展した。健康で快適，安全で効率のよい住まいが目標とされ，インテリアエレメントの第一号ともいえる　イ　が重要な役割を果たすものとなった。
1960 年代	良質な住宅の大量供給を目的に，標準化や規格化による工業化住宅が誕生し，プレハブ住宅，スケルトン・インフィル住宅へと発展した。また，全国どこにでも戸建て住宅を供給できる仕組みとして，営業，設計，生産，施工を一貫して行う「　ウ　」が多く誕生した時期でもある。
1970 年代	空間を自分独自のものにしたいという要望をインテリアによって達成できる可能性が生まれた。インテリアエレメント・部品メーカー，その販売業者，インテリアの工事を請け負う専門業者などが生まれ，その後の　エ　の設立につながった。

【アの語群】　1．リビングダイニング　　2．和洋折衷　　　3．食寝分離
【イの語群】　1．ユニットバス　　　　2．洗面化粧台　　　3．キッチン設備
【ウの語群】　1．ハウスメーカー　　　2．ディベロッパー　3．ゼネコン
【エの語群】　1．日本住宅公団　　　　2．同潤会　　　　　3．インテリア産業協会

解説　誕生と背景（インテリア産業の発展）に関する設問

ア・イ　住宅の大量建設が始まった1950年代，「食寝分離」の理念を取り入れたDK 型間取りの住宅・51C 型（公営住宅標準プラン）が実現。給湯器，厨房設備機器などキッチン設備の開発が大きな役割を果たした。

ウ　1960年代，住宅の大量供給を目的に住宅の分業化や工業化が始まり，プレハブ住宅を商品化して販売を行う「ハウスメーカー」が数多く設立された。

　　ディベロッパー→開発業者。大規模な住宅造成やマンション分譲，オフィスビルの

建設などの事業主体となる企業・団体。

ゼネコン→大手の総合建設業者。土木・建築工事の一切を請け負う。

エ　1970年代，インテリア産業が新たな住宅産業の中核を担う役割として生まれ，その後，産業が急速に発展していくなかで「インテリア産業協会」が設立された。

日本住宅公団→1955（昭和30）年に設立された公団。1999（平成11）年に都市基盤整備公団となり，2004（平成16）年に都市再生機構へ業務を引き継いだ。

同潤会→1924（大正13）年，関東大震災後の住宅不足救済のために設立された財団法人。鉄筋コンクリート造の集合住宅「同潤会アパート」の建設で知られる。

[答]　アー3，イー3，ウー1，エー3

第2問　総合的なインテリアコーディネートのための各業務のポイントおよび準備すべき資料に関する表中の**ア～エ**の各部分について，それぞれの語群の中から最も適当なものを選んで，解答欄の番号にマークしなさい。

	業　務	業務のポイント	準備資料
1	ヒアリング・事前調査・カウンセリング	ニーズの明瞭化・確認 **ア** の共有化	参考写真 カタログ
2	提案・調整	空間全体を **イ** などで解りやすく提案	各種プレゼンボード 内観パース
3	実施計画・見積り・契約	図面作成，仕様書作成 契約金額の設定	仕様書・実施図面一式 **ウ**
4	各種監理・手配	施工・納品のきめ細かなチェック 確認・報告	監理報告書 納品書・納品請書 **エ**
5	引渡し・アフターフォロー	追加工事・クレームに対する迅速な対応	顧客カルテ ダイレクトメール

【アの語群】　1．イメージ　　　　　2．カラースキーム　　3．サンプルリスト
【イの語群】　1．最新の情報　　　　2．言葉による説明　　3．ビジュアルな資料
【ウの語群】　1．取扱説明書　　　　2．概算見積書　　　　3．詳細見積書
【エの語群】　1．製品保証書　　　　2．工程表　　　　　　3．アジェンダ

解説 インテリアコーディネーターの仕事（実務）に関する設問

ア　カウンセリングでは，依頼主とイメージの共有化を図るために，写真，カタログ，実物や塗装のサンプルなど具体的な資料で確認をしていく。

　　カラースキーム→色彩計画。色のもつ心理的，生理的，物理的な性質を利用して，目的に合った配色をするための計画。

イ　依頼主へのプレゼンテーションでは，言葉による表現を補うため，見本などビジュアルな資料や立体的な表現手法を活用して，空間全体をわかりやすく提案する。

ウ　詳細な図面や仕様内容を決定する実施計画に合わせて，詳細見積書を作成する。見積書を提示するときは口頭で説明し，依頼主の承諾を得る。

エ　施工監理では，工事の開始から完了までを工事別に時系列で表した工程表を作成するが，想定外の工事日程変更でインテリアコーディネーターがサポートすることもある。

[答] ア－1，イ－3，ウ－3，エ－2

第3問　インテリアコーディネーターの仕事に関する次の記述部分の ☐ 部分に，下に記した語群の中から最も適当なものを選んで，解答欄の番号にマークしなさい。

　インテリアコーディネーターの業務で最近増えているのは，既存建物の老朽化している部分の修繕，修復などの ア に関する仕事である。また，中古住宅を購入して間取りを変更したり，生活のスタイルにあわせた改装によって価値を高める イ に携わることもある。

　不動産業界などでは，既存のオフィスを住宅に用途変更する ウ と呼ばれる仕事もあり，こういった中古住宅の販売にかかわる場合，「住宅の品質確保の促進等に関する法律」に基づく エ の内容を説明できる程度の知識は必要である。

【アの語群】　1．リファイン　　　2．リーディング　　　3．リフォーム
【イの語群】　1．リノベーション　2．リライト　　　　　3．リメイク
【ウの語群】　1．コンバージョン　2．バーター　　　　　3．リペア
【エの語群】　1．住宅金融支援　　2．住宅価格指数　　　3．住宅性能評価

解説 インテリアコーディネーターの仕事（職域）に関する設問

ア・イ　近年，ハウスメーカーをはじめ多くの業界で住まいを増改築するリフォームや中古住宅に新たな価値を生み出すリノベーションが盛んになり，インテリアコーディネーターの業務も拡大している。

ウ　不動産業界などでは，既存建物の用途を変更することで価値を再生するコンバージョンが注目され，インテリアコーディネーターがその業務を担うこともある。

エ　住宅が基本的に備えるべき性能と基準を規定した「住宅性能表示制度」の住宅性能評価には，維持管理・更新への配慮，温熱環境，空気環境など10項目があり，中古物件の販売には内容の把握が必要である。

　　住宅価格指数→住宅価格のデータを基に，その価格動向を示した総合指数

[答]　ア－3，イ－1，ウ－1，エ－3

　日本における建築・インテリアの発展に強い影響をもたらした人物に関する次のア～エの記述に対して，それぞれの下に記した語群の中から<u>最も適当な</u>ものを選んで，解答欄の番号にマークしなさい。

ア　工芸指導のために来日して，桂離宮を高く評価し「日本美再発見」を著したドイツの建築家

　　【語　群】　　1．ブルーノ・タウト
　　　　　　　　 2．アントニン・レーモンド
　　　　　　　　 3．ジョサイア・コンドル

イ　来日して，農村の工芸を現代的インテリアに生かした作品などを発表した女性デザイナー

　　【語　群】　　1．マリー・ローランサン
　　　　　　　　 2．アイリーン・グレイ
　　　　　　　　 3．シャルロット・ペリアン

ウ　チャールズ・イームズなどと交流して，第二次世界大戦後の日本における家具のモダニズムの先駆けになったデザイナー

　　【語　群】　　1．前川國男
　　　　　　　　 2．剣持勇
　　　　　　　　 3．柳宗理

エ　世界遺産に登録された東京の国立西洋美術館を設計し，日本の建築界に大きな影響を与えた建築家

　　【語　群】　　1．ル・コルビュジエ
　　　　　　　　 2．フランク・ロイド・ライト
　　　　　　　　 3．ミース・ファン・デル・ローエ

解説　インテリアの歴史（日本の近代史）に関する設問

ア　ドイツの建築家ブルーノ・タウト（1880～1938）は，1933（昭和8）年に来日。桂離宮を美と深い精神性を表現した建築や庭園であると高く評価した。

　　アントニン・レーモンド（1888～1976）→チェコ出身の建築家。帝国ホテル建設の際

に来日。モダニズム建築の作品を多く残した。

ジョサイア・コンドル(1852〜1920)→イギリスの建築家。1877(明治10)年に来日。鹿鳴館，ニコライ堂などの設計のほか，工部大学校に招かれて建築教育を行った。

イ　フランスの建築家，デザイナーである**シャルロット・ペリアン**(1903〜1999)は，1940(昭和15)年に工芸指導所と坂倉準三(さかくらじゅんそう)に支援されて来日。日本の農村工芸を現代的インテリアに生かした。

マリー・ローランサン(1883〜1956)→フランスの画家。パステルカラー調とおだやかな作風の作品が多く，日本で人気が高い前衛芸術家。

アイリーン・グレイ(1878〜1976)→アイルランド出身。20代でパリに移住し，インテリアデザイナー，建築家の先駆けとなる。

ウ　日本のデザイナー**剣持勇**(けんもちいさむ)(1912〜1971)は，第二次世界大戦後に「ジャパニーズ・モダン」と呼ばれるデザインの礎を築いた。おもな作品は，ランタンチェア，スタッキングチェアなど。

前川國男(まえかわくにお)(1905〜1986)→建築家。ル・コルビュジエのもとで働き，日本の近代建築に大きな影響を与えた。東京文化会館など多数の公共建築を設計。

柳宗理(やなぎそうり)(1915〜2011)→インダストリアルデザイナーで，本名は「むねみち」。戦後日本のインダストリアルデザインの確立と発展に尽くした。代表作は，バタフライスツール。

エ　スイス出身の建築家**ル・コルビュジエ**(1887〜1965)は，ピロティや屋上庭園などの「近代建築の五原則」を提唱し，日本の建築界にも多大な影響を与えた。2016年には17作品が世界遺産に一括登録された。

フランク・ロイド・ライト(1867〜1959)→アメリカの建築家。日本では大正時代に帝国ホテルなどを設計。カウフマン邸（落水荘）など多数の建築を手がけた。

ミース・ファン・デル・ローエ(1886〜1969)→ドイツ出身の建築家。20世紀のモダニズム建築を代表する一人。ガラスによる高層建築を提唱。代表作にバルセロナチェアなどもある。

〔**答**〕アー1，イー3，ウー2，エー1

第5問　アール・ヌーボーに関する次の記述の◯◯部分に，下に記した語群の中から最も適当なものを選んで，解答欄の番号にマークしなさい。

　アール・ヌーボーは，19世紀末に ◯ア◯ でおこり，その後フランスを中心にヨーロッパ全土に広まった装飾美術運動である。ヨーロッパにおける ◯イ◯ の手工芸の復活を提唱したアーツ・アンド・クラフツ運動に刺激を受けたが，曲線を多用した装飾に大きな特徴がある。代表的な作家として，建築家のエクトル・ギマール，家具デザイナーの

ウ , それに画家の エ らがいた。

【アの語群】　1．イタリア　　　2．オランダ　　　3．ベルギー

【イの語群】　1．古代ローマ　　2．中世　　　　　3．近世

【ウの語群】　1．ルイ・マジョレル

　　　　　　　2．エミール・ガレ

　　　　　　　3．トーマス・シェラトン

【エの語群】　1．アルフォンス・ミュシャ

　　　　　　　2．ヨーゼフ・ホフマン

　　　　　　　3．マルク・シャガール

解説　インテリアの歴史（アール・ヌーボー）に関する設問

ア・イ　アール・ヌーボーは，19世紀末のベルギーで出現し，欧州に広まった自由奔放
な造形運動。中世の手工芸の復活を提唱したウイリアム・モリス(1834～1896)のアー
ツ＆クラフツ運動に影響を受けた。

ウ　アール・ヌーボーを代表する家具デザイナーのルイ・マジョレル(1859～1926)はフ
ランス出身で，パリ万国博覧会で発表した寝室「睡蓮」などの作品がある。

　　　エミール・ガレ(1846～1904)→アール・ヌーボーを代表するフランスのガラス工芸，
　　　家具作家。植物や昆虫のモチーフが特徴。

　　　トーマス・シェラトン(1751～1806)→イギリスの家具デザイナー。アダムやヘップル
　　　ホワイトに後続し，方形の背もたれを特徴とした軽快な家具デザインで知られる。

エ　画家のアルフォンス・ミュシャ(1860～1939)は，アール・ヌーボーを代表するグラ
フィックデザイナーで，多くのポスター，装飾パネル，カレンダーなどを制作した。

　　　ヨーゼフ・ホフマン(1870～1956)→オーストリアの建築家，デザイナー。ウィーン
　　　分離派(ゼツェッション)設立メンバーの一人。

　　　マルク・シャガール(1887～1985)→ロシア出身のユダヤ系フランス人画家。20世紀
　　　の初期前衛芸術運動の代表的な画家。

[答] ア-3，イ-2，ウ-1，エ-1

第6問　住まいにおける寸法に関する次のア～エの記述に対して，それぞれの下に
記した語群の中から最も適当なものを選んで，解答欄の番号にマークしなさ
い。

ア　室内における照明器具のスイッチの一般的な床からの高さ（車いす利用者を考慮
しない場合）

【語　群】　1．約105 cm　　2．約120 cm　　3．約135 cm

イ　本畳の畳床の一般的な厚さ
　　【語　群】　　1．約25mm　　　2．40mm　　　3．約55mm
ウ　高さ850mmのキッチンカウンターで食事をするスツールの適切な座面高さ
　　【語　群】　　1．約450mm　　2．約550mm　　3．約650mm
エ　50型テレビ画面の対角線の長さ
　　【語　群】　　1．約100cm　　2．約125cm　　3．約150cm

解説　インテリア計画（寸法）に関する設問

ア　室内の照明器具のスイッチ取付け高さは，床面から約120cmが一般的である。車い
　す利用者に配慮した場合は，約90cmにするとよい。

イ　本畳とは，畳床を天然素材の稲わらでつくった畳のこと。この畳床の厚さは約55mm
　が一般的。

ウ　いすの座面高の目安は，机の高さから，机面といすの座面との垂直距離を表す差尺
　（270～300mm）を引いたものとされる。よって，高さ850mmのキッチンカウンター
　で使うスツールの座面高は約550mmが適切である。

エ　テレビの型（インチ）は，画面の対角線の長さのこと。1インチは2.54cmなので，
　50型（インチ）テレビ画面の対角線の長さは約125cmである。

[答] ア－2，イ－3，ウ－2，エ－2

第7問　マンセル色立体の垂直断面（下図）に関する次の記述の　　　　部分に，それ
　　　　ぞれの語群の中から**最も適当なもの**を選んで，解答欄の番号にマークしなさい。

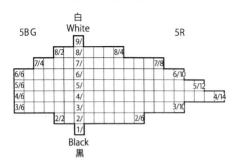

1　もっとも高い彩度は　ア　である。
　　【語　群】　　1．6　　　　　　2．12　　　　　　3．14
2　5BGで彩度6のとき，もっとも高い明度は　イ　である。
　　【語　群】　　1．2　　　　　　2．4　　　　　　3．6

3　5Rで明度2のとき，もっとも高い彩度は　ウ　である。

　【語　群】　　1．6　　　　　　2．8　　　　　　3．10

4　5BGと5Rは　エ　の関係にある。

　【語　群】　　1．同系色　　　2．類似色　　　3．補色

解説　インテリア計画（色彩）に関する設問

　マンセル色立体は，色の三属性HV／C（H：色相，V：明度，C：彩度）を3次元で捉えたもの。色相は環状で，赤（R），黄（Y），緑（G），青（B），紫（P）が基本。明度は縦軸（黒を0，白を10），彩度は横軸（無彩色を0）で表される。

ア　もっとも高い彩度は14で，色相5R，明度4のときである。

イ　色相5BGで彩度6のとき，もっとも高い明度は6である。

ウ　色相5Rで明度2のとき，もっとも高い彩度は6である。

エ　色相5BGと5Rは，色相環で正反対に位置する補色の関係にある。

　　同系色→色相は変えず，明度と彩度の違う色を組み合わせること。

　　類似色→色相環で隣にある色の組合せをいう。

[答]　ア－3，イ－3，ウ－1，エ－3

第8問　住宅のインテリアコーディネートの依頼者へのヒアリングに関する次の記述の　　部分に，それぞれの語群の中から**最も適当なもの**を選んで，解答欄の番号にマークしなさい。

1　現在愛用しているラウンジチェア（下図）と同じデザイナーのティーテーブルを揃えたいという。これは，無垢の木を使って独特のクラフト的な家具デザインをした　ア　の作品である。

　【語　群】　　1．エーロ・サーリネン

　　　　　　　　2．ジョージ・ナカシマ

　　　　　　　　3．ジョージ・ネルソン

2　玄関の土間とポーチの床を御影石貼りにしたいが，凹凸が大きくなく滑りにくい仕上げがいいというので，屋外の床に適している　イ　仕上げをすすめた。

　【語　群】　　1．割肌　　　　2．ジェットバーナー　　　3．こぶ出し

3　室内の壁は現在の壁紙を撤去して，下地の石膏ボードの上に珪藻土を塗りたいという。その場合の珪藻土の厚さはどのくらいになるのかと聞かれたので，一般的には約　ウ　mm程度だと答えた。

【語　群】　1. 2　　　　2. 5　　　　3. 8

4　好きな色はトキ色なので，インテリアのアクセントカラーとして使いたいという。この色は，マンセル表色系の色相が $\boxed{\text{エ}}$ の色である。

【語　群】　1. 7 RP　　　2. 5 R　　　3. 5 YR

解　説　総合（ヒアリング）に関する設問

ア　設問のいすは，アメリカの家具デザイナーであるジョージ・ナカシマ（1905〜1990）の作品。コノイドチェアなども代表作。フランク・ロイド・ライトに伴って，帝国ホテル建設の際に来日した。

エーロ・サーリネン（1910〜1961）→アメリカの建築家，プロダクトデザイナー。強化プラスチックの座とアルミ脚のチューリップチェアが代表作。

ジョージ・ネルソン（1908〜1986）→アメリカのデザイナー，建築家，編集者。20世紀後半のアメリカン・デザインを確立したデザイナーの一人。

イ　御影（みかげ）石など花崗（かこう）岩に用いる**ジェットバーナー仕上げ**は，表面にバーナーをかけて焼いて粗面にするもので，滑り止めの床などに使われる。

割肌→人工的に割った岩石などの面をそのまま仕上げにすること。

こぶ出し→石材表面の凹凸を最も粗くした仕上げ。御影石などにも使われる。

ウ　多孔質で調湿性に富み消臭効果のある珪藻（けいそう）土を塗る場合，その厚さは2mm程度が一般的である。

エ　トキ色は慣用色名の一つ。マンセル表色系の色相では7 RPで，明るい紫みの赤としている。

［答］ア—2，イ—2，ウ—1，エ—1

第9問　錯視図形に関する，次の**ア〜エ**の記述の下に記した語群の中から<u>最も適当なもの</u>を選んで，解答欄の番号にマークしなさい。

ア　図1に示す錯視図形の名称

【語　群】　1. ツェルナーの図形

　　　　　　2. ミュラー・リヤーの図形

　　　　　　3. ポッゲンドルフの図形

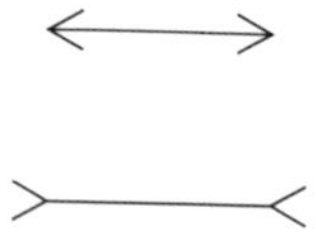

図1

イ　図2に示す錯視図形の名称
　　【語　群】　　１．デルブックの図形
　　　　　　　　　２．オービンソンの図形
　　　　　　　　　３．ヘルムホルツの図形

図2

ウ　ペンローズの三角形（図3参照）のように実際にはあり得ない形状を描いた図形
　　の総称
　　【語　群】　　１．矛盾図形
　　　　　　　　　２．不均斉図形
　　　　　　　　　３．遠近反転図形

図3

エ　ルビンの壺（図4参照）のように見方によって見え方が変わる図形の総称
　　【語　群】　　１．湾曲対比図形
　　　　　　　　　２．多義図形
　　　　　　　　　３．カニッツァ図形

図4

解説　インテリア計画（造形）に関する設問

ア　図1の錯視図形は，同じ長さの線が違った長さに見えるミュラー・リヤーの図形。
　　ツェルナーの図形→方向の違う斜め線により平行線が平行に見えなくなる。
　　ポッゲンドルフの図形→同一線上にある直線が途中で隠されるとずれて見える。

イ　図2の錯視図形は，四角形が同心円の作用で湾曲して見えるオービンソンの図形。
　　デルブックの図形→同じ大きさの円が違った大きさに見える。
　　ヘルムホルツの図形→線の方向によって正方形の大きさが違って見える。

ウ　ペンローズの三角形のような矛盾図形は，目の錯覚を利用し，実際にはあり得ない形
　　が表現される図形のこと。
　　遠近反転図形→多義図形の一つ。ネッカーの立方体のように，遠近感が反転するよう
　　　　な平面図形をいう。

エ　ルビンの壺のような多義図形は，1つの図形でありながら，見る人の心理や見方によ
　　っていくつもの解釈ができる図形をいう。
　　湾曲対比図形→ヘフラーの湾曲対比図形のように，対比により同じ円弧が違って見え
　　　　る。

カニッツァ図形→錯視図形の一つ。周辺の図形とともに，白い正三角形が知覚されるが，物理的には存在しない。

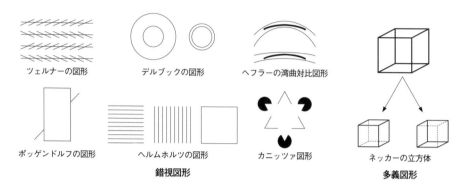

ツェルナーの図形　　デルブックの図形　　ヘフラーの湾曲対比図形

ポッゲンドルフの図形　　ヘルムホルツの図形　　カニッツァ図形　　ネッカーの立方体

錯視図形　　　　　　　　　　　　　　　　　　　　　　**多義図形**

［答］アー2，イー2，ウー1，エー2

| 第10問 | 装飾の一つである模様などに関する次の記述の ☐ 部分に，それぞれの語群の中から最も適当なものを選んで，解答欄の番号にマークしなさい。 |

1　同心円の弧をうろこ状に並べた模様で，ペルシャ・ササン朝様式の文様が中国を経由して，日本では，│ ア │と呼ばれている。

　　【語　群】　　1．かご目　　　　2．麻の葉　　　　3．青海波

2　濃淡の異なる2種類の正方形または長方形を，一つおきに構成した模様である│ イ │は，江戸時代に庶民に広まった。

　　【語　群】　　1．七宝　　　　2．市松　　　　3．雷文

3　床のフローリングの貼り方の一つであるヘリンボーンは，日本では昔から│ ウ │模様と呼ばれている。

　　【語　群】　　1．矢筈（やはず）　　2．朽木　　　　3．松皮びし

4　19世紀のイギリスで，織物の柄として量産されるようになった│ エ │は，優雅な曲線や草花をもとにした柄で，日本では勾玉柄とも呼ばれている。

　　【語　群】　　1．ペイズリー　　2．アラベスク　　3．アカンサス

解説　インテリア計画（造形）に関する設問

ア　青海波（せいがいは）は，三重の半円を連続して波を表した模様。

イ　市松は，色の違う2種類の正方形または長方形を交互に並べた模様。

ウ　日本で矢筈（やはず）模様と呼ばれるヘリンボーンは，ニシン（herring）の骨（bone）を並べた形に似ていることに由来する名称で，山形を連続させたような模様。

エ　ペイズリーは，19世紀イギリスで都市の名前が付けられて量産された模様。日本では勾玉（まがたま）柄ともいわれる。

青海波

かご目

麻の葉

市松

七宝

雷文

朽木

松皮びし

ペイズリー
（勾玉）

ヘリンボーン
（矢筈）

アラベスク

アカンサス模様

装飾模様

［答］ア－3，イ－2，ウ－1，エ－1

第11問　集合住宅の計画・設計に関する次の記述の　□　部分に，それぞれの語群の中から最も適当なものを選んで，解答欄の番号にマークしなさい。

1　住戸の上下階を貫通し，給排水用配管を通すために設けられたスペースは　ア　と呼ばれる。
　【語　群】　1．ダクトスペース
　　　　　　　2．パイプシャフト
　　　　　　　3．オープンスペース

2　入居希望者が組合をつくって，土地の購入や計画・設計の段階から参加して共同で建設する　イ　の方式では，それぞれの好みに合った住まいをつくることができる。
　【語　群】　1．コーポラティブハウス
　　　　　　　2．グループホーム
　　　　　　　3．オープンハウス

3　入居者間で，家事や育児など生活の一部を共同で行うことを前提としてつくられる　ウ　では，キッチンや食堂などの共用空間が設けられている。
　【語　群】　1．クラブハウス
　　　　　　　2．タウンハウス
　　　　　　　3．コレクティブハウス

4　複数の住宅が集まった一つの建物は，一般に集合住宅と呼ばれているが，建築基準法上は　エ　と長屋に大別される。

■**解 説**■　インテリア計画（集合住宅）に関する設問

ア　住戸内で給排水やガスなどの配管を上下階に通すための空間を**パイプシャフト**（PS）という。

　　ダクトスペース→建物内部の空調設備，換気設備，排煙設備等の管を通すための空間。

　　オープンスペース→都市や敷地内で建物が建っていない緑地や空き地。

イ　入居希望者が組合を結成し，共同で企画から設計，工事までを行う集合住宅を**コーポラティブハウス**という。

　　グループホーム→認知症の高齢者や障害者などが，援助や介護を受けながら共同で生活する施設。

　　オープンハウス→販売のために見本として内部公開された建売り住宅。

ウ　子育て，家事，団らんなどの場を共有する集合住宅を**コレクティブハウス**という。

　　タウンハウス→各住戸が壁で仕切られ，共用の庭をもつ低層の集合住宅。

エ　建築基準法上「集合住宅」という言葉は規定されておらず，1棟の建物の中に複数の住戸がある「共同住宅」と，1棟1住戸の一戸建て住宅が横につながった「長屋」に大別される。

　　文化住宅→和風住宅に洋風の応接間を備えた和洋折衷住宅。大正後期から昭和にかけて流行した。

　　併用住宅→ひとつの建物の中に，居住部分と店舗などの業務部分を併せもつ住宅。

[**答**] ア－2，イ－1，ウ－3，エ－2

第12問　人間の感覚とインテリア空間に関する次の記述の ▢ 部分に，下に記した語群の中から最も適当なものを選んで，解答欄の番号にマークしなさい。

　人間は一般に，感覚の中でも特に ▢**ア** が発達しているが，インテリア空間では，その雰囲気を様々な感覚を通して，総合的に感じとっている。インテリア材料のテクスチャーは，主に（ア）と ▢**イ** によって判断される。

　この（イ）のうち，▢**ウ** は，熱伝導率の異なる材料により感じ方が変化する。

　また，例えば，畳の上を素足で歩いた際の感触は，足の裏の ▢**エ** ，ふかふかした素材の抵抗力を加速度の変化として感じる運動感覚などが統合されている。

【アの語群】	1．運動感覚	2．聴覚	3．視覚
【イの語群】	1．皮膚感覚	2．平衡感覚	3．深部感覚
【ウの語群】	1．凹凸感	2．ひずみ感	3．温冷感
【エの語群】	1．痛覚	2．内臓感覚	3．圧覚

■ 解 説 ■ インテリア計画（人間の感覚特性）に関する設問

ア　人間は，感覚の中でも光の刺激によって生じる視覚が特に発達しているが，室内空間では視覚以外の嗅覚や皮膚感覚も伴って総合的に感知する。

イ・ウ　インテリア材料の材質感は，視覚と皮膚感覚によって判断される。皮膚感覚は，触覚・温覚・冷覚・圧覚・痛覚に分けられ，温冷感は熱電導率の異なる材料（コンクリート，木材，畳など）により感じ方が変わる。

　　平衡感覚→空間における身体の位置や運動の変化を知る感覚。

　　深部感覚→皮膚より深い部分の筋肉や腱（けん）などにある感覚器から生じる感覚で，皮膚感覚，運動感覚，位置感覚などを発生させる。

エ　畳の上を素足で歩いたときの感触は，皮膚感覚の一つである圧覚や温冷感，運動感覚などが統合されている。

　　痛覚→皮膚感覚の一つで，痛みの感覚のこと。

　　内臓感覚→臓器の状態に伴う感覚で，息苦しさ，満腹，渇き，尿意，便意，性欲など。

［**答**］ア－3，イ－1，ウ－3，エ－3

第 13 問　人間工学に関する次の**ア～エ**の記述に対して，それぞれの下に記した語群の中から最も関係のないものを選んで，解答欄の番号にマークしなさい。

ア　洗面化粧台の作業姿勢

　　【**語　群**】　1．平座位　　　2．立位　　　3．作業域

イ　人体系家具

　　【**語　群**】　1．机　　　2．スツール　　　3．ベッド

ウ　事務用椅子の適正な座面の高さ

　　【**語　群**】　1．身長の1/4　　　2．座高　　　3．下腿高

エ　椅子のクッション

　　【**語　群**】　1．体圧分布　　　2．最終安定姿勢　　　3．プロトタイプ

■ 解 説 ■ インテリア計画（人間工学）に関する設問

ア　洗面化粧台の作業姿勢は，前かがみの**立位**。また，台面の高さは，洗顔をするときの**作業域**と作業点が低いことを考慮して決める。平座位とは，しゃがみ，膝立ち，四つん

ばい，正座，あぐら，投げ足などの姿勢をいう。

イ　家具を機能別に分類すると，**スツールやベッド**など人体を支える「人体系家具」，机や調理台，カウンターなど物を支える「準人体系家具」，タンスや書棚など収納や仕切ることを目的とした「建物系家具」の3つに分けられる。

ウ　事務用椅子の座面高の目安は**身長の1/4**で，椅子に座った状態の床から太ももまでの高さを指す**下腿高**^(かたい)と同じ長さである。身長（H）を基準とした人体寸法の略算値でいうと，身長の1/4 ＝ 0.25 H，下腿高 ＝ 0.25 H，座高 ＝ 0.55 H となる。

エ　椅子のクッション性は，人体に負担のかからない椅子座面の**体圧分布**と**最終安定姿勢**を正しく保つことが重要となる。なお，椅子の支持面の**プロトタイプ**とは，作業用，軽作業用，休息用など機能で椅子の分類を提案するものとして，寸法角度の移り変わりを5段階に分けて示したものである。

［答］ア－1，イ－1，ウ－2，エ－3

第14問　高齢者の身体機能低下に関する次の1～5の記述のうち，<u>最も不適当なもの</u><u>を2つ</u>選んで解答欄の番号にマークしなさい。（1行に2つの番号をマークしないこと）

1　加齢とともに老人性難聴や耳鳴りなどが生じ，特に小さい音や高音域の音が聞きづらくなる。テレビの音などは，手元で使える小型スピーカーなどを利用することも配慮対応になりうる。

2　加齢とともに，視覚の範囲や色覚・明るさの感知の機能が低下してくる。階段の場合，降りる際に見分けがつきやすいように，蹴込みと踏み面を識別しやすくすると良い。

3　ドアの取っ手は，円筒形の握り玉の方がレバーハンドルより操作しやすい。

4　高齢者は，脱衣室や浴室の室温と湯の温度との高低差による急激な温度変化にさらされた場合，ヒートショックを起こしやすい。

5　トイレは，介助者が便器の横か斜め前方向に立てるようにするため，介助スペースとして有効幅員500 mm以上を確保できるようにすることが望ましい。

解説　インテリア計画（高齢者の身体機能低下）に関する設問

2　加齢とともに視覚機能が低下してくるため，階段を降りるときに見分けがつきやすいように，段鼻と踏み面を識別できるようにすると良い。

3　ドアの取っ手は，円筒型の握り玉より，<u>握りやすく，軽い力と簡単な操作で利用できるレバーハンドルのほうが適している。</u>

［答］2，3

　家具に使われる丁番に関する次の**ア～エ**の記述に対して，それぞれの下に
記した語群または図群の中から<u>最も適当なもの</u>を選んで，解答欄の番号にマー
クしなさい。

ア　飾り棚の扉などに使用し，扉の上端と下端に取り付ける丁番（図1参照）

　　【語　群】　　1．ピボット丁番
　　　　　　　　2．アングル丁番
　　　　　　　　3．屏風丁番

図1

イ　食器棚の開き扉などに使用し，扉の微調整と脱着が容易な丁番（図2参照）

　　【語　群】　　1．旗丁番
　　　　　　　　2．スライド丁番
　　　　　　　　3．平丁番

図2

ウ　収納する機器の操作性を考慮してAVボードのドロップ扉などに使用し，開いた
扉と地板がフラットになる丁番

　　【図　群】　　1．　　　　　　　　2．　　　　　　　　3．

エ　ライティングデスク等の扉の反りを防ぐ場合や，中にホコリが入るのを防ぐ場合
などに使用される丁番

　　【図　群】　　1．　　　　　　　　2．　　　　　　　　3．

解　説　インテリアエレメント（家具金物）に関する設問

ア　図1はピボット丁番。扉の上下の端に取り付けるもので，表面に金物を見せたくない
ときに用いられる。

　　アングル丁番→かぶせ扉に用いるもので，表の扉の厚み部分に金物の一部が見える。

　　屏風（びょうぶ）丁番→左右のどちらにも180°ずつ開く（ウの図群1参照）。

イ　図2はスライド丁番。かぶせ用に用いる丁番で，扉の調整が容易で施工性も良い。

　　旗丁番→集合住宅の玄関扉など重い金属扉に用いられる（エの図群1参照）。

平丁番→最も多用されている一般的なもの。

ウ　設問の丁番は図群2の「ドロップ丁番」で，開いたときに扉と棚を平らにすることができる。図群1は「屏風丁番」。図群3は「隠し丁番」といい，扉の小口に掘り込むため，ドアが閉まっているときには外から見えない。

エ　設問の丁番は図群3の「長丁番」で，ピアノの扉などにも使用されることから「ピアノ丁番」ともいう。図群1は「旗丁番」。図群2は「フランス丁番」で，軸をくるむ長楕円形のナックルは2管でできており，ドアを締めると軸の部分だけが見える。

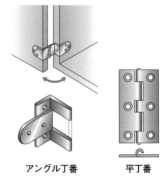

アングル丁番　　　平丁番

[答] ア－1，イ－2，ウ－2，エ－3

第16問　ダイニングテーブルといすに関する次の記述の ☐ 部分に，下に記した語群の中から<u>最も適当なもの</u>を選んで，解答欄の番号にマークしなさい。

長さ1800×幅900×厚さ34（mm）のダイニングテーブルの甲板は，ウォールナット無垢材を幅方向に接合して製作した。甲板の小口に近い部分は ア ，中間部分は イ にし，見た目の美しさと強度を考慮した。

甲板の仕上げには，自然のままの木地を生かして，塗膜を作らずに滑らかな表面をつくる ウ を選択した。北欧のチーク材の家具などによく見られるこの仕上げは，研磨しつつ塗り重ねると導管が埋まり，光沢が出る方法である。

いすは，ゆったりくつろげるように肘掛付きで，座面には，布バネと呼ばれる面状クッション材の エ を用いたものを選んで，底付き感をなくし座り心地を高めた。

【アの語群】　1．框組み　　　　2．平矧ぎ　　　　3．本実矧ぎ

【イの語群】　1．雇い実矧ぎ　　2．枠芯合板　　　3．鏡板落し込み

【ウの語群】　1．オイルフィニッシュ
　　　　　　　2．ポリウレタン塗装
　　　　　　　3．ソープフィニッシュ

【エの語群】　1．スネークスプリング
　　　　　　　2．ダイメトロール
　　　　　　　3．ヘッシャンクロス

インテリアエレメント（家具の構造・仕上げ）に関する設問

ア・イ 無垢材のテーブル甲板は，両端に近い部分を平矧ぎ（ひらはぎ），中間部分を雇い実矧（やといざねは）ぎ（ぎ）にすると，外観の美しさと強度を備えることができる。

平矧ぎ(芋矧ぎ)　　　　雇い実矧ぎ　　　　本実矧ぎ

> **框（かまち）組み→**框（角材を方形に組み込んだ枠）の枠内に板をはめ込んだ構造。収納家
> 具の扉などに用いる。
>
> **鏡板落し込み→**框組みの上端内側に段欠きをして，鏡板（一枚板，はぎ合わせ板，合
> 板，木質材料板，ガラスなど）を落とし込み，接着または隠し釘打ちをしたもの。
>
> **枠芯合板→**パネルの芯を一定間隔の角材でつくり，内部を中空構造にして両側に合板
> を貼ったもの。

ウ つやの少ない落ち着いた仕上げが得られる**オイルフィニッシュ**は，木製家具の仕上げ
塗装に適した塗料である。

> **ポリウレタン塗装→**木の表面に薄くて硬い樹脂の膜をつくる仕上げ。表面がつるつる
> していて，熱や水に強く，傷や汚れが付きにくい。
>
> **ソープフィニッシュ→**木製家具を石鹸水で磨く方法。木本来の風合いを生かすことが
> できる。

エ 人間の脂肪に最も近いクッション材といわれる**ダイメトロール**は，体に合わせて変化
し，心地良い弾力を生み出す。

> **スネークスプリング→**波型のスプリングで，ベッドのボトム部分や椅子の下張りに衝
> 撃吸収材として使われる。
>
> **ヘッシャンクロス→**ジュート麻をざっくりと織り込んだ布地。

[**答**] ア－2，イ－1，ウ－1，エ－2

第17問 曲木椅子に関する次の記述の □ 部分に，下に記した語群の中から最も適
当なものを選んで，解答欄の番号にマークしなさい。

曲木椅子は，19世紀半ばオーストリアの **ア** によりその製法が考案され，量産が
行われた。その後，20世紀初頭には，日本でも製造がはじまった。

粘りのある **イ** などの無垢材を **ウ** ，金型（治具）に沿って曲げ成形した部材を
ボルトや木ねじで組み立てるため，接合部が少なく，軽量で構造的に強いのが特徴であ
る。

丈夫で美しく安価であること，生産性のほか， **エ** に優れていた点も，世界各国に
広く普及した要因である。

【アの語群】	1．ハンス・ウェグナー		
	2．アルバー・アアルト		
	3．ミハエル・トーネット		
【イの語群】	1．ナラやブナ		
	2．チークやウォールナット		
	3．パインやスギ		
【ウの語群】	1．含浸処理し	2．薄板状で接着し	3．蒸気で蒸し
【エの語群】	1．耐候性	2．搬送性	3．耐水性

■ **解　説** ■　インテリアエレメント（曲木椅子）に関する設問

ア　曲木（まげ）椅子を考案したミハエル・トーネット（1796〜1871）は，ドイツとオーストリアの家具デザイナー，実業家である。

　　ハンス・ウェグナー（1914〜2007）→デンマークの家具デザイナー。ピーコックチェアやYチェアなど多くの椅子をデザインし，20世紀の北欧デザイン界に多大な影響を与えた。

　　アルバー・アアルト（1898〜1976）→フィンランドの建築家で，20世紀の北欧モダンデザインの第一人者。作品は建築，家具，照明，ガラス製品と幅広い。

イ・ウ　曲木椅子は，粘りのあるナラやブナなどの無垢材を蒸気で蒸し，金型にはめて曲げ成形する。木を曲げて最小限の部品でつくるので耐久性があり，軽くて使いやすい。

エ　パーツに分解できるノックダウン（組立て）形式を採用した曲木椅子は，低コストで大量生産でき，また搬送性にも優れていたため，世紀を超えて世界中に広まった。

［**答**］アー3，イー1，ウー3，エー2

第18問　和室の造作部品・部材に関する次のア〜エの用語に対して，それぞれの下に記した語群の中から最も関係の深いものを選んで，解答欄の番号にマークしなさい。

ア　幅木
　　【語　群】　1．床と壁　　　　　　2．鴨居と敷居　　　　3．柱と幕板
イ　長押
　　【語　群】　1．天井と床　　　　　2．柱と鴨居　　　　　3．壁と幅木
ウ　敷居
　　【語　群】　1．上り框または式台　2．襖または障子　　　3．畳と畳寄せ
エ　欄間
　　【語　群】　1．天井と鴨居　　　　2．床の間と掛け軸　　3．壁と半柱

インテリア構法（和室の造作）に関する設問

ア　**幅木**（はばき）は，室内の床と壁の下端に帯状に取り付ける見切り材である。

　　鴨居（かもい）→障子や襖（ふすま）などの建具の上枠となる横木。

　　幕板（まくいた）→板塀の上方や机の脚の間などにある横長の板。

イ　**長押**（なげし）は，柱と鴨居の上に取り付ける幅の広い横木をいう。

ウ　**敷居**（しきい）は，襖または障子などの建具をはめ込む下枠のこと。

　　上り框（あがりがまち）→玄関の土間と床の段差のところに設けられる横木の化粧材。

　　式台→玄関の土間と床の段差が大きいときに設置される板。

　　畳寄せ→柱の一番下のところで，畳と壁の間に入れる見切り材。

エ　**欄間**は，採光や通風のために設ける天井と鴨居との間の開口部。格子や透かし彫りの板などをはめて装飾も兼ねる。

　　半柱→和室の壁などに装飾の目的で取り付ける柱。

［答］ア－1，イ－2，ウ－2，エ－1

第19問　ウインドートリートメントに関する次の記述の □ 部分に，それぞれの語群の中から最も適当なものを選んで，解答欄の番号にマークしなさい。

1　ローマンシェードのスタイルのうち，開閉せずに下ろした状態のまま使用するのが一般的な ア は，スワッグの重みでボトムが中央に寄るのを防ぐためシェードの両サイドにワイヤーを張って美しさを保つ。

　　【語　群】　　1．オーストリアン　　　2．プレーリー　　　3．ピーコック

2　カーテンの上部に取り付けるバランスで箱型の板や芯の入ったものは，コーニスまたは イ と呼ばれ，装飾性を高めるとともに，窓上部からの光の漏れを防ぐ機能もある。

　　【語　群】　　1．ペルメット　　　2．フリンジ　　　3．ブレード

3　レールランナーに引っ掛けて使用する ウ は，高い窓のカーテンの開閉をスムーズにし，手引きに比べてカーテン本体の布地が痛まず，汚れを防ぐ効果もある。

　　【語　群】　　1．カーテンタッセル
　　　　　　　　　2．カーテンホルダー
　　　　　　　　　3．カーテンバトン

4　左右に開閉するバーチカルブラインドでは，垂直に並べられた細い帯状の羽根のことをスラットまたは エ と呼び，これを回転させることで光量の調節を行うことができる。

　　【語　群】　　1．ルーバー　　　2．コード　　　3．ハニカム

解説 インテリアエレメント（ウインドートリートメント）に関する設問

ア ローマンシェードスタイルのうち，**オーストリアン**は，縦・横方向ともにひだをたっぷり取り，表面が鱗($\frac{32}{5}$)のように波だっている豪華なスタイル。

プレーリー→タックを交互に取り，ひだをさざ波状にしたスタイル。

ピーコック→シェードを下げるとシャープで，上げると下部が半円形のスタイル。

| オーストリアン式 | プレーリー式 | ピーコック式 | ムース式 | シャープ式 | バルーン式 | プレーン式 |

ローマンシェードのスタイル

イ カーテンの上部に取り付けるバランス（上飾り）のうち，木製などの硬い素材でつくったものを**ペルメット**という。

フリンジ→カーテンの裾や縁，バランスに付ける装飾「トリミング」の一つで，房飾りを付けたもの。

ブレード→トリミングの一つで，帯状のものをいう。

ウ カーテンレールのランナーに金具を引っ掛けて使う**カーテンバトン**は，カーテンの開閉をスムーズに行うための棒状や紐状のもの。

カーテンタッセル→カーテンを束ねておくための紐や房飾り。

カーテンホルダー→タッセルなどを使わずにカーテンの布を引っ掛けておく装飾的な金具。

エ バーチカルブラインドは，羽根板と呼ばれるスラットまたは**ルーバー**を縦方向に吊ったタテ型ブラインドである。

コード→ブラインドなどの昇降をするためにスラットに通っている紐。

ハニカム→英語で「蜂の巣」という意味。スクリーンの断面形状が空気層の蜂の巣（ハニカム）構造になっているハニカムスクリーンがある。

[答] ア－1，イ－1，ウ－3，エ－1

次のカーテンレールの図中の**ア〜エ**の各部分について，それぞれの語群の中から最も適当なものを選んで，解答欄の番号にマークしなさい。

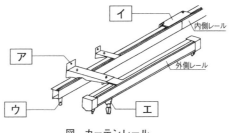

図　カーテンレール

【アの語群】　1．ブラケット　　　2．バランス　　　　3．アングル
【イの語群】　1．カセット　　　　2．レールジョイント　3．ホルダー
【ウの語群】　1．エンド　　　　　2．ストッパー　　　3．カバー
【エの語群】　1．ピンチ　　　　　2．フック　　　　　3．ランナー

■ 解 説 ■ インテリアエレメント（カーテンレール）に関する設問

ア　設問アはブラケット。カーテンレールを固定するための部材である。
　　バランス→カーテンの取付け後に，カーテンレールを隠すように付ける装飾。
　　アングル→鉄骨構造に使うL形断面の山形鋼。

イ　設問イはレールジョイント。カーテンレールを延長するときに使う金具のこと。
　　ホルダー→カーテンの布を引っ掛けておく装飾的な金具。

ウ　設問ウはストッパー。カーテンのたたみ代がコンパクトにまとまり，窓の開口部を広く確保できる部品もある。

エ　設問エはランナー。カーテンレールと一組になっているカーテンの吊り金具のこと。
　　ピンチ→洗濯ばさみなどのはさむものをいう。
　　フック→カーテンを吊るためのカギ状に曲がった部品。

[**答**] ア－1，イ－2，ウ－2，エ－3

第 36 回

第 21 問　カーペットに関する次の記述の　□　部分に，下に記した語群の中から最も適当なものを選んで，解答欄の番号にマークしなさい。

　カーペットは保温性が高く，　ア　などパイルのあるものは断熱効果も高い。また，吸音性は，厚みがあり，パイルの密度が高いものほど優れている。

施工を要するが，部屋を広く見せることができる　イ　にすると保温効果も断熱効果も高まる。

床材としての柔らかさに加え，　ウ　を床との間に用いると踏み心地も良く，さらに吸音性が高まる。最も一般的な敷きつめ工法は，　エ　である。

【アの語群】　1．ウィルトン・カーペット
　　　　　　　2．毛氈（もうせん）
　　　　　　　3．ニードルパンチ・カーペット
【イの語群】　1．ピース敷き
　　　　　　　2．ウォール・ツー・ウォール
　　　　　　　3．センター敷き
【ウの語群】　1．樹脂フォーム
　　　　　　　2．ヒートボンド
　　　　　　　3．アンダーレイ
【エの語群】　1．オーバーロック工法
　　　　　　　2．グリッパー工法
　　　　　　　3．接着工法

解説 インテリアエレメント（カーペット）に関する設問

ア パイルのあるウィルトン・カーペットは，高級機械織りカーペットで，2〜5色の柄出しができる。

　　毛氈（もうせん）→おもに羊などの獣毛を原料とした厚地のフェルト状の敷物。

　　ニードルパンチ・カーペット→圧縮カーペット。パイル糸を使わず，短い繊維を多数の針（ニードル）付き機械で圧縮しフェルト状にしたもの。

イ 部屋を広く見せるウォール・ツー・ウォールは，カーペットを壁から壁まで部屋いっぱいに敷きつめる方法。保温性や断熱性に優れ，家具の配置や掃除もしやすい。

　　ピース敷き→小さいカーペットを部分的に敷く方法。フローリングの床に置かれた家具の下や玄関などに敷かれることが多い。

　　センター敷き→部屋の広さより少し小さめのカーペットを敷く方法。床材との対比を楽しんだり，和室に敷く場合に適している。

ウ・エ 最も一般的なカーペットの施工方法は，クッション性を増すために下敷き材のアンダーレイ（フェルト）を敷き，部屋の四隅に打ち付けた金具で固定するグリッパー工法である。

　　オーバーロック工法→カーペット端部のほつれ防止加工で，縁をロックミシンで二重縫いに

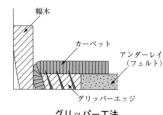

グリッパー工法

して仕上げる。

接着工法→カーペットに直接接着剤を付けて床材に貼りこむ「直貼り工法」と「モノボンド工法」がある。

[答] ア－1, イ－2, ウ－3, エ－2

第22問　観葉植物の特徴と種類に関する次の記述の ▢ 部分に，それぞれの語群の中から<u>最も適当なもの</u>を選んで，解答欄の番号にマークしなさい。

1　フェニックスは夏場には水を良く吸い，冬場は水をあまり吸い上げないので，水やりに注意が必要な ア の仲間である。
　　【語　群】　　1．ウコギ　　　　　2．ヤシ　　　　　3．ポトス

2　アジアンタムは乾燥には非常に弱く，こまめに水やりや霧吹きで葉水を与える必要がある イ の仲間である。
　　【語　群】　　1．サトイモ　　　　2．ドラセナ　　　　3．シダ

3　ガジュマルは耐陰性があるが，室内の明るい場所に置き，乾燥に弱いので霧吹きで葉水を与える必要がある ウ の仲間である。
　　【語　群】　　1．ゴムノキ　　　　2．ショウガ　　　　3．アンスリュウム

4　ユッカは多肉植物で日光を好み，水は鉢が乾いたら与える程度で良い エ の仲間である。
　　【語　群】　　1．ツタ　　　　　　2．リュウゼツラン　　3．ソテツ

■ 解　説 ■　インテリアエレメント（観葉植物）に関する設問

ア　フェニックスに代表される<u>ヤシの仲間</u>は，一年中葉を茂らせる常緑で，幹先端部分から放射状に葉を生やす。アレカヤシ，シュロチクなどがある。
　　ウコギの仲間→つる性のものと大きく木質化するものがあり，比較的丈夫。代表的なものは，シュフレラ，ヤツデなど。

イ　アジアンタムに代表される<u>シダの仲間</u>は，胞子で増えるため花を咲かせず，高温多湿の半日陰を好む。タマシダ，アスプレニウムなどがある。
　　サトイモの仲間→個性的で特徴的な葉の形や樹形が目立つ。代表的なものは，ポトス，アンスリューム，モンステラなど。
　　ドラセナの仲間→美しく繊細な樹姿で，葉形は長い線状から楕円形までである。代表的なものは，幸福の木（マッサンゲアナ）など。

ウ　ガジュマルに代表される<u>ゴムノキの仲間</u>は，深い緑色の大きな葉をもち，幹がしっかりとしている。丈夫で育てやすく，種類も多い。ベンジャミンやウンベラータなどがある。

ショウガの仲間→代表的なオーガスタは，トロピカルな雰囲気でバナナのような大きめの葉が対に生える。ストレリチアなどがある。

エ ユッカに代表される**リュウゼツラン**の仲間は，肉厚な茎や葉に水を蓄えることができる多肉植物で，葉が硬く乾燥に強いものが多い。アガベなどがある。

ツタの仲間→つる性の植物で壁面緑化としてもよく使われる。丈夫で育てやすく，種類が豊富。代表的なものは，アイビーやハートカズラなど。

ソテツの仲間→背の高い放射線状に茂る木の葉は南の島のヤシの木を連想させるが，南日本で生育していた。代表的なものはソテツやザミアなど。

［答］ア－2，イ－3，ウ－1，エ－2

第 23 問 エクステリアを構成する各部材に関する次の記述の ▢ 部分に，それぞれの語群の中から<u>最も適当なもの</u>を選んで，解答欄の番号にマークしなさい。

1 洋風庭園のエレメントに，ツタ類を這わせて緑の人工造形美を楽しむトレリスがある。そのトレリスで構成された庭園構造物は，総称して ▢**ア**▢ と呼ばれている。

【語　群】 1．トレリスアーバー
2．トレイヤージュ
3．トレリスゲート

2 日本の伝統的な垣根のひとつで，割竹の表を外に向け隙間なく縦に並べ縄で結んで造られたものは ▢**イ**▢ 垣と呼ばれている。

【語　群】 1．金閣寺　　　2．桂　　　　3．建仁寺

3 庭に敷かれる芝生の多くは冬場に枯れてしまう種類が多いが，年間を通じて青々としているのは ▢**ウ**▢ 芝である。

【語　群】 1．ベント　　　2．野　　　　3．高麗

4 日本庭園を構成する灯籠のひとつに，傘が大きく水際に設置して水面を照らす効果があり，高さは低く3本の脚が主流の ▢**エ**▢ 灯籠がある。

【語　群】 1．織部　　　　2．雪見　　　3．春日

▍**解 説** インテリアエレメント（エクステリア）に関する設問

ア 洋風の格子垣（トレリス）を使った塀やアーチ，門などで構成された庭園構造物を総称して**トレイヤージュ**という。

トレリスアーバー→トレリスを使った小さな庭園構造物。格子状の屋根をもち，ツタ類をはわせて日陰をつくるパーゴラ状の形をもつ。

トレリスゲート→トレリスを使用してつくった門や出入り口。

イ 目隠しを目的とする遮蔽（しゃへい）垣根の代表である建仁寺（けんにんじ）垣は，丸竹の親柱を立て，

割竹を縦に密に並べて要所を縄で結んだもの。

金閣寺垣→おもに仕切りを目的とした背の低い透かし垣の代表で、太い竹を使用したダイナミックな竹垣。

桂垣→横使いの竹穂を縦使いの割竹で押さえる竹塀式と、自生の竹をしならせ竹垣の形とするものがある。桂離宮のものを原型とする。

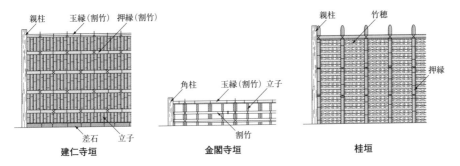

建仁寺垣　　　　金閣寺垣　　　　桂垣

ウ　1年を通して緑色をしているベント芝はヨーロッパ原産。ゴルフ場に多用されており、耐寒性はあるが日本の夏に弱い。

野芝→北海道北部以外の日本全土に自生している。環境への適応力が高く、病害虫に強い。河川堤防や公園などに利用される。

高麗(こうらい)芝→日本芝の一種。夏は緑色だが、冬は枯れて茶色になる。暑さに強く、乾燥や病気にも強い。公園や庭園、ゴルフ場に利用される。

エ　水面を照らす効果がある雪見灯籠(ゆきみ)は、庭園の池の横などに多く設置される。傘を広げた上に雪が積もった形に似ている。

織部(おりべ)灯籠→四角柱の竿石の上部が十字架様に張り出したもので、おもに露地で蹲踞(つくばい)の鉢明かりとして使用する。茶人・古田織部の好みといわれる。

春日(かすが)灯籠→竿石が円形で、火袋(ひぶくろ)が六角平面の背の高い標準的なもの。奈良の春日大社に多用されているところからいう。

[答] ア－2, イ－3, ウ－1, エ－2

第24問　寝具の素材に関する次の記述の □ 部分に、それぞれの語群の中から**最も適当なもの**を選んで、解答欄の番号にマークしなさい。

1　枕は、高さや硬さ、素材によって大きく好みが分かれる商品である。そば殻、小豆、木材チップなどの自然素材に加え、ポリエチレンパイプや ア などの合成樹脂も一般的となった。

【語　群】　1．ハーブチップ　　　2．ウレタンフォーム　　　3．キャメル

2 　掛け布団の中綿に多く使用される　イ　は，がちょう（グース）やあひる（ダック）の胸の部分の羽軸（うじく）のない綿羽（めんう）である。
　　　【語　群】　　1．ダウン　　　　2．フェザー　　　3．コットン
3 　真綿布団は繊維が細く，軽く柔らかいのが特徴で，　ウ　布団の一種である。
　　　【語　群】　　1．羊毛　　　　　2．木綿　　　　　3．絹
4 　化学合成繊維で弾力性，保温性，耐久性に優れた　エ　わたは，掛け布団，敷き布団，枕にも使用され，ボリュームを維持するための復元性，反発性にも富んでいる。
　　　【語　群】　　1．パンヤ　　　　2．レーヨン　　　3．ポリエステル

解説　インテリアエレメント（寝具）に関する設問

ア　ポリウレタンを発泡させたウレタンフォームの枕は，柔軟性に優れ，利用者の体型や寝姿勢に合わせて形状を変えられる。

　　　ハーブチップ→温度・湿度を調節してくれるそば殻に，抗菌・防カビ作用に優れたヒノキなどのチップを加えた枕の素材。

　　　キャメル→保温性や放湿性に優れたラクダの毛は，復元力が高く，へたれにくい丈夫な枕の素材。

イ　掛け布団の中綿に多用されるダウンは，水鳥の胸にある綿毛状の毛。優れた保温性や吸湿性があり，空気をよく含むので暖かい。このダウンを50％以上使った布団を「羽毛布団」という。

　　　フェザー→水鳥の翼の部分にある羽根。軸があり弾力性，復元力に優れている。敷き布団や枕の詰め物に使われることが多い。

　　　コットン→木綿のことで，他の素材に比べて重い。中空で天然のよじれをもっているため，日干しをするとふっくら感や保温性，吸湿性が回復する。

ウ　絹布団の一種である真綿布団は，絹の元となる蚕の繭（まゆ）を引き伸ばしてつくる。吸湿性や放湿性，通気性に優れ，肌を心地良く保ち蒸れを防ぐ。

　　　羊毛布団→中綿に羊毛（ウール）を使用しており，優れた吸湿性，放湿性がある。綿布団や羽毛布団に比べ柔軟性はないが，弾力性がよく難燃性もある。

　　　木綿布団→昔から高温多湿の日本で多用されてきた。吸湿性に優れ，打ち直しができる。掛け布団にしたときに重すぎるのが問題となる。

エ　化学繊維を用いたポリエステルわたは，弾力性は高いが吸湿性や放湿性が悪く，布団などでは木綿を混ぜたポリエステル混綿が使われている。

　　　パンヤ→パンヤ科の木などの果実から採れる綿毛状の繊維。軽くふんわりしており，布団，枕，クッションなどの詰め物として使われる。

　　　レーヨン→木材パルプが主原料の再生繊維。吸湿性や吸水性がよく，シルクに似た光沢やドレープ性がある。カーテンなどに用いられる。

第25問 和食器などに使われる日本の工芸品に関する次の**ア～エ**の記述に対して，それぞれの下に記した語群の中から最も<u>適当なもの</u>を選んで，解答欄の番号にマークしなさい。

ア 本来は茶人の器として，楽，唐津とともに珍重された陶器。茶器や酒器が多いが，これらは，使ううちに貫入から茶や酒が染み込むことで，色合いが変化するのが特徴である。

    【語 群】 1．古伊万里 2．常滑焼 3．萩焼

イ 六古窯のひとつであり，良質の陶土の特徴を生かし，登り窯や穴窯で焼成されることによる灰かぶりや火色などの素朴な味わいを持つ陶器。和食器の他，エクステリア用品も多い。

    【語 群】 1．伊賀焼 2．信楽焼 3．織部焼

ウ 緑，黄，紫，赤，紺青の五彩釉の上絵付けが特徴の，重く落ち着いた印象の磁器。17世紀の終わりごろ，一旦途絶えたが，19世紀に再興した。花器や大皿も愛好される。

    【語 群】 1．九谷焼 2．京焼 3．赤絵

エ 檜・栃・欅など良木の木地の良さを生かした漆器。盆，膳などの板もの，曲げものの他，鉢，椀なども普及している。

    【語 群】 1．秀衡塗 2．木曽漆器 3．大館曲げわっぱ

解説 インテリアエレメント（日本の工芸品）に関する設問

ア 茶陶（茶の湯で使うための陶器）として有名な萩焼は，ざっくりとした焼き締まりの少ない陶土を用いた独特の柔らかな風合いが特徴である。

  古伊万里（ゃり）→17世紀からつくられるようになった伊万里焼の中で，古美術的価値の高い作品の総称。欧州にも輸出され，海外の収集家も多い。

  常滑（とこ なめ）**焼**→古いものにはせっ器質の壺や瓶などが多い。現在は，赤い粘土を焼いた赤泥急須が多く生産されている。

イ 素朴で温かみのある信楽（しがらき）焼は，耐火性と粗い土質が特徴。一般的には狸の置物が有名だが，陶土の特性を生かした大物陶器が多く作られている。

  伊賀焼→織部風の変形した形に自然釉（ゆう），焦げ，火肌などが見られる。花入れや水差（みず さし）など茶器類が多い。

  織部焼→茶人・古田織部の好みに従った，美濃の古陶窯で作られる陶器。緑釉の絵付けが特徴で，形・文様の斬新さで知られる。

ウ 色絵磁器の代表的な一つである九谷(くたに)焼は，五色の五彩手(でこ)と呼ばれる重厚で豪華な絵付けと色合いの美しさが特徴である。

   京焼→桃山・江戸時代から京都で焼かれる陶磁器の総称。器形と上絵付けがよく整っているのが特徴。

   赤絵→赤色を主として彩色を施した，簡素で大胆な文様の陶磁器。中国では「五彩」という。

エ 木地の良さを生かした木曽漆器は，一般庶民が使う生活用具としての漆器を作って発展した。長く使うほどぬくもりのある艶が増し，堅牢になっていく。

   秀衡(ひでひら)塗→岩手県平泉周辺で採れた金箔などをあしらい，漆器としては数少ない鮮やかな模様が特徴。

   大館曲げわっぱ→弾力性に富んだ美しい木目の天然秋田杉に曲げ加工を施したもの。おもに弁当箱やおひつ，わっぱ飯などに使用される。

[答] ア－3，イ－2，ウ－1，エ－2

第 26 問

鉄骨造および鋼材に関する次の記述の ☐ 部分に，それぞれの語群の中から最も適当なものを選んで，解答欄の番号にマークしなさい。

1 鉄骨構造に用いられる純ラーメン構造は，柱と梁を剛に接合するため，☐**ア**☐ を必要としない。

【語 群】 1．羽子板ボルト 2．スタッド 3．ブレース

2 鉄骨造における ☐**イ**☐ 接合は，引っ張り耐力が極めて大きく，部材相互の摩擦力を構造計算に算入することができる。

【語 群】 1．高力ボルト 2．普通ボルト 3．嵌合（かんごう）

3 鉄骨は ☐**ウ**☐ が大きいため，外壁などで鉄骨部分がヒートブリッジにならないように注意しなければならない。

【語 群】 1．熱伝導率 2．熱抵抗値 3．熱容量

4 リップみぞ形鋼やハット形鋼は，☐**エ**☐ と呼ばれる建築用鋼材のひとつである。

【語 群】 1．グレーチング
2．キーストンプレート
3．ライトゲージ

解 説 建築の構造（鉄骨造・鋼材）に関する設問

ア 鉄骨構造に使われる純ラーメン構造は，斜め材のブレースや壁がまったくなく，柱と梁だけで構成されている。

   羽子板(はご)ボルト→木造建築用金物。穴のあいた平たい鉄板を付けた羽子板状のボル

トで，柱と梁を緊結するときなどに用いられる。

　　スタッド→軽量鉄骨で間仕切り壁を設けるときの柱材。

イ　引張り耐力が大きい高力ボルト接合は，ナットの締付けで部材接合面に圧力が働き，
そのとき発生した大きな摩擦力によって部材接合される。

　　普通ボルト接合→ボルト軸部のせん断や部材の支圧で応力を伝える。

　　嵌合（かん）（ごう）接合→木材を綿密に欠き込み加工して互いに咬（か）み合わせる。

ウ　鉄骨は熱伝導率が高いため，太陽熱や冷気などの外気温を鉄骨の柱や梁が室内に伝え
るヒートブリッジに注意しなければいけない。

　　熱抵抗値→物質の熱の伝わりにくさを表す値。

　　熱容量→ある物体の温度を1℃上げるのに必要な熱量。

エ　「軽量形鋼」とも呼ばれるライトゲージは，帯鋼を冷間加工してつくった肉薄のもの。
リップ溝形鋼やハット形鋼，軽山形鋼などがある。

　　グレーチング→排水溝や側溝などの上にかぶせる溝蓋。鋼板製，ステンレス製などが
　　ある。

　　キーストンプレート→凸凹加工後に亜鉛めっきされた鉄板のプレート。型枠やコンク
　　リートの床下地などに使われる。

［答］ア－3，イ－1，ウ－1，エ－3

第27問　鉄筋コンクリートに関する次の記述の　□　部分に，それぞれの語群の中か
ら最も適当なものを選んで，解答欄の番号にマークしなさい。

1　鉄筋コンクリートは，強度的には鉄筋が主に　**ア**　を負担する。

　　【語　群】　1．圧縮力　　2．剪断力　　3．引張り力

2　鉄筋コンクリートによる　**イ**　構造は，耐力壁と床スラブで構造体を構成し，柱
形や梁形は室内側に現れないが，部屋のサイズはそれほど大きくすることができな
い。

　　【語　群】　1．シェル　　　　2．ラーメン　　3．壁式

3　セメントに水を加えたものを　**ウ**　という。

　　【語　群】　1．セメントペースト　　2．モルタル　　3．コンクリート

4　普通コンクリートの比重は約　**エ**　である。

　　【語　群】　1．1.3　　2．2.3　　3．3.3

解説　建築の構造（鉄筋コンクリート）に関する設問

ア　鉄筋コンクリートは，鉄筋が引張り力を負担し，コンクリートが圧縮力を負担する複
合材料である。

剪断$(せんだん)$**力**→物体や構造部材の内部の面に沿って面の両側に反対方向の力が加わり，内部にずれが生じること。

イ　鉄筋コンクリートによる壁式構造は，耐力壁と床スラブだけで構造体を形成する。柱や梁がないので空間を有効に利用できる。

　　シェル構造→鉄筋コンクリート製などの薄い曲面板を組み合わせて空間を覆う構造。

　　ラーメン構造→柱と梁の接合部が一体化した，最も一般的な鉄筋コンクリート構造。

ウ　セメントに水を加えて混ぜ合わせたセメントペーストは，粘り気のある糊$(のり)$状のセメントである。

　　モルタル→セメントと砂（細骨材）を水で練ったもの。レンガ，石，タイルなどの接着剤や下地材，仕上材などに使われる。

　　コンクリート→砂と砂利（粗骨材），水などをセメントで凝固させたもの。建築土木工事の材料として多用される。

エ　比重とは，ある物質の質量と同体積の水（4℃）との質量比。普通コンクリートの比重は約2.3，鉄筋コンクリートの比重は約2.45である。

［答］ア－3，イ－3，ウ－1，エ－2

第28問　構造・構法と仕上げに関する次の記述の　□　部分に，それぞれの語群の中から最も適当なものを選んで，解答欄の番号にマークしなさい。

1　補強コンクリートブロック造を耐力壁として使用する場合，基本ブロックの厚さ寸法は　ア　mm以上とする必要がある。
　【語　群】　1．100　　　　2．120　　　　3．150

2　蛇紋岩や大理石は，その成因から　イ　に分類される。
　【語　群】　1．火成岩　　　2．変成岩　　　3．水成岩

3　普通れんがのサイズは長さ210×幅100×厚さ60（mm）が標準であり，この縦半分のものを　ウ　という。
　【語　群】　1．羊かん　　　2．おなま　　　3．芋

4　コンクリート系のプレハブ住宅は，日本では　エ　構法が多い。
　【語　群】　1．軸組　　　2．パネル　　　3．ボックスユニット

解説　建築の構造（構法と仕上げ）に関する設問

ア　補強コンクリートブロック造とは，中空のコンクリートブロック積みに鉄筋を挿入して補強したもの。耐力壁として使用するときは，基本ブロックを150 mm以上の厚さにする。

イ　蛇紋$(じゃもん)$岩や大理石は，火成岩や水成岩が熱の圧力や化学的作用を受けて変質した変

成岩に分類される。

火成岩→比較的浅い地下でマグマが冷え固まってできたもので，花崗(かこう)岩，安山岩，粗面岩などがある。

水成岩→砂，砂利，粘土などが風や流水の作用で海底などに沈み，圧力で固結したもの。砂岩，凝灰岩，粘板岩などがある。

ウ　普通れんが（210 × 100 × 60 mm）は，**おなま**，全形れんがとも呼ばれる。この縦半分のれんがを**羊かん**，横半分のれんがを**半ます**という。

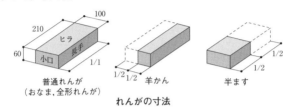

れんがの寸法

エ　プレハブ住宅は，部材が工場生産により組み立てられ，木質系，鉄骨系，コンクリート系に分類される。日本では，コンクリート系プレハブ住宅の大半が外壁，間仕切り壁のパネル化を図るパネル構法でつくられる。

軸組構法→プレハブ住宅では，組み立てられた軸組に工場生産されたパネルを取り付けるのが一般的。

ボックスユニット構法→部屋ごとにいくつかのユニットに分割し，工場で生産してから現場で組み立てる。精度が高く，工期の短縮が可能。

[答]　ア－3，イ－2，ウ－1，エ－2

第29問　住宅の塗装工事に関する次の記述の　□　部分に，下に記した語群の中から最も適当なものを選んで，解答欄の番号にマークしなさい。

個室の壁を好みの色の塗装で仕上げることにした。

下地に　ア　を用い，ジョイント部分に　イ　処理を行った上，全面に寒冷紗を貼って，できるだけ亀裂の出にくい平滑な面に仕上げるよう配慮した。塗料には有機溶剤を含まず，ほぼ無臭な水性の　ウ　を使用した。

また，建具枠や幅木などの木部にはアクリル系の　エ　を用いて，壁色に合わせて，木目を隠した仕上げとした。

【アの語群】　　1．サイディングボード

　　　　　　　　2．ラスボード

　　　　　　　　3．テーパーボード

【イの語群】　1．ケレン
　　　　　　　2．パテ
　　　　　　　3．シール
【ウの語群】　1．エポキシ樹脂ペイント
　　　　　　　2．クリヤーラッカー
　　　　　　　3．合成樹脂エマルションペイント2種
【エの語群】　1．オイルステイン
　　　　　　　2．合成樹脂エマルションペイント1種
　　　　　　　3．ウレタンワニス

解説　インテリア構法（塗装工事）に関する設問

ア・イ　室内壁の塗装仕上げにおいて，仕上がりの美しさと強度を確保するには，平滑な下地の施工が重要となる。例えば，石膏ボードでエッジが緩やかな斜めになっているテーパーボードを下地に使用し，そのジョイント部分には下地表面の段差や凹凸を平滑にするパテ処理を行い，さらに亀裂防止の役割ももつ寒冷紗を全面に貼る方法がある。

　サイディングボード→板状のパネル外壁材で，住宅などに用いられる。

　ラスボード→表面に小さな穴を多数あけた石膏ボード。塗り壁の下地材として用いられる。

　ケレン処理→鉄部の汚れやさび，旧塗膜をヤスリや電気工具で落とす作業。トタン屋根や階段などに使われる

　シール→防水性や気密性を保持するために，目地，サッシ取付け部，ジョイント部などの細いすき間を埋める材料。

ウ　合成樹脂エマルションペイント2種（EP）は，「水性エマルションペイント」とも呼ばれる塗料。有機溶剤を含まないので健康や環境への影響が少なく，室内の壁や天井に多用される。

　クリヤーラッカー→顔料を入れず木地を生かした透明仕上げの塗料。木工家具や木部の塗装に適している。

エ　「アクリル系エマルションペイント」とも呼ばれる合成樹脂エマルションペイント1種（AEP）は，耐候性，保色性に優れた塗料で，浴室やキッチンなどに適している。

　オイルステン→油に濃い鉄さび色の染料や顔料を溶かした塗料。屋内外の木部などの着色や防腐に用いる。塗り広げが容易で，きれいに仕上がる。

　ウレタンワニス→塗膜が厚く，耐水性や耐磨耗性に優れた塗料。無垢材のフローリングや木製カウンターなどに適している。

［答］ア－3，イ－2，ウ－3，エ－2

第30問 RCマンションのリフォーム工事に関する次の記述の ☐ 部分に，下に記した語群の中から**最も適当なもの**を選んで，解答欄の番号にマークしなさい。

既存の壁や天井を撤去する際，断熱材として現在では使用が禁止されている ア が使われている場合もあるので，解体前の事前調査，必要に応じた届出など法令順守にも注意が必要である。また，新たな断熱材としては，現場で イ を吹き付け，隙間が少ない断熱層を形成することとした。

既存の引き違いアルミサッシはそのまま使うこととし，樹脂製のサッシを現状の ウ に直接取り付け，二重サッシとし，断熱効果を高めた。

床は，既存のフローリングの上にそのまま重ね貼りすることとし，ナラの化粧単板を耐水合板の基材に貼った直張り用の エ を用いたが，重ねた分だけ床が高くなるので，扉や枠回りなどの高さの調整にも配慮をした。

【アの語群】　1．アスベスト
　　　　　　　2．ロックウール
　　　　　　　3．セルロースファイバー

【イの語群】　1．発泡ウレタン
　　　　　　　2．グラスウール
　　　　　　　3．インシュレーションボード

【ウの語群】　1．胴縁
　　　　　　　2．杳ずり
　　　　　　　3．額縁

【エの語群】　1．複合フローリング
　　　　　　　2．単層フローリング
　　　　　　　3．縁甲板

解説 インテリア構法（RCマンションのリフォーム工事）に関する設問

ア　耐火・耐熱性に優れた工業製品として多用されてきたアスベスト（石綿）は，肺がんなど健康被害の可能性があることがわかり，現在は製造，取扱い等が規制されている。
　　ロックウール→岩綿。岩石を溶かして細かい繊維状にしたもので，断熱材，吸音材，耐火材などに加工される。
　　セルロースファイバー→木質繊維を使って製造された断熱材。調湿性能，防火性能，防音性能などに優れ，人体への影響も少ない。

イ　発泡状の断熱材である発泡ウレタンは，ウレタン樹脂に発泡剤（フロンガス）を混ぜたもので，高い断熱性能と耐水性がある。近年，住宅にも採用されることが多くなった。
　　グラスウール→ガラスを溶融した短繊維。断熱材，遮音材，吸音材などに使われる。

インシュレーションボード→軟質繊維板。繊維状にした木材などを主原料として板状に成形したもの。現在ではほとんど使われていない。

ウ　既存窓のサッシを二重サッシにするときは，増設するサッシを窓枠とも呼ばれる額縁（がくぶち）に直接取り付ける。二重サッシとは，1つの窓にサッシを二重に取り付けたもので，断熱性が高まり結露防止効果がある。

胴縁（どうぶち）→壁に羽目（はめ）板やボードを取り付けるための水平材。

沓（くつ）ずり→ドア開口部の下枠。

エ　フローリングは，化粧用木材を合板などの基材の上に貼った複合フローリングと，天然一枚板で無垢材の単層フローリングがある。重ね貼りは，貼り替えに比べ工期も短く安価だが，建具等との高さ調整が必要である。

縁甲（えんこう）板→単層フローリングのうち，幅広の長尺タイプのもの。縁側などのほか，壁や天井などに使われる。

［答］ア－1，イ－1，ウ－3，エ－1

第31問　木材の種類，組織に関する次の1〜5の記述のうち，<u>最も不適当なものを2つ</u>選んで解答欄の番号にマークしなさい。（1行に2つの番号をマークしないこと）

1　木材は大別すると針葉樹材と広葉樹材に分けられる。一般に針葉樹は軟木，広葉樹は硬木と呼ばれるが，広葉樹にも桐（キリ）のように柔らかい樹種がある。

2　一般的に樹木は，幹の中心部に髄，外側に樹皮があり，その間に木部がある。木部は白太と呼ばれる心材と，赤身と呼ばれる辺材から構成される。

3　木材の根に近い方を元口，梢に近い方を末口という。柱として用いる場合は元口を下にする。

4　板目材の樹皮側を木表，髄心側を木裏という。木取りされた木材は，乾燥すると木表側に反る。

5　木を年輪に直角に切断した時に現れる木目を柾目，年輪の接線方向に切断した時に現れる木目を板目という。柾目材には山型の木目が，板目材には多数の平行な木目が現れる。

解説　建築の構造（木材）に関する設問

2　樹木は一般的に，幹の中心部に髄，外部に樹皮があり，その間に<u>赤身と呼ばれる心材</u>と，<u>白太と呼ばれる辺材</u>から構成される。

5　木を年輪に直角に切断したときの<u>柾目</u>（まさめ）には多数の平行な木目が現れ，年輪の接線方向に切断したときの<u>板目</u>（いため）には山型の木目が現れる。

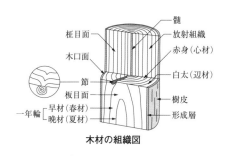

髄
放射組織
赤身（心材）
白太（辺材）
柾目面
木口面
節
板目面
早材（春材）
一年輪
晩材（夏材）
樹皮
形成層

木材の組織図

[答] 2，5

第 32 問 天井の構法に関する次の記述の ☐ 部分に，下に記した語群の中から<u>最も</u><u>適当なもの</u>を選んで，解答欄の番号にマークしなさい。

　天井の構法には，上部の構造材から天井を吊り下げるものと，上部の構造材をそのまま天井面とするものがある。

　前者は，木造建物の天井で一般的な造り方である。 **ア** 受けから（ア）を下げ，**イ** 受けを付け，これに（イ）を取り付けて天井板を張る。床梁などの構造体に（ア）を直接取り付けると振動や固体音が直接天井に伝わるので，これを防ぐために（ア）受けを介して構造体から吊る。

　一方，後者は，上階の床や屋根の下面を化粧としてそのまま天井面とするもので **ウ** 天井という。鉄筋コンクリート造の場合は，スラブの下端が見えることになり，特にジョイストスラブや **エ** スラブは，スラブ下端の特徴のある形状を生かしたインテリアデザインにもなる。

　【アの語群】　1．隅木　　　2．棟木　　　3．吊り木
　【イの語群】　1．竿縁　　　2．野縁　　　3．胴縁
　【ウの語群】　1．格　　　　2．平　　　　3．直
　【エの語群】　1．逆　　　　2．フラット　3．ワッフル

解 説 インテリア構法（天井の構法）に関する設問

ア・イ 上部の構造材から天井を吊り下げる木造建物の一般的天井は，梁などに渡した<u>吊り木</u>受けから吊り木を下げて，<u>野縁</u>(のぶち)受けと野縁を付けて天井板を張る。なお，吊り木受けは，天井への振動音の伝達を防ぐ役割をもつ。

　　隅木(すみぎ)→寄棟屋根などの小屋組で，隅棟を支え45°方向に掛ける垂木(たるき)の一つ。

　　竿縁(さおぶち)→和風室内の天井材を下部から支える細い化粧

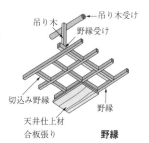

吊り木
吊り木受け
野縁受け
切込み野縁
野縁
天井仕上材
合板張り
野縁

277

部材。

　　胴縁(どうぶち)→柱と柱に渡す幅の狭い横木。

ウ・エ　上階の床や屋根の下面の構造材をそのまま天井面にする直(じか)天井のうち，鉄筋コンクリート造では，ジョイストスラブやワッフルスラブの形状をインテリアデザインに生かすこともできる。

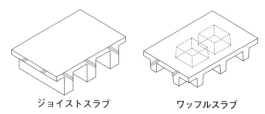

ジョイストスラブ　　　　　ワッフルスラブ

　　格(ごう)天井→竿縁を縦横正方形に組んだ格縁(ごうぶち)で構成された天井で，書院造や天井の高い和室に多用されている。

　　平天井→天井面が水平になっている最も一般的な天井。

[答] ア－3，イ－2，ウ－3，エ－3

第33問　建物の地震対策に関する次の記述の　□　部分に，それぞれの語群の中から最も適当なものを選んで，解答欄の番号にマークしなさい。

1　大地震の後などに建築基準法が変わり，その法改正前に建てられて新しい耐震基準などに適合しなくなった建物は　ア　と呼ばれる。

　　【語　群】　1．特殊建築物　　　2．既存不適格建築物　　　3．違反建築物

2　古くからの民家や寺院仏閣などの伝統的構法では，柱と　イ　を用いて地震による水平力に対する耐力を得ていた。

　　【語　群】　1．破風　　　2．肘木　　　3．貫

3　木造建築において，地震による水平力を耐力壁に有効に伝達させるためには，水平面にも剛性が必要であり，床組みに　ウ　を入れるのはこのためである。

　　【語　群】　1．火打ち　　　2．大引　　　3．根太

4　地震対策金物のうち　エ　機構をもつ金具には，地震による揺れによって食器などの収納物に押され，キャビネットなどの扉が開くことを防止する役割がある。

　　【語　群】　1．ラッチ　　　2．ステー　　　3．ベアリング

解　説　総合（建物の地震対策）に関する設問

ア　建築時は適法であった建築物が法改正などで現行法に適合しなくなったものを既存不適格建築物という。違反にはならず，原則そのままの状態で存在が認められるが，一定

規模以上の定められた改修工事等では現法令の規定に合わせる必要がある。

特殊建築物→学校，競技場，劇場，デパート，ホテルなど特殊な設備や構造をもった建築物。建築基準法では特に厳しい規制を設けている。

違反建築物→建てた当初から法律に適合しない建築物。法令に基づいて除去，移転，使用禁止などの命令対象となる。

イ 日本の古い木造の伝統的構法では，地震による水平耐力を柱と**貫**(ぬき)で得ていた。貫は柱などを貫き通して構造を固める補強材である。

破風(はふ)→社寺建築の本格的な破風とは別に，切妻造や入母屋(いりもや)造の屋根の妻側にある三角形の部分。

肘木(ひじき)→柱の上方にあって上からの重みを支える横木。社寺建築に使われる。

ウ 木造建築の床組みには，水平部材を補強し地震などの横力にも抵抗する斜め材である火打ちを入れる。

大引(おおびき)→根太を支える下地材で，コンクリートスラブと根太の間に水平に渡される横木。

根太(ねだ)→床板を支えるため，床板に直角に取り付ける横架材。

エ 飛び出し防止のラッチ機構をもつ留め金具は，地震などの際に食器棚や吊り戸などに入っている収納物の落下から人の安全を守る。

ステー→扉などを所定の角度まで開いたとき，扉を止めて支える金物。

ベアリング→荷重を受けながら回転する軸を支持する機械部品。

[答] ア-2，イ-3，ウ-1，エ-1

第34問 木造住宅の構法に関する次の記述の □ 部分に，それぞれの語群の中から最も適当なものを選んで，解答欄の番号にマークしなさい。

1 在来軸組構法では，水平力を受けたときに軸組みが変形しないように柱と横架材が構成する四辺形の対角線状に ア を入れる。

【語 群】 1．胴差し　　　2．筋かい　　　3．方立

2 軸組みを構成する柱のうち，1階分の高さのものを イ と呼ぶ。

【語 群】 1．付け柱　　　2．通し柱　　　3．管柱

3 土間コンクリートやコンクリートスラブの上に，大引きや根太を直接のせて固定して仕上げた床を ウ という。

【語 群】 1．転ばし床　　　2．束立て床　　　3．組床

4 洋小屋は陸梁，合掌，束などでトラスを構成した小屋組で，トラスの上弦材の上に，エ を上弦材と直交させて架けたものである。

【語 群】 1．方づえ　　　2．垂木　　　3．母屋

■ **解 説** 建築の構造（木構造）に関する設問

ア 在来軸組構法では，補強材の筋かいを四辺形に組まれた軸組の対角線上に入れて歪み
を防ぎ，耐震性を高めている。

　胴差し→上階と下階の間に入れる横架材。柱を連結し，上階の床梁を支える。

　方立（ほうだて）→窓や建具などの枠を構造的に支える垂直の補強材。

イ 軸組を構成する柱のうち，1階分の高さの管柱（くだばしら）は，桁（けた）などの横架材で中断さ
れ，各階ごとに設けられた柱をいう。

　付け柱→構造を支える柱ではなく，意匠的に付けられた柱。大壁造りの和室などに設
　　けることが多い。

　通し柱→軸組を構成する柱のうち，土台から軒桁（のきげた）までを一本で通した柱。

ウ 床組の一つである転ばし床は，コンクリート床や土間床などの上に大引（おおびき）や根太
（ねだ）を直接置いて仕上げた床である。

　束（つか）**立て床**→床束を立てて大引を支え，その上に根太を架け渡して仕上げた床組の
　　一つ。木造の1階床に用いられる。

　組床→2階床のように大梁の上に小梁を渡し，その上に根太を渡して仕上げた床。

エ 洋小屋は，各部材が三角状にトラス構成された洋風の小屋組。トラスの上弦材の上
に，垂木（たるき）を支える水平材である母屋（もや）を勾配に対して直角に架けたものである。

　方づえ→柱と梁下の隅部を斜め材で固める補強材。

　垂木→屋根の勾配にそって架ける小角材。

〔答〕ア－2，イ－3，ウ－1，エ－3

第35問 部位の見切りに関する次の記述の □ 部分に，下に記した語群の中から最
も適当なものを選んで，解答欄の番号にマークしなさい。

　壁と天井を見切る ア は，表に出す方法と，壁と天井ともにボード張り下地などの
場合では，表に出さないで イ にしてすっきり納める方法がある。また，断面が繰り
型をした ウ と呼ばれる部材を入隅にかぶせて取り付ける方法もある。

　和室の真壁と畳の間にできる隙間を埋めるために取り付けるものを エ という。

【アの語群】	1．回り縁	2．桁	3．縁甲板
【イの語群】	1．破れ目地	2．底目地	3．芋目地
【ウの語群】	1．サイディング	2．モールディング	3．コーキング
【エの語群】	1．框	2．雑巾摺り	3．畳寄せ

■ **解 説** インテリア構法（見切り材）に関する設問

ア・イ 一般的に，壁と天井の見切りには回り縁（ぶち）をまわす。壁，天井ともにボード張

り下地などでは回り縁を設けず，敷目（しきめ）板を入れた底目地にしてすっきり仕上げることもある。

　　　桁（けた）→柱の上に渡して垂木（たるき）を受ける水平材。

　　　縁甲（えんこう）板→単層フローリングのうち，幅広の長尺タイプのもの。

　　　芋目地→タイルの張り方のうち，縦横に目地を通す一般的なもの。「通し目地」ともいう。

　　　破れ目地→タイルの張り方で，横目地を一直線に通し縦目地を半枚分ずらしたもの。「馬踏み目地」ともいう。

ウ　洋室の回り縁には，断面が繰り形をしたモールディングと呼ばれる帯状の装飾部材を取り付けることもある。

　　　サイディング→建物の外壁に羽目（はめ）板や下見板を張る仕上げ板材。

　　　コーキング→サッシや水回りなどで，ジョイント部分の継目のすき間などをペースト状の目地材などでふさぐ防水処理。「シーリング」ともいう。

エ　和室の畳が真壁に当たる部分に取り付ける畳寄せは，すき間を埋めるために入れる見切り材である。

　　　框（かまち）→床の間や玄関など床の高さが変わる部分に渡す化粧材。

　　　雑巾摺り（ぞうきんずり）→汚損を防ぐ目的で，壁と床板の接合部に打ち付ける細い見切り材。

[答] ア－1，イ－2，ウ－2，エ－3

第36問　造作材の仕口と接合などに関する次の記述の □ 部分に，下に記した語群の中から最も適当なものを選んで，解答欄の番号にマークしなさい。

　木製開口部枠の隅部の仕口は，意匠的な観点からの配慮も必要である。 ア は木口が露出するので，それを避けるために両部材の端部を45度の角度で納める イ 加工がある。

　和風の開口部（障子や襖）の枠に使われ，一方の部材を横または縦方向に少し伸ばす加工方法を ウ という。

　カウンターなどの造作材に，無垢の幅広板を用いる場合，木材の乾燥による変形を防ぐために エ を使う方法がある。

【アの語群】	1．本実	2．突き付け	3．相欠き
【イの語群】	1．留め	2．フィンガージョイント	3．蟻掛け
【ウの語群】	1．鎌継ぎ	2．角柄	3．台持ち継ぎ
【エの語群】	1．敷目板	2．背割り	3．すいつき桟

第36回

281

解説 インテリア構法（造作材）に関する設問

ア・イ 仕口（しぐち）は，部材が取り合う部分の加工をいう。木製開口部枠の仕口は意匠的にも重要なので，一般的に小口を見せる突き付けではなく，両部材の端部を45°に切断して小口を見せない留め加工にする。

本実（ほんざね）→片方の板に凸形の突起をつくり，他方の板に凹形の溝を彫り継ぎ合わせる。

相欠き（あいがき）→双方の部材の半分を欠きとって取り付け，釘打ちなどで接ぐ。

フィンガージョイント→接合する端部を手の平状にカットした継手。

蟻（あり）**掛け**→片方の木材の先に蟻ほぞ（鳩尾（きゅうび）状）をつくり，他方の木材につくった蟻穴に接ぐ。

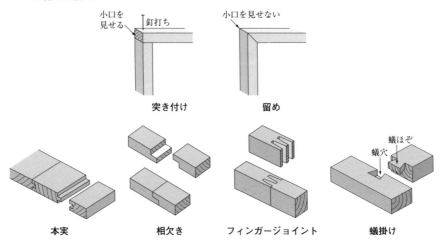

突き付け　　　留め

本実　　　相欠き　　　フィンガージョイント　　　蟻掛け

ウ 和風の開口部の枠に使われる角柄（つのがら）は，上下枠が縦枠より，縦枠が上下枠より突き出ている部分のことである。

鎌継ぎ→柄の先端が鎌のような形で，木材の継手で最も多用される。

台持ち継ぎ→両部材の木口を互いに斜め方向に加工して組み合わせる継手。桁，梁，小屋梁などに使われる。

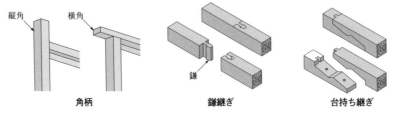

角柄　　　鎌継ぎ　　　台持ち継ぎ

エ 比較的厚い板の反りや分離を防ぐ目的で板裏に横に取り付けるすいつき桟（ざん）は，片側を鳩尾状につくり，板に彫った蟻穴にはめる。「蟻桟」ともいう。

敷目(しきめ)板→天井板，壁の羽目(はめ)板などの継目の裏に取り付ける小幅の板。

背割り→柱などの表面に入れる切れ込みで，乾燥収縮による割れを防ぐ。

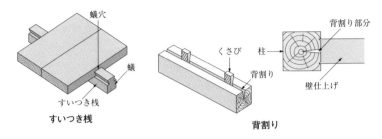

すいつき桟　　　　　　　　　　背割り

[答] ア－2，イ－1，ウ－2，エ－3

第37問　熱と湿気に関する次の記述の □ 部分に，それぞれの語群の中から<u>最も適当なもの</u>を選んで，解答欄の番号にマークしなさい。

1　物体表面は電磁波を放出し，他の物体表面はその電磁波を吸収する。これに伴う熱の移動を ア 伝熱という。

　【語　群】　　1．対流　　　　　2．放射　　　　　3．伝導

2　建物南側の外壁の日照時間が最も短くなるのは，一年のうち イ の時期である。ただし，天候は快晴，周囲に建物はないものとする。

　【語　群】　　1．夏至　　　　　2．春秋分　　　　3．冬至

3　ある温度の空気に含まれる水蒸気量（圧）の，同温度での飽和水蒸気量（圧）に対する割合を， ウ 湿度という。

　【語　群】　　1．容積絶対　　　2．相対　　　　　3．重量絶対

4　次の建物の平面を表した略図のA，B，C各部のうち，冬季，室内側に表面結露が最も発生しやすい部分は エ 部である。ただし，外壁の断熱性や周囲の気流，温湿度などは一様とする。

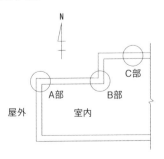

解 説　環境工学（熱と湿気）に関する設問

ア　熱が電磁波の形で放射され，物体から物体へ直接移動する現象を<u>放射伝熱</u>という。

　　対流→熱せられた気体や液体が移動する現象。

　　伝導→物質の移動なしに固体内部を熱が移動する現象。

イ　建物の南面における1年間の日照時間を比べると，**夏至**（_げ）は7時間で最も短く，**冬至**（_{とう}）は9時間，**春秋分**は12時間で最も長い。

ウ　一般的に湿度といわれる<u>相対湿度</u>（％）は，空気中に含まれる水蒸気量と，その温度の空気が含み得る水蒸気の最大量（飽和水蒸気量）との比率をいう。

　　容積絶対湿度（kg/m³）→大気中に含まれる水蒸気の密度（容積当たりの質量）。

　　重量絶対湿度（kg/kg（DA））→乾燥空気（Dry air）の質量に対する水蒸気の質量。

エ　冬季も表面結露が最も発生やすいのは，局部的な温度低下が起こる**A**部の建物出隅部分である。空気中の水蒸気が冷気で水になり水滴として付着する結露のうち，表面結露はガラス窓や壁など建物の室内表面に発生する。

［答］アー2，イー1，ウー2，エー1

第38問　換気に関する次の記述の □ 部分に，それぞれの語群の中から<u>最も適当な</u><u>もの</u>を選んで，解答欄の番号にマークしなさい。

1　厚生労働省が指針値を定めている室内空気汚染物質のひとつで，シックハウス症候群の原因物質として代表的なものは， ア である。

　　【語 群】　　1．浮遊粉塵　　　　2．一酸化炭素　　　　3．ホルムアルデヒド

2　建築基準法の火気使用室に必要な換気の基準では， イ のみを使用する場合，特別な換気設備は必要とされない。

　　【語 群】　　1．密閉型燃焼器具

　　　　　　　　2．半密閉型燃焼器具

　　　　　　　　3．開放型燃焼器具

3　建築基準法のシックハウス対策における内装仕上げの使用面積制限において，使用面積の制限がないのは ウ の建材である。

　　【語 群】　　1．F☆☆　　　　　　2．F☆☆☆　　　　　3．F☆☆☆☆

4　外部風による自然換気量は，開口部の開放面積と外部風速 エ する。

　　【語 群】　　1．の平方根に比例　　2．に比例　　　　　3．の二乗に比例

ア　厚生労働省が指針値を定めているホルムアルデヒドは，人体に悪影響を及ぼすシック
　　ハウス症候群の原因物質として代表的なものである。

　　　浮遊粉塵（ふんじん）→空気中に浮遊する固体または液体の微粒子。ビル管理法（建築物にお
　　　ける衛生的環境の確保に関する法律）では，空気環境測定の項目の一つとして管理
　　　基準が定められている。

　　　一酸化炭素→無色，無臭で空気よりやや軽い有害な気体。健康への影響として一酸化
　　　炭素中毒がある。

イ　建築基準法における火気使用室の換気設備の基準では，密閉型燃焼器具だけを設けて
　　いる室は換気設備が不要である。密閉型燃焼器具は，給気筒や排気筒を使って屋外の空
　　気を直接吸収して排出するものをいう。

　　　半密閉型燃焼器具→屋内の空気を使って燃焼し，煙突などの排気筒を使って燃焼排ガ
　　　スを屋外に出すもの。

　　　開放型燃焼器具→屋内の空気を使って燃焼し，屋内に燃焼排ガスを出すもの。

ウ　建築基準法における換気基準では，内装仕上げの使用面積制限について，F☆☆☆☆
　　の建材は面積の制限なし，F☆☆☆の建材は床面積の2倍以内，F☆☆の建材は床面積の
　　約0.3倍以内としている。

エ　外部風による自然換気を「風力換気」と呼び，この換気量は開口部の開放面積と外部
　　風速に比例する。

[答] ア－3，イ－1，ウ－3，エ－2

第 36 回

第39問　音環境に関する次の記述の □ 部分に，それぞれの語群の中から最も適当
なものを選んで，解答欄の番号にマークしなさい。

1　人間の耳が音として認識できる周波数は，一般に ア ～2000 Hz の範囲といわ
　れている。
　　【語　群】　　1．20　　　　　　2．200　　　　　　3．2000

2　人間の耳の感度は周波数によって異なり， イ Hz 付近の音に対する感度が最
　も良く，それより低い音や高い音に関しては感度が低下する。
　　【語　群】　　1．500～1000　　2．3500～4000　　3．8000～8500

3　ガラス繊維などの ウ 吸音材は，音が繊維材料内部を伝わる過程で摩擦によっ
　て音のエネルギーの一部が熱エネルギーに変換される性質を持っている。
　　【語　群】　　1．共鳴型　　　　2．板振動型　　　　3．多孔質型

4　点音源では，音の強さは音源の距離の エ に反比例して減少する。
　　【語　群】　　1．平方根　　　　2．二乗　　　　　　3．三乗

ア　人が音として認識できる周波数は，20～20,000 Hzの範囲とされる。周波数は音波や電波など周期波の毎秒の繰り返し数で，単位はHz(ヘルツ)。

イ　耳の感度は周波数で異なる。3,500～4,000 Hz付近の音の感度が最良で，それより低い音や高い音は感度が低下し，音圧レベルが同じでも音の大きさは小さく感じられる。

ウ　ガラス繊維や畳などの多孔質型吸音材は，表面が柔らかく細かい穴のあいた構造で，音を吸収するものをいう。

エ　点音源では，音の強さは音源の距離の二乗に反比例して減少するので，距離が2倍になれば音の強さは1/4になる。点音源とは，スピーカーなど十分小さい寸法の振動面をもち，同じ位相で変位する音源をいう。

［答］ア－1，イ－2，ウ－3，エ－2

第40問　　光環境に関する次の1～5の記述のうち，<u>最も不適当なものを2つ選んで</u>解答欄の番号にマークしなさい。（1行に2つの番号をマークしないこと）

1　太陽からの電磁波は日射と呼ばれ，可視光線，紫外線，赤外線などがある。地表に到達する電磁波で波長が300 nm付近の赤外線はドルノ線と呼ばれ，骨の発育に関与するといわれている。

2　建築基準法では，居室の有効採光面積を壁面積に対して一定値以上確保することを求めている。

3　採光する位置としては，壁の開口部と屋根に開けられた天窓がある。前者は側窓採光と呼ばれ，採光のみならず換気や眺望の役割を兼ねることが多い。

4　直射日光は強い影が生じたり，明るすぎたり，天候などで明るさが変動するため作業面の光環境としては不適当だが，住居には欠かせない。

5　全天空照度は季節，天候，時刻によって変わるものであり，よく晴れた日よりも薄い雲に覆われた明るい曇天時のほうが大きい。

解　説　環境工学（光環境）に関する設問

1　日射には，可視光線，紫外線，赤外線などがある。そのうち，波長が300 nm付近の<u>紫外線</u>はドルノ線と呼ばれ，光化学反応によってビタミンDを生成させるなど，人の健康上有益であると考えられている。

2　建築基準法では，居室の有効採光面積は，<u>その居室の床面積</u>に対して，住宅では1/7以上，その他の建築物では1/5から1/10までの間において，政令で定める割合以上としなければならない（建築基準法第28条）。

［答］1，2

光環境に関する次の記述の □ 部分に，それぞれの語群の中から**最も適当**なものを選んで，解答欄の番号にマークしなさい。

1 明るい戸外から室内に入って急に暗くなる入り口部分は， ア を考慮した照明が求められる。

【語　群】　1．暗順応　　　2．色順応　　　3．明順応

2 昼間はメラトニンの分泌を イ させるために，できるだけ自然光や明るく白い光の下で生産活動に従事すると良い。

【語　群】　1．安定　　　　2．増加　　　　3．抑制

3 明所視と暗所視では働く視細胞の役割が異なる。暗所視では ウ が対応するため，青みがかった視対象は明るく見え，赤いものは暗く見える。

【語　群】　1．杆状体　　　2．錐状体　　　3．中心窩

4 黒板などが正面から70度以上の方向から日光などを浴びて，全体が光って見える現象を エ という。

【語　群】　1．直接グレア　　　2．光幕反射　　　3．不能グレア

解説 環境工学（光環境）に関する設問

ア 明るい屋外から急に暗くなる室内では，暗い所でしだいに目が慣れて物が見えるようになる暗順応に配慮した照明が必要となる。

　　色順応→照明光の変化にともない目がその変化に慣れようとする働き。

　　明順応→暗い所から急に明るい所へ移動したときに起こる現象。最初はまぶしくて何も見えないが，しだいに明るさに慣れ，物が見えるようになる。

イ メラトニンは夜に多く分泌され，睡眠促進ホルモンとも呼ばれる。昼間は自然光や高照度の白い光を浴びてメラトニンの分泌を抑制させ，集中力を高めて作業すると良い。

ウ 暗い所での物や色の見え方を暗所視，明るい所での物や色の見え方を明所視という。暗所視で反応する杆状（かんじょう）体は網膜中の視細胞の一つで，明るさに対して機能する。

　　錐状（すいじょう）体→明所視で反応する網膜中の視細胞の一つで，色が判別できる。

　　中心窩（か）→網膜の中心にあるくぼみ。錐体のみが密集しているところなので，色や形の解像度が非常に高い。

エ 視対象となる面が鏡面のようになって，光の幕のように見えにくい現象を光幕反射という。

　　直接グレア→視野内の視線に近い方向にある高輝度の光源によって生じるグレア。グレアとは，不快感や物の見えづらさを生むまぶしさのこと。

[**答**] ア－1，イ－3，ウ－1，エ－2

給水設備の水質汚染防止に関する次の記述の □ 部分に，それぞれの語群の中から**最も適当なもの**を選んで，解答欄の番号にマークしなさい。

1 飲料用配管とその他の配管系統が直接接続されることを ア といい，汚染水が混入してしまうため避けなければならない。

  【語 群】 1．オーバーフロー

        2．クロスコネクション

        3．二重トラップ

2 水受け容器中にたまった水などが，給水管内に生じた負圧による吸引作用のため給水管内に逆流することを イ 現象といい，水質汚染の原因となる。

  【語 群】 1．サイクル   2．逆サイホン   3．毛細管

3 水受け容器中にたまった水などが，給水管内に生じた負圧による吸引作用のため給水管内に逆流することを防止するには， ウ 空間を確保する。

  【語 群】 1．吐水口   2．動作   3．排水口

4 フラッシュバルブ式便器では，給水管に負圧が生じると吸気口より自動的に空気を吸って弁を閉じ，フラッシュバルブ以前への管路を閉塞することで，汚水の逆流を防ぐ エ が設けられる。

  【語 群】 1．ピストンバルブ

        2．ボールタップ

        3．バキュームブレーカー

解説 住宅設備（給水設備）に関する設問

ア 水質汚染の原因となり健康に重大な影響を及ぼすクロスコネクションとは，飲料水用配管と地下水など雑用水の配管が直接接続されることをいう。

  オーバーフロー→洗面台などで規定水位を超えた水などがあふれ出ること。

  二重トラップ→1つの器具の配管に2つ以上のトラップを直列に接続すること。排水不良の原因となるため，日本では禁止されている。

イ・ウ 逆サイホン現象とは，水受け容器中に吐き出された水などが給水管内に逆流するもので，防止策として適切な吐水口空間を設ける。吐水口空間とは，水栓金具などの吐水口とその水受け容器のあふれた縁との垂直距離をいう。

  動作空間→手足が動く範囲の動作寸法に，家具などの寸法とゆとりを加えた空間。

  排水口空間→給水タンクなどの間接排水管の排水口空間は，一般的に管径の2倍以上，かつ150 mm以上といわれる。

エ フラッシュバルブ（洗浄弁）式便器では，逆サイホン現象による汚水の逆流防止のために，負圧の発生を防ぐバキュームブレーカーの取付けが義務付けられている。

  ピストンバルブ→ピストンがシリンダー内を移動することによって，液体の移動を制

御するもの。

ボールタップ→支持棒の先端にボールの浮き玉がある給水設備。水面の上下変動によるボールの変位によりレバー付け根の弁を開閉する。

［答］ア－2，イ－2，ウ－1，エ－3

第43問 次の戸建て住宅の屋内配線例を示した図中の**ア～エ**の各部分について，それぞれの語群の中から最も適当なものを選んで，解答欄の番号にマークしなさい。

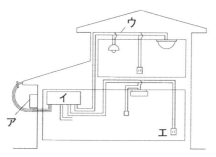

図 戸建て住宅の屋内配線例

1 検針員による目視検針が必要な ア 計は，スマートメーター化によって自動化が進み，減少しつつある。

【語 群】 1．積算電流 2．誘導型電力量 3．交流電圧

2 漏電遮断器などのある イ は，幹線と負荷の中心に近い位置に設置するのがよいとされる。

【語 群】 1．分電盤 2．配電盤 3．制御盤

3 配線用遮断器から末端器具までを ウ と呼ぶ。

【語 群】 1．引込線 2．幹線 3．分岐回路

4 内線規程では住宅の広さ別に， エ などの一般分岐回路数の望ましい数が推奨されている。

【語 群】 1．スイッチ 2．コンセント 3．LAN端子

解 説 住宅設備（電気設備）に関する設問

ア 機械式でメーター内部に円盤が組み込まれている誘導型電力量計は，家庭用として広く普及しているが，電力の自由化にともなって，電子式電力量計に通信機能が付加されたスマートメーターの導入が進められている。

積算電流計→「電力計量」ともいわれる一定時間内の使用電力量の総和を示す計器。

　　交流電圧計→交流の電圧を測定する指示計器。商用電源周波数（45〜65Hz）程度の
　交流電圧を測定するのに利用されている。

イ　スイッチやブレーカー，漏電遮断器などが組み込まれた分電盤は，幹線と負荷の中心
　に近く，保守点検のしやすいところに配置するとよい。

　　配電盤→電気回路の制御や電力分配のために設置する計器や遮断機をまとめた箱。

　　制御盤→機械や生産ラインを制御・操作するための各種電気機器を収めた箱。

ウ　配線用遮断器から末端器具までの配線系統である分岐回路は，電灯やコンセント用の
　一般回路と，エアコン用などの専用回路の合計回路数が必要となる。

　　引込線→電柱から軒先などに取り付けられた引込線取付け点をつなぐ電線。

　　幹線→配電盤から分電盤，または制御盤などに至るまでの配線部分。

エ　民間自主規格の内線規程では，住宅面積に応じた一般分岐回路数（コンセント回路と
　照明回路の合計数）が提言されている。

住宅面積に応じた分岐回路数（一般回路）

住宅面積	コンセント回路		照明回路	合　計
	キッチン	キッチン以外		
50（15坪）以下	2	2	1	5
70（20坪）以下	2	3	2	7
100（30坪）以下	2	4	2	8
130（40坪）以下	2	5	3	10
170（50坪）以下	2	7	4	13

（出典：公益財団法人全関東電気工事協会ホームページ）

　　　　　　　　　　　　　　　　　［答］ア−2，イ−1，ウ−3，エ−2

第44問　自然エネルギーの利用に関する次の記述の　□　部分に，それぞれの語群の
　　中から最も適当なものを選んで，解答欄の番号にマークしなさい。

1　自然エネルギーは，一般的に　ア　エネルギーとも呼ばれ，CO_2の排出はないが
　安定供給性に難がある。しかし，今後は技術を高めて上手に利用する必要がある。
　　【語　群】　1．再生可能　　　　2．省　　　　　　3．高

2　太陽熱利用システムは，昼の太陽熱を夜間に利用するため，　イ　が必要となる。
　　【語　群】　1．顕熱　　　　　2．潜熱　　　　　3．蓄熱

3　半導体に光を当てると起電力が生じる光電効果を利用した発電を　ウ　という。
　　【語　群】　1．太陽熱発電　2．太陽光発電　　3．バイオマス発電

4　地中熱を利用するため，地中60～100 cmの深さにパイプを埋設し，夏季において，外気をこのパイプに通過させてから室内に吹き出す方式を ┃ エ ┃ という。

　　【語　群】　　1．ダイレクトゲイン
　　　　　　　　　2．ヒートポンプ
　　　　　　　　　3．クールチューブ

解　説　住宅設備（自然エネルギー）に関する設問

ア　自然エネルギーは，太陽熱，太陽光，地中熱などを利用した再生可能エネルギーである。CO_2の排出はないが，密度が薄く安定性に欠けるため，今後の技術革新とその上手な利用が期待される。

　　省エネルギー→電気，石油，ガスなどのエネルギーを効率的に使用し，その消費量を節約すること。略して「省エネ」とも呼ばれる。

イ　太陽熱利用システムは，太陽熱を使って温水や温風をつくり，給湯や冷暖房に利用するもの。安定的に使うためには蓄熱が必要である。

　　顕熱(けんねつ)→物質の状態を変えずに温度を変化させるために費やされる熱量。

　　潜熱(せんねつ)→物質の状態変化のとき温度変化をともなわずに吸収，放出される熱量。

ウ　シリコン半導体でつくられる太陽電池を使った太陽光発電は，太陽の光エネルギーを直接電気エネルギーに変える発電方式である。

　　太陽熱発電→太陽から地上に達した熱エネルギーを利用する発電方式。多くの反射鏡を設置し，太陽光を一点に集めて熱源とする。

　　バイオマス発電→植物や動物の排泄物などの有機物（バイオマス）をエネルギー源として利用する発電方式。

エ　地中熱を利用したクールチューブとは，地中に通したチューブ内部の空気を夏季は冷却，冬季は加熱して室内に供給するシステムである。

　　ダイレクトゲイン→窓から差し込む日射熱を，熱容量の大きい床や壁などの蓄熱体に蓄え，夜間や曇天時に放熱させて暖房効果を得る方式。

　　ヒートポンプ→熱媒体や半導体などを用いて，低温部分から高温部分へ熱を移動させる方式。

［答］　アー1，イー3，ウー2，エー3

第45問　「JIS A 0017キッチン設備の寸法」によるキッチン設備に関する次の記述の
　　　　　 部分に，それぞれの語群の中から最も適当なものを選んで，解答欄の番
　　　　　号にマークしなさい。

1　ワークトップの高さを調節するためのフロアーユニットなどの脚となる部分は，
　 ア と定義されている。
　【語　群】　1．台輪　　　　　 2．サービスゾーン　　　 3．けこみ
2　ワークトップの高さは，最低800 mmを含み，50 mm刻みに イ 種類が決めら
　れている。
　【語　群】　1．2　　　　　　 2．3　　　　　　　　　 3．4
3　ウォールユニットの奥行（呼び寸法）は， ウ mm以下と決められている。
　【語　群】　1．400　　　　　 2．450　　　　　　　　 3．500
4　床からウォールユニットの下端までの高さ（呼び寸法）の最小寸法は， エ mm
　と決められている。
　【語　群】　1．1200　　　　 2．1300　　　　　　　　 3．1400

解　説　住宅設備（キッチン設備）に関する設問

　日本工業規格の一つである「JIS A 0017 キッチン設備の寸法」は，1980（昭和55）年に
制定された。最新改正は2018（平成30）年。

ア　台輪は，ワークトップの高さを調節するためのフロアーユニットなどの脚となる部分
　と定義されている。

　　サービスゾーン→給排水，ガスなどの配管および電気配線のために設ける空間。

　　けこみ→フロアーユニットなどの下の床面において，ワークトップ前端から奥に向け
　　て，つま先が入る空間。

イ　ワークトップの高さは，50 mm刻みで800 mm，850 mm，900 mm，950 mmの4種類。

ウ　ウォールユニットの奥行（呼び寸法）は400 mm以下。

エ　床からウォールユニットの下端までの高さ（呼び寸法）の最小寸法は1,300 mm。

［答］ア－1，イ－3，ウ－1，エ－2

建築設計図書に関する次の記述の ☐ 部分に，それぞれの語群の中から最も適当なものを選んで，解答欄の番号にマークしなさい。

1 部屋のすべての壁面の壁仕上げの見積もりをする際に不可欠な図面は，平面詳細図と ア である。

   【語　群】　　1．断面図

   　　　　　　 2．展開図

   　　　　　　 3．矩計図

2 電気配線図に●₃と記されているスイッチの記号は， イ を意味している。

   【語　群】　　1．一つのスイッチプレートに三つのスイッチがついていること

   　　　　　　 2．2か所で同じ器具を点滅できるスイッチであること

   　　　　　　 3．3か所以上で同じ器具を点滅できるスイッチであること

3 軸組構法の木造住宅における1階の階高とは， ウ の高さをいう。

   【語　群】　　1．設計GLから1階の床仕上げ面まで

   　　　　　　 2．設計GLから2階の床仕上げ面まで

   　　　　　　 3．1階の床仕上げ面から2階の床仕上げ面まで

4 一般的に建具表の $\left(\frac{WD}{1}\right)$ と $\left(\frac{AW}{1}\right)$ は，それぞれ エ を表す。

   【語　群】　　1．木製のドアと鉄製の窓

   　　　　　　 2．木製のドアとアルミ製の窓

   　　　　　　 3．鉄製のドアとアルミ製の窓

解説　インテリアコーディネーションの表現（建築設計図書）に関する設問

ア　室内壁仕上げの見積もりに必要な**展開図**は，部屋の中央に立って東西南北4面の室内壁を見た図。壁面の仕上げ，開口部，設備器具の位置などを記入する。縮尺は1/50程度。

　　断面図→建物を縦に切って各部の高さを表した図。縮尺は1/100程度。

　　　矩計図(かなばかり)→建物の高さ関係の納まりを表した詳細図。地盤面の位置，床高，窓高，
　　　　軒高，腰高，天井高などの高さの関係を示す。縮尺は1/30または1/50。

イ　電気配線図の記号●₃は3路スイッチで，「2か所で同じ器具を点滅できるスイッチであること」を意味する。階段の上下どちらででも点滅できる照明器具が代表例である。

ウ　階高は建物の1階層分の高さ。軸組構法の木造住宅における1階の階高とは，「1階の床仕上げ面から2階の床仕上げ面まで」の高さをいう。

エ　建具表の記号(WDとAW)は，「木製のドアとアルミ製の窓」を表す。その他，AD(アルミ製のドア)，SD(スチール製のドア)，WW(木製の窓)，SW(スチール製の窓)などの記号がある。

[**答**] ア－2，イ－2，ウ－3，エ－2

次の平面図をもとにして作成したインテリア立・断面図と天井伏図に関する
次の**ア**〜**エ**の記述に対して，それぞれの下に記した図群の中から<u>最も適当な</u>
<u>もの</u>を選んで，解答欄の番号にマークしなさい。

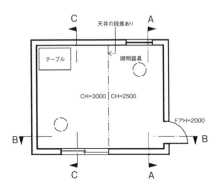

ア A-Aインテリア立・断面図

【図　群】

1.   2.   3.

イ B-Bインテリア立・断面図

【図　群】

1.   2.   3.

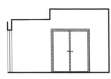 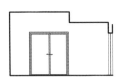 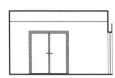

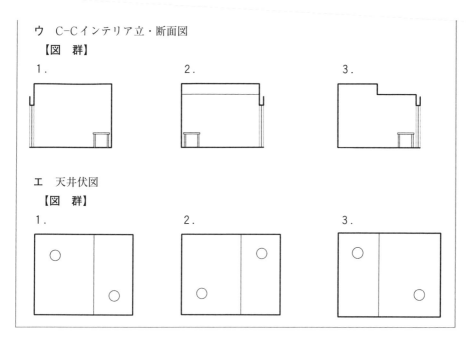

ウ　C-Cインテリア立・断面図
【図　群】
1.　　　　　　　　　2.　　　　　　　　　3.

エ　天井伏図
【図　群】
1.　　　　　　　　　2.　　　　　　　　　3.

■ **解 説** ■ インテリアコーディネーションの表現（インテリア図面）に関する設問

インテリア立・断面図は展開図のこと。指示された地点で室内の壁を正面から見た図である。

ア　A-Aインテリア立・断面図（展開図）は図群3。向かって右側にドア（H＝2,000）があり、天井段差のうち、天井高（CH＝2,500）は低く平らである。

イ　B-Bインテリア立・断面図（展開図）は図群1。天井段差は向かって右側が天井高（CH＝3,000）で高く、左側は天井高（CH＝2,500）で低い。掃き出し窓は、向かって右側の高い天井側に配置されている。

ウ　C-Cインテリア立・断面図（展開図）は図群1。天井高（CH＝3,000）に段差は見えず、テーブルは向かって右側に配置されている。

エ　天井伏図は平面図と同じ図群2。天井伏図は、天井を上から見て平面的に描いた図である。

［**答**］ア－3、イ－1、ウ－1、エ－2

3D CADのレンダリングに関する次の記述の □ 部分に，それぞれの語群や図群の中から最も適当なものを選んで，解答欄の番号にマークしなさい。

1 図1はインテリアをモデリングし，3D表示したものである。壁は垂直に立っているが傾いて表示されている。そこで， ア 機能を使って，図2のように壁が垂直に見えるように修正した。

【語　群】　　1．視点変換
　　　　　　　2．同期調整
　　　　　　　3．あおり補正

図1

図2

2 図3の画像は床の仕上げ材を表現するために用意したものである。このような画像を利用して，リアルな材質感を表現する手法を イ という。

【語　群】　　1．テクスチャーマッピング
　　　　　　　2．ビューポート
　　　　　　　3．フォトモンタージュ

図3

3 次の図は真南に面した窓からの太陽光を時刻ごとにレンダリングした画像である。三つの画像のうち，春分の日（東京）午前10時の画像は ウ である。

【図　群】

1.

2.

3.

4 デジタル画像の解像度は，1平方インチにどれだけの画素があるかで表現する方法がある。この場合の単位は エ で表す。

【語　群】　　1．DTP　　　2．dpi　　　3．GIF

インテリアコーディネーションの表現（3D CAD）に関する設問

3D CADのレンダリングとは，形状表面の色や質感，光源，陰影，物体への映り込み，反射などを3Dソフト上で表現すること。

ア 図2のあおり補正機能は，3Dパースの縦軸のゆがみをワンタッチで補正する機能である。

　　視点変換→画像処理やテレビなどの分野で活用される用語。

　　同期調整→画音同期調整は，音声と映像出力のずれを最小限に調整できる機能。プロジェクターなどで使われる。

イ 図3の手法はテクスチャーマッピング。物体表面の模様や質感をリアルに表現する2D CGの画像データを3Dモデル表面に重ね合わせて表示する。

　　ビューポート→IT分野では，ソフトウェアの表示設定など対象を表示する広さや範囲などをいう。

　　フォトモンタージュ→2枚以上の写真を合成して1枚の写真に仕上げる技法。

ウ 設問の画像は図群3。春分の太陽の軌道は，真東から昇り真西に沈むので，午前10時の画像は東側から西側に日影が生じる。

エ 解像度の単位はdpi（dots per inch）。デジタル画像の細かさを数値化して表す。

　　DTP（desktop publishing）→コンピュータを用いて，原稿の作成，レイアウト，版下作成など出版のための一連の作業を行うこと。

　　GIF（graphics interchange format）→画像データを保存するファイル形式の一つ。JPEG／JPGとともにインターネットなどで一般に用いられている。

［答］ア－3，イ－1，ウ－3，エ－2

第49問 建築基準法令における住宅の居室の採光に関する次の1～5の記述のうち，最も不適当なものを2つ選んで解答欄の番号にマークしなさい。（1行に2つの番号をマークしないこと）

1 隣地に近接した居室の壁面に窓を設ける場合，大きさと形状が同じ窓なら壁の上部に取り付ける方が有効採光面積の算定上は有利になることがある。

2 居室の採光を全て天窓で行う場合，有効採光面積がその部屋の床面積の20分の1とれていれば基準を満たしている。

3 キッチンは居室であるが，採光が義務付けられていないので，DKやLDKの場合はキッチン部分を除いた床面積が有効採光面積算定の対象になる。

4 　住宅の居室の窓が一般的な引違形式（図参照）で
　あって，居室の床面積に対する必要有効採光面積が
　確保されていれば，その窓だけで法令上必要な換気
　面積も確保されていることになる。

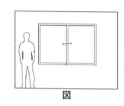

図

5 　居室の床面積に対する必要有効採光面積の割合は1/7以上なので，建物の用途別
　では住宅が最も大きいことになる。

解 説　インテリア関連の法規・制度（建築基準法）に関する設問

3 　居室の採光では，特例としてふすま，障子などで仕切られた2室は1室とみなされる
（法第28条4項）。したがって，独立したキッチンには採光の規定は適用されないが，DK
やLDKなどのように他の居室と連続した空間となる場合は，キッチン部分も必要採光面
積の対象となる。

5 　居室の床面積に対する必要有効採光面積の割合は，住宅は1/7以上，他の建築物は1/5
〜1/10までの定められた割合以上だが，学校（幼稚園，小学校，中学校，高等学校な
ど）の教室および保育所の保育室は1/5以上で最も大きいことになる（法第28条1項，
令第19条）。

[**答**] 3，5

第 50 問　インテリア製品に付けられる品質や性能表示のマークに関する次の記述の
　　　　□ 部分に，それぞれの語群の中から最も適当なものを選んで，解答欄の番
　　　　号にマークしなさい。

1 　制電マーク（図1参照）は，一般社団法人日本インテリアファブリックス協会の
　商標で，帯電性における試験基準に適合した ア などに付される。
　　【語 群】 　1．ビニル床シート
　　　　　　　　2．カーテンおよび布製ブラインド
　　　　　　　　3．ビニル壁紙

制 電

図1

2 防ダニマーク（図2参照）は，インテリアファブリックス性能評価協議会が設ける防ダニ加工（忌避効果，または増殖抑制効果)の基準に適合した│イ│に付される。

【語　群】　　1．収納家具
　　　　　　　2．カーテンおよびブラインド
　　　　　　　3．カーペット

図2

3 エコマーク（図3参照）は，生産から廃棄にわたる│ウ│全体を通して環境への負荷が少なく，環境保全に役立つと認められた商品につけられる環境ラベルである。

【語　群】　　1．ライフサイクル
　　　　　　　2．ライフスタイル
　　　　　　　3．ライフライン

図3

4 Gマーク（図4参照）は，│エ│の所有する商標で，グッドデザイン賞の受賞後，マークの使用承諾を得た製品に付される。

【語　群】　　1．公益財団法人日本デザイン振興会
　　　　　　　2．日本デザイン団体協議会
　　　　　　　3．公益社団法人日本インテリアデザイナー協会

図4

■ **解　説** ■ インテリア関連の法規・制度（表示マーク）に関する設問

ア　制電マークは，静電気防止機能を施しているカーテンおよび布製ブラインドに付けられる。一般社団法人日本インテリアファブリックス協会の商標。

イ　防ダニマークは，防ダニ加工の基準に適合したカーペットに付けられる。インテリアファブリックス性能評価協議会の統一マーク。

ウ　エコマークは，生産から廃棄にいたるライフサイクル全体を通して環境への負荷が少なく，環境保全に役立つと認められた商品に付けられる環境ラベル。

エ　Gマークは，公益財団法人日本デザイン振興会の所有する商標で，グッドデザイン賞の受賞後，マーク使用承諾を得た製品に付けられる。

[**答**] ア－2，イ－3，ウ－1，エ－1

［引　用］
・公益社団法人インテリア産業協会「インテリアコーディネーター資格試験 一次試験問題」
　　第40回：学科試験（2022年10月 9 日）
　　第39回：学科試験（2021年10月10日）
　　第38回：学科試験（2020年10月11日）
　　第37回：学科試験（2019年10月13日）
　　第36回：学科試験（2018年10月 7 日）

最新 5 か年
インテリアコーディネーター資格試験問題集
2023年版

2023年 4 月15日　　第 1 版第 1 刷発行

編　者　　インテリアコーディネーター試験
　　　　　研究会Ⓒ

発行者　　石川泰章

発行所　　株式会社　井上書院
　　　　　東京都文京区湯島2‐17‐15 斎藤ビル
　　　　　電話　(03)5689‐5481　FAX　(03)5689‐5483
　　　　　https://www.inoueshoin.co.jp/
　　　　　振替 00110‐2‐100535

装　幀　　川畑博昭

印刷所　　株式会社ディグ

製本所　　誠製本株式会社

ISBN 978‐4‐7530‐2185‐7　C3052　Printed in Japan

図解・インテリアコーディネーター用語辞典
[改訂版]

尾上孝一・大廣保行・加藤 力編
A5変形判・370頁　定価3520円（税込）

インテリア関連の基本用語を中心に，3900余語と理解を助ける図表約900点を資格試験の出題傾向に即し「商品と販売」編，「計画と技術」編，「人名」編に分類して収録。受験者から実務者まで役立つフルカラーの本格的辞典。

カラーコーディネーター用語辞典

尾上孝一・金谷喜子・田中美智・柳澤元子編
A5変形判・230頁　定価3300円（税込）

色彩検定，カラーコーディネーター検定の受験対策はもとより，色彩知識を要する幅広い分野の実務に役立つ用語辞典。検定の頻用用語を中心に1900余語を収録し，視覚的な理解のサポートなるよう，カラー見本や図表を多数掲載した。

福祉住環境コーディネーター用語辞典
[改訂2版]

福祉住環境用語研究会編
A5変形判・242頁　定価2970円（税込）

資格取得を目標に，医療・福祉・建築系の用語2300余語を収録。高齢者や障害者の身体特性・疾病，医療，福祉制度・施策，介護保険，福祉用具，介護用品，住宅改修，建築一般など実務にも役立つ広範な分野を網羅している。

完全図解
インテリアコーディネートテキスト

尾上孝一・小宮容一・妹尾衣子・安達英俊
B5判・136頁　定価2970円（税込）

これからインテリアを学習しようとする初学者を対象に，インテリアコーディネートのための基本知識を図解本位にわかりやすくまとめた。また各章ごとに「学習の要点」や「用語解説」を設け，知識整理に役立つよう配慮した。

図説 インテリアデザインの基礎

楢崎雄之
B5判・184頁　定価3740円（税込）

形，光，色の基本について，人の感覚や空間との関わりを踏まえて丁寧に図説した入門書。基本原理はもちろんのこと，インテリアデザインへの応用のしかたが理解できるよう，具体例を提示しながら平易に解説する。

図解テキスト
インテリアデザイン

小宮容一・加藤 力・片山勢津子・塚口眞佐子 他
B5変形判・152頁　定価3300円（税込）

デザイン計画の基本事項から，インテリアの表現・演出にかかわるインテリアスタイル，ウインドートリートメント，ライティング，色彩など，インテリアデザインの基礎を徹底図解。章末には実践的な演習課題を収録。

マンガで学ぶ
インテリアコーディネーターの仕事

社団法人インテリア産業協会監修
B5判・152頁　定価2970円（税込）

ヒアリング，プランの計画・プレゼンテーション，契約，工事管理など，インテリアコーディネーターの実務を，高齢者に配慮した住まいのリフォームをテーマに解説。資格取得を目指す方の二次試験対策にも最適の書。

＊上記定価は消費税10％を含んだ総額表示となっております。